汽车专业
校企双元育人
教材系列

"十四五"职业教育国家规划教材

全国现代学徒制工作专家指导委员会指导

新能源汽车动力电池及管理系统检修

第二版

主　审　张玉清

主　编　李亚莉

副主编　房德将　王霄飞

编　者（按姓氏笔画排序）

马　光　马　剑　王海峰　刘德发　沙泽英　汪　磊
李莹莹　陈祖坚　张晓龙　张　莉　韩卫东

复旦大學 出版社

图书在版编目(CIP)数据

新能源汽车动力电池及管理系统检修/李亚莉主编.
2 版. --上海：复旦大学出版社,2025.8. -- ISBN
978-7-309-18055-8

Ⅰ. U469.720.7

中国国家版本馆 CIP 数据核字第 2025R29029 号

新能源汽车动力电池及管理系统检修(第二版)
李亚莉　主编
责任编辑/张志军

复旦大学出版社有限公司出版发行
上海市国权路 579 号　邮编：200433
网址：fupnet@ fudanpress.com　http://www.fudanpress.com
门市零售：86-21-65102580　团体订购：86-21-65104505
出版部电话：86-21-65642845
上海四维数字图文有限公司

开本 787 毫米×1092 毫米　1/16　印张 16.5　字数 402 千字
2025 年 8 月第 2 版第 1 次印刷

ISBN 978-7-309-18055-8/U·36
定价：55.00 元

序

　　党的二十大要求统筹职业教育、高等教育、继续教育协同创新，推进职普融通、产教融合、科教融汇，优化职业教育类型定位。新修订的《中华人民共和国职业教育法》（简称"新职教法"）于2022年5月1日起施行，首次以法律形式确定了职业教育是与普通教育具有同等重要地位的教育类型。从"层次"到"类型"的重大突破，为职业教育的发展指明了道路和方向，标志着职业教育进入新的发展阶段。

　　近年来，我国职业教育一直致力于完善职业教育和培训体系，深化产教融合、校企合作，党中央、国务院先后出台了《国家职业教育改革实施方案》（简称"职教20条"）、《中国教育现代化2035》《关于加快推进教育现代化实施方案（2018—2022年）》等引领职业教育发展的纲领性文件，持续推进基于产教深度融合、校企合作人才培养模式下的教师、教材、教法"三教"改革，这是贯彻落实党和政府职业教育方针的重要举措，是进一步推动职业教育发展、全面提升人才培养质量的基础。

　　随着智能制造技术的快速发展，大数据、云计算、物联网的应用越来越广泛，原来的知识体系需要变革。如何实现职业教育教材内容和形式的创新，以适应职业教育转型升级的需要，是一个值得研究的重要问题。"职教20条"提出校企双元开发国家规划教材，倡导使用新型活页式、工作手册式教材并配套开发信息化资源。"新职教法"第三十一条规定："国家鼓励行业组织、企业等参与职业教育专业教材开发，将新技术、新工艺、新理念纳入职业学校教材，并可以通过活页式教材等多种方式进行动态更新。"

　　校企合作编写教材，坚持立德树人为根本任务，以校企双元育人，基于工作的学习为基本思路，培养德技双馨、知行合一，具有工匠精神的技术技能人才。将课程思政的教育理念与岗位职业道德规范要求相结合，专业工作岗位（群）的岗位标准与国家职业标准相结合，发挥校企"双元"合作优势，将真实工作任务的关键技能点及工匠精神，以"工程经验""易错点"等形式在教材中再现。

　　校企合作开发的教材与传统教材相比，具有以下三个特征。

　　1. 对接标准。基于课程标准合作编写和开发符合生产实际和行业最新趋势的教材，而这些课程标准有机对接了岗位标准。岗位标准是基于专业岗位群的职业能力分析,从专业能力和职业素养两个维度,分析岗位能力应具备的知识、素质、技能、态度及方法,形成的职业能力点,从而构成专业的岗位标准。再将工作领域的岗位标准与教育标准融合,转化为教材编写使用的课程标准,教材内容结构突破了传统教材的篇章结构,突出了学生能力培养。

2. 任务驱动。教材以专业(群)主要岗位的工作过程为主线,以典型工作任务驱动知识和技能的学习,让学生在"做中学",在"会做"的同时,用心领悟"为什么做",应具备"哪些职业素养",教材结构和内容符合技术技能人才培养的基本要求,也体现了基于工作的学习。

3. 多元受众。不断改革创新,促进岗位成才。教材由企业有丰富实践经验的技术专家和职业院校具备双师素质、教学经验丰富的一线专业教师共同编写。教材内容体现理论知识与实际应用相结合,引入职业资格技能等级考核标准、岗位评价标准及综合职业能力评价标准,形成立体多元的教学评价标准。既能满足学历教育需求,也能满足职业培训需求。教材可供职业院校教师教学、行业企业员工培训、岗位技能认证培训等多元使用。

校企双元育人系列教材的开发对于当前职业教育"三教"改革具有重要意义。它不仅是校企双元育人人才培养模式改革成果的重要形式之一,更是对职业教育现实需求的重要回应。作为校企双元育人探索所形成的这些教材,其开发路径与方法能为相关专业提供借鉴,起到抛砖引玉的作用。

博士,教授

2022 年 11 月

前　　言

　　汽车提高了人们的生活质量,方便了人们的出行,但也带来了大量的石油消耗和空气污染。全世界都在应对石油短缺、环境污染和气候变暖的挑战,纷纷出台相关措施节能减排。在汽车领域,各国提高汽车节能技术和汽车尾气排放标准,加快节能汽车与新能源汽车的推广,既有效缓解能源和环境压力,推动汽车产业可持续发展,也加快汽车产业转型升级,培育新的经济增长点和国际竞争优势。

　　各国发展新能源汽车的技术路线各不相同,但动力电池作为新能源汽车的关键部件和关键技术,一直受到研究者的重视。动力电池是制约新能源汽车产业化和商业化发展的瓶颈技术之一。本书摒弃对动力电池的电化学原理和电池性能的介绍,讲解动力电池系统应用技术,提高学生适岗能力。

　　黑龙江林业职业技术学院李亚莉担任主编,深圳博天教育科技有限公司房德将、佛山市华材职业技术学校王霄飞担任副主编,编委会成员包括黑龙江林业职业技术学院李莹莹、张莉,黑龙江农业工程职业学院刘德发、韩卫东,黑龙江农业职业技术学院张晓龙、王海峰,哈尔滨科学技术职业学院马光,长春汽车工业高等专科学校沙泽英,佛山市华材职业技术学校陈祖坚、马剑,天津中德应用技术大学汪磊等。

　　在本书的编写过程中,行云新能科技(深圳)有限公司、深圳风向标教育资源股份有限公司、深圳博天教育科技有限公司和主机厂提供了技术支持,在此表示衷心感谢。编写过程中还参考了大量国内外相关著作和文献资料,在此一并向有关作者表示感谢!

　　由于新能源汽车技术日新月异,编者知识和能力也存在不足,书中难免有错漏之处,敬请读者批评指正。

编　者
2025 年 5 月 31 日

目　　录

项目一

电动汽车维修安全操作

项目情境

　　新能源汽车的动力电池及相关部件具有高电压，会对人体造成伤害。研发、生产、售后技术人员需要正确认识高电压风险，正确处理高电压工作区域的防护，杜绝高压伤害。在保养、维修时，要做好自身安全防护，使用专业的绝缘拆装工具及检测设备，并严格按照操作流程，规范操作。

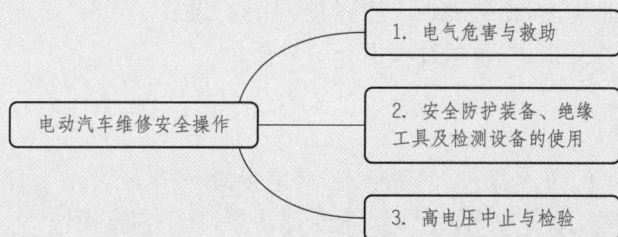

```
                          ┌─────────────────────┐
                          │ 1. 电气危害与救助    │
                          └─────────────────────┘
                          ┌─────────────────────┐
┌──────────────────┐      │ 2. 安全防护装备、绝缘│
│ 电动汽车维修安全操作 │─────│   工具及检测设备的使用│
└──────────────────┘      └─────────────────────┘
                          ┌─────────────────────┐
                          │ 3. 高电压中止与检验  │
                          └─────────────────────┘
```

任务 1 电气危害与救助

知识目标

1. 掌握电气事故的定义、分类及产生原因。
2. 理解交流电与直流电对人体的不同危害。
3. 熟悉触电的伤害类型及触电途径。
4. 掌握触电急救的核心步骤及相关注意事项。

能力目标

1. 能够识别新能源汽车维修中的电气安全隐患。
2. 正确使用绝缘工具和个人防护装备。
3. 熟练实施触电急救措施,包括安全断电、心肺复苏。
4. 规范操作新能源汽车高压系统。

素质目标

1. 培养严谨的工作态度,严格遵守安全操作规程。
2. 增强应急处理能力,在事故中冷静判断,快速行动。
3. 树立团队协作意识,在急救过程中分工配合。

思政目标

1. 强化"生命至上、安全第一"的价值观,尊重生命、敬畏职责。
2. 践行职业道德,遵守《安全生产法》等法律法规,杜绝违章操作。
3. 倡导绿色发展理念,正确处理废旧电池及电气废弃物。

任务描述

技师在维修电动汽车时,出现触电事故,请你准确判断事故状态,尽快救助这名技师。

任务分析

完成此任务需要掌握电气事故的理论知识,并掌握触电事故急救的方法。

知识储备

问题 1　电气事故是如何发生的?

电可对人体构成多种伤害。人体直接接受电流能量遭到电击;电能转换为热能作用于人体,致使人体受到烧伤或灼伤;人在电磁场的照射下,吸收电磁场的能量也会受到伤害。与其他伤害不同,电流对人体的伤害事先没有任何预兆,往往发生在瞬息之间。而且人体一旦遭受电击,方位能力迅速降低。这两个特点都增加了电流伤害的危险性。

1．电气事故

由于电气原因而造成的人身伤亡和设备损坏的事故,叫做电气事故,包括人身事故和设备事故。人身事故包括电流伤害、电磁伤害、静电伤害、雷电伤害、电器设备故障造成的人身伤害等。设备事故包括短路、漏电和操作事故等。

2．产生电气事故的原因

人身事故和设备事故大多数是由于违反安全操作规程或安全技术规程造成的。

（1）违章操作　违章操作是引起电气事故的主要原因,如纯电动汽车维修时未拆除维修开关;用水冲洗或用湿布擦拭电器设备;违章救护触电者,造成救护者一起触电;对有高压电容的线路检修前未放电处理导致触电。

（2）施工不规范　施工不规范也会引起电气事故,如维修中未用绝缘乙稀胶带包裹被断开的高压线路插接器;误将喷水软管和高压清洗装置直接对准高压部件;随意加大熔丝的规格,失去短路保护作用,导致电器损坏。

（3）产品质量不合格　使用不合格的电气产品,也可能导致电气事故,如电器设备缺少保护设施造成电器在正常情况下损坏和触电;当带电作业时,使用不合格的工具或绝缘设施造成维修人员触电;产品使用劣质材料,使绝缘等级、抗老化能力降低,造成触电。

问题2　人体能够承受的电压是多少? 交流电和直流电对人体的伤害一样吗?

1．人体安全电压

通常人体接触到30 V以上的交流电,或60 V以上的直流电时,就可能发生触电事故。触电时,让人体受伤的是电流而不是电压,因为过高的电压通过人体这个电阻后,会在人体中形成电流,造成伤害。

与电网中所认为的36 V是人体安全电压不同,在新能源汽车维修中,这个电压值并不科学。这是因为存在个体差异(如图1-1-1所示)和环境差异。目前国际上对安全电压通行的认识是直流60 V以下,交流30 V以下。

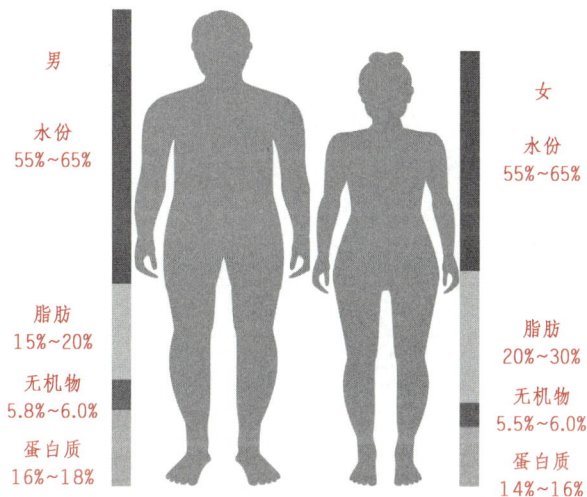

男

水份
55%~65%

脂肪
15%~20%

无机物
5.8%~6.0%

蛋白质
16%~18%

女

水份
55%~65%

脂肪
20%~30%

无机物
5.5%~6.0%

蛋白质
14%~16%

图1-1-1　人体电阻的差异性

触电的前提是人体与接触的电源之间形成了回路,有电流流经人体后才会导致触电。在实际工作中,应该避免自己与电源系统形成回路。人体之所以导电,主要的原因是血液含有电解液,具有了导电性,且人体的皮肤、肌肉也具有一定的导电能力。大多数人身体的总阻值是很低的,特别是有主动脉的部位(胸腔部位和躯干),而最大的危险是电流通过时的刺激以及产生的异常颤动。

影响人体电阻的因素很多,通常流经人体电流的大小无法事先计算出来。因此,为确定安全条件,往往不采用安全电流,而是采用安全电压来估算。根据 GB 4943—2011(等效于 EN 60950 或 IEC 60950)规定:在干燥的条件下,相当于人一只手的接触面积上,交流峰值电压低于 42.4 V 或直流电压低于 60 V 的稳态电压为不具危险的电压,即安全电压:

危险电压:>AC 42.4 V 或 DC 60 V,安全电压:<AC 42.4 V 或 DC 60 V。

人体电阻是不确定的,皮肤干燥时一般为几千欧姆左右,而潮湿时可降到 1 kΩ(冬季及皮肤干燥时,人体电阻可达 1.5～7 kΩ;当皮肤裂开或破损时,电阻可降至 300～500 Ω)。不同人体对电流的敏感程度也不一样。一般地说,儿童较成年人敏感,女性较男性敏感。患有心脏病者,触电后的死亡可能性更大。身体越强健,受电流伤害的程度越轻。因此,触电时女性比男性受伤害更重,儿童比成人更危险,患病的人比健康的人遭受电击的危险性更大。

2. 直流与交流触电对人体的伤害

电压相同,交流电对人体的伤害程度比直流电大。交流电会促使肌肉组织颤动。交流电的频率越低危险性越高。交流电会触发心室颤动,若不及时救治很快就会致命。

[问题3] 触电对人体有什么伤害?

触电会对人体组织造成不同程度的损伤。

1. 电击

电流通过人体,破坏人体心脏、肺及神经系统的正常功能。电流对人体的伤害程度与很多因素都有关,比如个体的体质、心情、电流的大小和持续时间等。人体通过大约 0.6 mA 的电流就会引起麻刺的感觉;通过 50 mA 的电流就会有生命危险。一般人体流过不同的电流后,身体的反应见表 1-1-1。

表 1-1-1　流过人体的电流与人体反应表

流过人体的电流/mA	人体的反应
0.6～1.5	手指开始发麻
2～3	手指强烈发麻
5～7	手指肌肉痉挛,手指灼热和刺痛
8～10	手指关节与手掌痛,手已难以脱离电源
20～25	手指剧痛,迅速麻痹,不能摆脱电源,呼吸困难
50～80	呼吸麻痹,心房开始震颤,强烈灼痛,呼吸困难
90～100	呼吸麻痹,持续 3 s 或更长时间后,心脏麻痹或心房停止跳动

电流通过头部可使人昏迷；通过脊髓可导致瘫痪；通过心脏会造成心跳停止，血液循环中断；通过呼吸系统会造成窒息。因此，从左手到胸部是最危险的电流路径，从手到手、从手到脚也是很危险的电流路径，如图1-1-2所示。从脚到脚是危险性较小的电流路径。

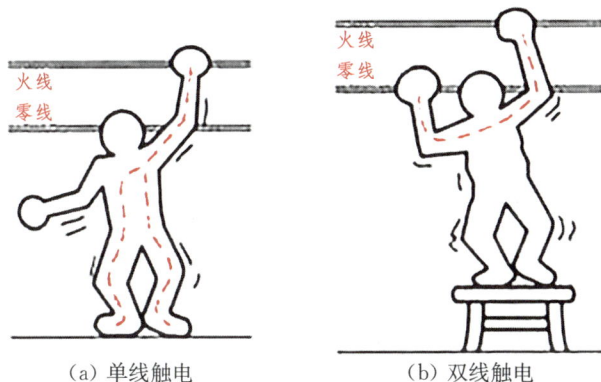

（a）单线触电　　　　　　　（b）双线触电

图1-1-2　触电形式

电流由一手进入，从另一手或一脚流出，电流通过心脏，即可立即引起心室颤动；通过左手触电比通过右手触电更严重，因为这时心脏、肺部、脊髓等重要器官都处于电路内。此外，触电后还因肌肉剧烈痉挛而摔倒，导致电流通过全身并造成摔伤、坠落等二次损伤。通常情况下，产生最大伤害的是电击事故，主要有以下类型。

（1）电击效应　当电流低于导通限值时，会有相应的电击反应，容易因肢体不受控制和失去平衡而受伤。

（2）热效应　电流导入导出点处会发生烧伤和焦化，也会发生内部烧伤，会造成肾脏负荷过大，甚至致命。

（3）化学效应　血液和细胞液属于电解液，在电击作用下被电解，会发生严重的中毒。而有些中毒情况在几天后才能被发现，因此伤害极大。

（4）肌肉刺激效应　所有的身体功能和人体肌肉运动都由大脑通过神经系统的电刺激来控制。如果通过人体的电流过高，肌肉就会抽搐，大脑再也无法控制肌肉组织。例如，握紧的拳头再也无法打开或者移动。如果电流经过了胸腔，肺会痉挛（呼吸停止），心脏搏动节律会中断（心室纤维性颤动，心脏无法收缩和扩张）。

（5）静态短路的热效应　静态短路会使工具急剧发热，导致材料熔化，引起烧伤。

（6）短路引起的火花　短路会使金属很快熔化，产生飞溅的火花。飞溅出来的金属颗粒温度超过5 000℃，引起烧伤并严重伤害眼睛。

（7）弧光　带电高压线路接通和断开时所产生的弧光可能造成电光性眼炎。

2. 电伤

电流的热效应、化学效应和机械效应对人体局部的伤害，主要指电弧烧伤、熔化金属溅出烫伤等。

3. 电磁场伤害

在高频磁场的作用下，出现头晕、乏力、记忆力减退、失眠和多梦等神经系统的症状。

问题 4 人体是怎么触电的?

触电的前提是人体与接触的电源形成回路。人体触电有直接触电(单线触电、两线触电,如图 1－1－2 所示)和间接触电(跨步电压触电、其他触电形式,如图 1－1－3 所示)两种方式。直接触电是指人体直接接触或过分靠近电气设备及线路的带电导体而发生的触电现象。间接触电是指人体触及了在正常运行时不带电,而在意外情况下带电的金属部分。其他触电形式还有感应电压触电、剩余电荷触电、静电触电和雷电电击等。

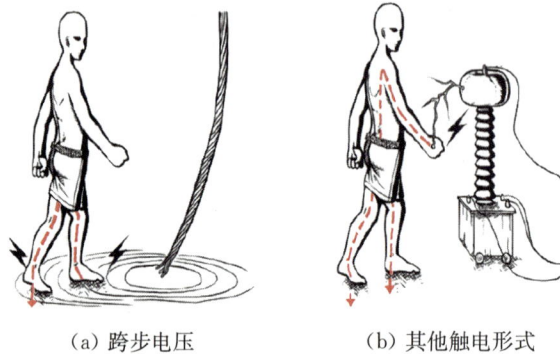

(a) 跨步电压   (b) 其他触电形式

图 1－1－3 间接触电

1. 单线触电

单线触电是人体某一部分触及一相电源或接触到漏电的电器设备,电流通过人体流入大地造成触电。

2. 两线触电

两线触电也叫做相间触电,是指人体与大地绝缘的情况下,同时接触到两根不同的相线,或者人体同时触及电气设备的两个不同相的带电部位时,电流由一根相线经过人体到另一根相线,形成闭合回路,危险性更大。

3. 跨步电压触电

跨步电压触电是指高压电网搭铁点、防雷搭铁点、高压相线断落或绝缘损坏处,有电流流入地下时,强大的电流在接地点周围的土壤中产生电压降。如果误入接地点附近,应双脚并拢或单脚跳出危险区。

4. 其他触电形式触电——接触正常不带电的金属体

电器设备内部绝缘损坏而与外壳接触,使其外壳带电。当人体触及带电设备的外壳时,相当于单线触电。大多数触电事故属于这一种。

问题 5 发生触电事故,怎么急救?

如果发生触电事故,要及时救助受伤人员。谨记:确保自身安全!绝不要去触碰仍然与电源有接触的人员!如果可能,马上将电气系统断电(关闭电源开关或者马上拔出维修开关),用不导电的物体(木板、扫帚等)把事故受害者或者导电体与电源分离。图 1－1－4 所示为救助触电人员的流程。

```
┌─────────────────────────┐
│  情况：一人发生触电事故      │
└─────────────────────────┘
            │
┌─────────────────────────┐
│  自己的风险？受害者的风险？    │
└─────────────────────────┘
            │
┌──────────────────────────────┐
│ 保护自己，关闭电源开关等。用适当的方法救援 │
└──────────────────────────────┘
            │
┌─────────────────────────┐
│  查看、询问、触摸            │
└─────────────────────────┘
        │           │
   ┌────────┐   ┌────────┐
   │ 有响应  │   │ 无响应  │
   └────────┘   └────────┘
        │           │
   ┌────────┐   ┌────────┐
   │ 急救处理 │   │ 大声呼唤 │
   └────────┘   └────────┘
        │           │
   ┌──────────┐  ┌────────┐
   │ 紧急呼叫120 │  │ 检查呼吸 │
   └──────────┘  └────────┘
                  │        │
        ┌────────┐  ┌──────────────────┐
        │ 呼吸正常 │  │ 没有或非常不规则的呼吸 │
        └────────┘  └──────────────────┘
            │                │
┌──────────────────────┐ ┌──────────┐
│ 使受害者保持稳定的侧卧状态 │ │ 紧急呼叫120 │
└──────────────────────┘ └──────────┘
                              │
              ┌────────────────────────────┐
              │ 开放气道及清洁口鼻分泌物，胸      │
              │ 外按压30次，人工呼吸2次         │
              └────────────────────────────┘
```

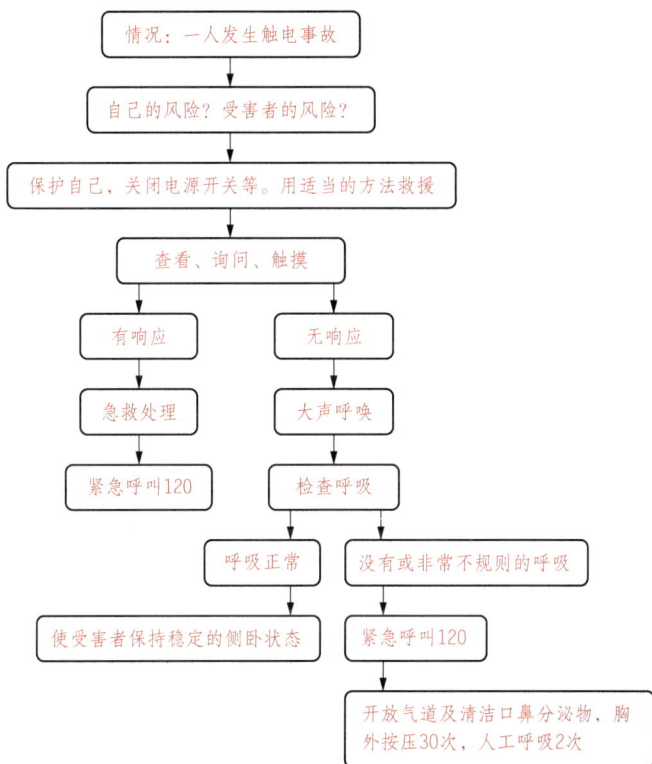

图 1-1-4 救助触电人员的流程

● 任务实施

第一步：脱离电源。人体触电以后，可能由于痉挛或失去知觉等原因而紧抓带电体，触电者不能自行摆脱电源。抢救触电者的首要步骤就是使触电者尽快脱离电源。在新能源汽车触电施救过程中，脱离电源的方法是带上绝缘手套将触电人员脱开或切断高压电源。要因地制宜，灵活运用各种方法，快速切断电源，防止事故扩大。施救同时，应立即拨打120急救电话，获取专业的救援。

第二步：触电急救。当触电者脱离电源后，根据触电者的具体情况迅速对症救护，力争在触电后1分钟内救治。资料表明，触电后在1分钟内救治的，90%以上有良好的效果，而超过12分钟再开始救治的，基本无救活的可能性。现场急救的主要方法是口对口人工呼吸和胸外心脏按压法，严禁打强心针。根据以下4种症状，可分别给予正确的对症救治。

（1）神志尚清醒，但心慌乏力，四肢麻木 一般只需将其扶到清凉通风处休息，让其慢慢自然恢复。但要派专人照料护理，因为有的在几小时后会发生病变，甚至突然死亡，如图1-1-5所示。

（2）有心跳，但呼吸停止或极微弱 应该采用口对口人工呼吸，如图1-1-6所示。人工呼吸口诀：清理口腔防堵塞，鼻孔朝天头后仰；贴嘴吹气胸扩张，放开口鼻换气畅，频率是每分钟约12次。

口对口人工呼吸

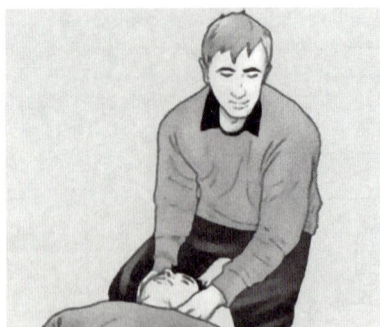

图 1-1-5　专人照料

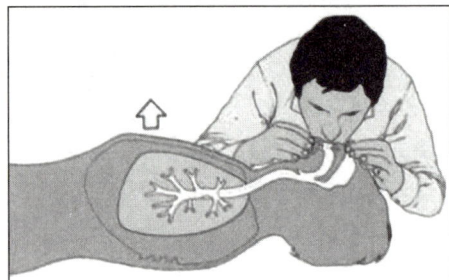

图 1-1-6　口对口人工呼吸

开放气道前,应先去除气道内异物。如无颈部创伤,可一手按压开下颌,另一手用指套或手指缠纱布清除口腔中的分泌物或异物。开放气道方法:

① 仰头提颏法:用一只手按压伤病者的前额,使头部后仰,同时另一只手的食指及中指置于下颌骨向上提颏,使下颌角、耳垂连线与地面垂直,如图 1-1-7 所示。

② 双手下颌上提法(颈椎损伤时):将肘部支撑在伤者所处的平面上,双手放置在伤者头部两侧并握紧下颌角,同时用力向上托起下颌。如果需要人工呼吸,则将下颌持续上托,用一手拇指分开口唇,另一手捏紧鼻孔,口对口呼吸,如图 1-1-8 所示。

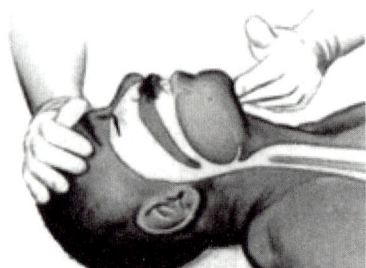

图 1-1-7　仰头提颏法

注意　此法难以掌握和实施,常常不能有效开放气道,还可能导致脊髓损伤,因而不建议基础救治者采用。

(3)有呼吸,但心跳停止或极微弱　应该采用人工胸外心脏按压法来恢复心跳,如图 1-1-9 所示。只要判断心脏骤停,应立即进行胸外按压,以维持重要脏器的功能。

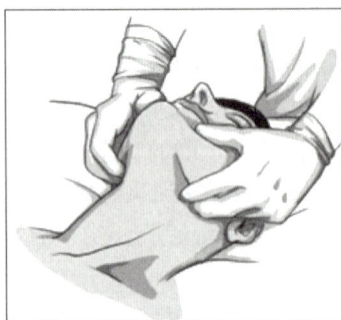

图 1-1-8　双下颌上提法

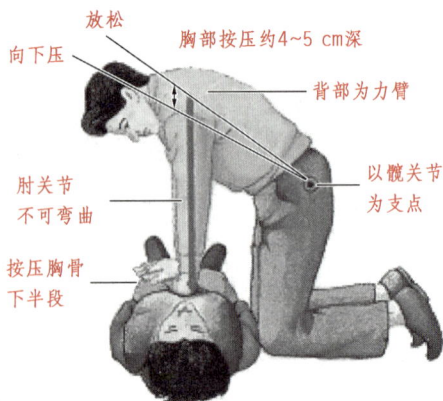

放松
向下压
胸部按压约4~5 cm深
背部为力臂
以髋关节为支点
肘关节不可弯曲
按压胸骨下半段

图 1-1-9　人工胸外心脏按压方法

① 体位:患者仰卧位于硬质平面上。患者头、颈、躯干平直无扭曲,如图 1-1-10 所示。
② 按压部位:胸骨中下 1/3 交界处或双乳头与前正中线交界处,如图 1-1-11 所示。

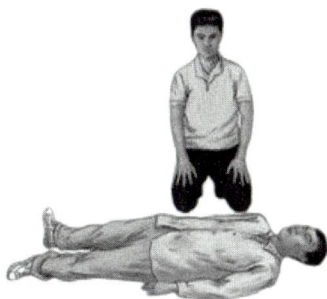

图 1-1-10　胸外按压体位

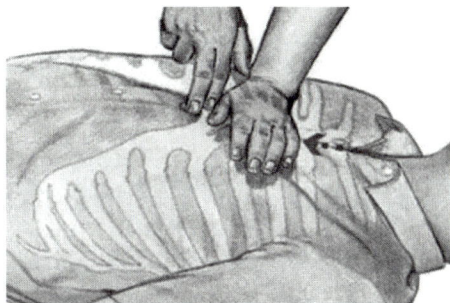

图 1-1-11　胸外按压部位

③ 按压方法:按压时上半身前倾,双肩正对患者胸骨上方,两手重叠,手掌紧贴胸壁,双臂伸直,以髋关节为轴,借助上半身的重力通过双臂和双手掌垂直下压胸壁,如图 1-1-12 所示。每次抬起时,手掌不要离开胸壁,并应注意,避免用力过大造成肋骨或胸骨骨折。

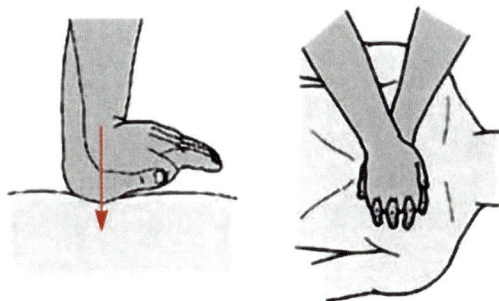

人工胸外心脏按压

图 1-1-12　胸外按压方法

注意　一手的掌根部放在按压区,另一手掌根重叠放于手背上。第一只手的手指向上方翘起,以掌跟向下按压。按压频率:每分钟 100~120 次,按压深度:至少 5~6 cm,压下与松开的时间基本相等,压下后应让胸廓充分回弹。

按压职责更换:每 2 min 更换按压者,每次更换尽量在 5 s 内完成。

(4) 心跳、呼吸均已停止者　危险最大,抢救的难度也最大。应该同时使用口对口人工呼吸和人工胸外心脏按压,即人工氧合方法。最好是两人一起抢救,先心脏按压 15 次,再人工呼吸 2 次;如果仅有一人抢救,先心脏按压 30 次,再人工呼吸 2 次。如此反复交替,连续 5 个循环后判断伤者呼吸、脉搏情况,直到医护人员到场。

注意　发生电池事故后,还应该按以下要求处理:如果发生了皮肤接触,用大量的清水冲洗;如果吸入了气体,必须马上呼吸大量新鲜空气;如果接触到了眼睛,用大量清水冲洗伤眼(至少 10 min);如果吞咽了电池内容物,喝大量清水,并且避免呕吐。

任务评价

1. 请根据本任务完成情况,填写任务工单。

任务工单

班级		组号		指导教师	
组长		学号			
组员	姓名	学号		姓名	学号

任务分工

任务准备

工作步骤

总分:　　　　分

2. 质量检验:

(1) 通常接触到(　　　)V 以上的交流电或(　　　)V 以上的直流电时,人体有可能会发生触电事故。

A. 30,60　　　　B. 24,36　　　　C. 36,36　　　　D. 60,30

(2) 在触电事故施救时,应立即拨打(　　　)电话。

A. 120　　　　B. 119　　　　C. 110　　　　D. 以上都不对

(3) 触电后(　　　)min 内救治,90％以上有良好的效果,而超过(　　　)min 再救治,基本无救活的可能。

A. 1,10　　　　B. 5,12　　　　C. 1,12　　　　D. 3,15

（4）人体对电流的敏感程度不一样，一般来说，儿童较成年人更敏感，女性较男性更敏感。（　　）(判断题，下同)

（5）当流经人体的电流达到 10 mA 时，会出现手指剧痛，迅速麻痹，不能摆脱电源，呼吸困难症状。（　　）

（6）触电的前提是人体与接触的电源之间形成了回路，有电流流经人体后才会导致触电。（　　）

（7）能够最终对人体产生伤害的是电流，电流对人体的伤害有 3 种形式：电击、电伤和电磁场伤害。（　　）

（8）电流通过人体的心脏、肺部和中枢神经系统的危险较大，特别是电流通过心脏时，危险最大，所以从手到脚的电流途径最危险。（　　）

（9）发生了触电事故，应立即断电，或用不导电的物体把事故受害者或导电体与电源分离。（　　）

（10）只要判断心脏骤停，应立即胸外按压，以维持重要脏器的功能。（　　）

3. 触电后急救作业评价：

项目	评价内容	学生自评 （30%）	小组互评 （30%）	教师评价 （40%）
素质评价 （30%）	遵守纪律，遵守学习场所管理规定，服从安排（5分）			
	具有安全意识、责任意识、5S 管理意识，注重节约、节能与环保（5分）			
	学习态度积极主动，积极参加实习活动（5分）			
	团队合作意识，注重沟通，能自主学习及相互协作（10分）			
	仪容仪表符合活动要求（5分）			
技能评价 （70%）	能按时按要求独立完成任务工单（40分）			
	工具、设备选择得当，使用符合技术要求（10分）			
	操作规范，符合要求（5分）			
	学习准备充分、齐全（10分）			
	注重工作效率与工作质量（5分）			
本次得分				
最终得分				
教师反馈		教师签名： 年　　月　　日		

知识补充

触电事故后的心理重建

触电事故不仅造成身体损伤,还会对受害者及目击者的心理健康产生深远影响。从恐惧、焦虑到创伤后应激障碍(PTSD),这些心理创伤若未及时干预,可能长期困扰个人的生活。触电事故的心理干预不仅是技术问题,更体现社会对生命尊严的守护。通过科学方法与人文关怀的结合,让创伤转化为成长的契机,助力每一位经历者找回生活的光明与希望。

(1)事故后立即干预　事故发生后24~72h是心理干预的"黄金窗口"。需优先确保人身安全,同时通过心理急救稳定情绪。例如,用"你现在安全了"等简洁语言传递安全感,避免追问事故细节。救援人员可协助联系家属,安排医疗资源,并倾听受害者的感受。这一阶段的核心是减少二次伤害,为后续恢复奠定基础。

(2)短期干预　1周至1个月内,心理干预的重点转向专业治疗。认知行为疗法(CBT)可帮助受害者识别灾难化思维(如"我的人生毁了"),并通过暴露疗法逐步脱敏。对于频繁出现闪回或噩梦的人群,眼动脱敏与再处理(EMDR)技术能有效缓解记忆侵扰。此外,团体辅导让受害者与经历相似者分享感受,打破孤立感,建立互助网络。

(3)长期干预　若创伤症状持续超过一个月,需系统应对PTSD等长期问题。延长暴露疗法(PE),通过渐进式接触创伤场景,帮助患者恢复对生活的掌控感。药物治疗(如抗抑郁药)可辅助缓解严重焦虑。同时,家庭与社会支持至关重要:家属需学习"支持但不过度保护"的沟通方式;社区则可提供职业培训或复学协助,帮助受害者重返社会。

(4)特殊人群干预　儿童可能通过绘画、沙盘游戏等非语言方式表达恐惧;目击者或救援人员易产生替代性创伤,可通过结构化讨论(如事件应激晤谈)释放压力;老年人则需关注其因身体脆弱性放大的无助感,强化家庭陪伴与社会资源链接。

需要注意的是心理干预需遵循3项核心原则:

① 及时性:越早介入,越能阻断创伤固化;

② 尊重个体节奏:避免强迫回忆,允许沉默与回避;

③ 资源整合:联合心理医生、社工、医疗团队制定个性化方案,同时挖掘受害者内在韧性。

任务 2　安全防护装备、绝缘工具及检测设备的使用

知识目标

1. 掌握新能源汽车高压系统安全标准及人体安全电压。
2. 理解绝缘、屏护、间距等防触电技术原理,熟悉绝缘材料分类及性能指标。
3. 熟记高压维修装备规范及工具分类。
4. 掌握检测仪器操作要点。

能力目标

1. 能够规范穿戴并检查安全防护装备。
2. 熟练操作绝缘工具完成高压部件拆装,避免金属误触。
3. 正确使用检测设备。
4. 能通过故障诊断仪读取故障码及数据流,分析系统状态。

素质目标

1. 培养严谨细致的操作习惯,严格执行"断电—验电—放电—接地"流程。
2. 增强风险预判能力,识别环境隐患。
3. 强化团队协作意识,分工完成"操作员""安全员""急救员"角色任务。
4. 提升应急反应能力,触电后 1 min 内启动心肺复苏。

思政目标

1. 践行"生命至上"理念,遵守《安全生产法》等法规,杜绝违章操作。
2. 倡导绿色维修,规范处理废旧电池。
3. 弘扬工匠精神,追求"零失误"操作标准,保障人身与设备安全。

任务描述

　　一辆新能源汽车故障需要修理,调度要求你接手此故障车。你应该准备哪些防护装备及工具? 这些工具怎么使用?

任务分析

　　完成此任务需要准备维修新能源汽车必要的个人及环境安全防护装备、工具、设备,能检查安全防护装备的完好及有效性,并会使用检测工具及防护装备。

知识储备

问题 1　预防直接接触电击有哪些安全措施?

新能源汽车的动力电池在驱动车辆运行时,输出电压大部分都在直流 72～600 V 之间,

甚至更高。动力电池输出的直流电压已经远远超过了安全电压。充电也是用几百伏的交流或直流高压。保养及检修动力电池时，检修人员将处于高电压危险工作环境中，有被电击伤害的可能。保养维护和故障检测时应严格遵守高压电安全操作规范。

直接接触电击预防技术分为绝缘、屏护和间距3类。

1. 绝缘

绝缘就是使用不导电的物质将带电体隔离或包裹起来。瓷、玻璃、云母、橡胶、木材、胶木、塑料、布、纸和矿物油等都是常用的绝缘材料。注意很多绝缘材料受潮后会丧失绝缘性能，或在强电场作用下遭到破坏，丧失绝缘性能。

绝缘材料包括气体绝缘材料、液体绝缘材料和固体绝缘材料。气体绝缘材料有空气、氮气、氢气、二氧化碳和六氟化硫等。液体绝缘材料有矿物油（如变压器油、开关油、电容器油、电缆油等）、硅油、蓖麻油、十二烷基苯、聚丁二烯和三氯联苯等合成油。固体绝缘材料有绝缘纤维制品（如纸、纸板）、绝缘浸渍纤维制品（如漆、漆布和绑扎带）、绝缘漆、绝缘胶、熔敷粉、绝缘云母制品、电工用薄膜、复合制品和黏带，以及电工用层压制品、电工用塑料、电工用胶及玻璃制品等。

绝缘性能用绝缘电阻、泄漏电流、击穿强度和截止损耗等指标来衡量，通过绝缘试验来判定。绝缘电阻是最基本的绝缘性能指标，是直流电压与流经绝缘体表面泄漏电流之比，绝缘电阻越大，绝缘性能越好。不同的电器设备和线路对绝缘电阻有不同的指标值要求。一般来说，高电压的比低电压的要求高，新设备比老设备要求高。

当绝缘材料所能承受的电压超过某一数值时，在强电场的作用下，会在某些部位放电，破坏其绝缘性，这种放电现象叫做电击穿。固体绝缘击穿后，一般不能恢复绝缘性能；在击穿电压较低时，气体绝缘性能还能恢复；液体绝缘击穿一般是沿电击间气泡、固体杂质等连成的"小桥"击穿。液体多次击穿可能失去绝缘性能。

2. 屏护

屏护是采用遮拦、护罩、护盖箱闸等把带电体同外界隔绝开来。电器开关的可动部分一般不能使用绝缘，而需要屏护。高压设备无论是否有绝缘，均应采取屏护。有永久性屏护装置，如配电装置遮拦、开关的罩盖等；也有临时性的，如检修工作中使用的临时屏护装置和临时设备的屏护装置；有固定屏护装置，如母线的护网；也有移动性屏护装置，如跟随起重机移动的行车滑触线的屏护装置。

3. 间距

间距是保证安全的必要距离，除了可防止电击或过分接近带电体外，还能起到防止火灾、防止混线、方便操作的作用。间距的大小取决于电压的高低、设备的类型和安装的方式等。在低压工作中，最小检修距离不应小于 0.1 m；在高压工作中，10 kV 及以下，最小检修安全距离不应小于 0.7 m，20～35 kV 不应小于 1.0 m，60～110 kV 不应小于 1.5 m。

问题2 新能源汽车高压电维修安全防护装备有哪些？

新能源汽车是带有高电压供电线路的车辆。现有混合动力汽车和纯电动汽车都设计有防止意外触电的功能。但是，事故车辆及高压动力电池组总成始终存在高电压。因此，维修人员必须做好防止被高电压击伤的安全防护。

（1）维修人员应具有相应资质，持证上岗。

（2）要注意摘除手表、戒指、钢笔和手机等身上一切金属物品。

（3）采取高电压安全防护措施，包括个人的安全防护。

（4）准备并检查绝缘工具及测量仪表是否绝缘合格。

（5）放置警示标牌、整理维修场地。

在具备上述要求的情况下，按照正确的工作操作流程维修作业。

防止触电的个人安全防护设备主要有绝缘手套、护目镜、绝缘鞋，以及非化纤工作服等。

1. 绝缘手套

GB/T17622—2008《带电作业用绝缘手套》中规定，按其使用方法，带电作业的绝缘手套分为常规型绝缘手套和复合型绝缘手套。常规型绝缘手套自身不具备机械保护性能，一般要配合机械防护手套（如皮质手套等）使用；复合型绝缘手套是自身具备机械保护性能的绝缘手套，可以不配合机械防护手套使用。手套的等级和性能见表1-2-1（在三相系统中，电压指的是线电压）和表1-2-2。

表1-2-1　不同电压等级的手套

级　别	AC/V
0	380
1	3 000
2	10 000
3	20 000
4	35 000

表1-2-2　特殊性能绝缘手套类型

型　号	特殊性能
A	耐酸
H	耐油
Z	耐臭氧
R	耐酸、油和臭氧
C	耐低温

在动力电池维修工作中使用的绝缘手套需要具备两种性能：一是在任何有关高电压部件或线路的操作时，能够承受1 000 V以上的工作电压；二是具备耐酸、碱性，当工作中接触到来自高压动力电池组的氢氧化物等化学物质时，能防止这些物质对人体的伤害。

绝缘手套需要定期检验，在每次使用前还必须自行检查泄漏。检查的方法是，向手套内吹入一定的空气，观察手套是否有漏气情况，如图1-2-1所示。

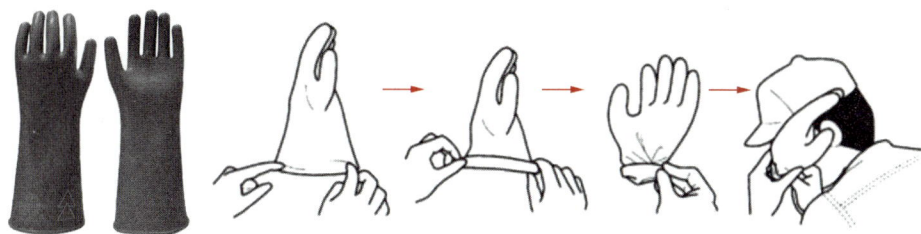

图 1-2-1　绝缘手套的检查

2. 护目镜

护目镜具有正面及侧面防护功能,可以防止维修过程中产生的电火花或电池电解液飞溅伤及眼睛,如图 1-2-2 所示。

3. 绝缘安全鞋

如图 1-2-3 所示,绝缘鞋使人体与地面绝缘,防止电流通过人体与大地构成通路,对人体造成电击伤害,降低触电时的危险。绝缘鞋应符合 GB12011—2009《足部防护电绝缘鞋》规范。

4. 非化纤工作服

维修电动汽车时,必须穿非化纤类材质的工作服,如图 1-2-4 所示。化纤类材质的工作服会产生静电,引发事故。在发生火灾事故时,化纤服装亦会在高温环境下粘连人体皮肤,造成二次伤害。

绝缘手套检查

图 1-2-2　护目镜　　　图 1-2-3　绝缘鞋　　　图 1-2-4　高压绝缘服

5. 安全帽

安全帽可防止突然飞来的物体对头部的打击,防止头部遭电击,防止化学和高温液体从头顶浇下造成头部受伤。使用前应检查安全帽的外观是否有裂纹、碰损等,不能随意在安全帽上拆卸或添加附件。安全帽结构如图 1-2-5 所示。图 1-2-6 所示为安全帽佩戴方法,安全帽按用途分类见表 1-2-3。

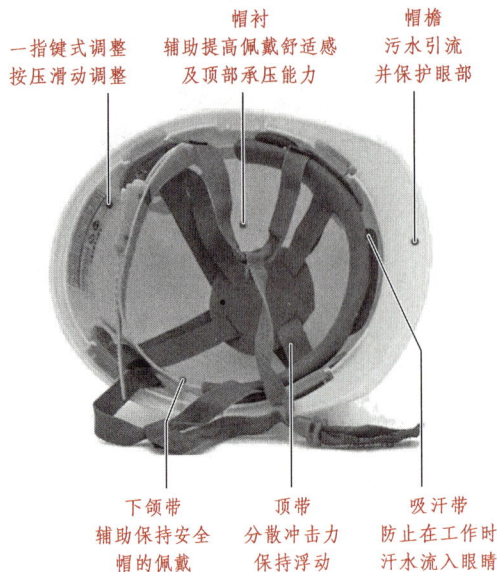

一指键式调整
按压滑动调整

帽衬
辅助提高佩戴舒适感
及顶部承压能力

帽檐
污水引流
并保护眼部

下颌带
辅助保持安全
帽的佩戴

顶带
分散冲击力
保持浮动

吸汗带
防止在工作时
汗水流入眼睛

图1-2-5 安全帽结构

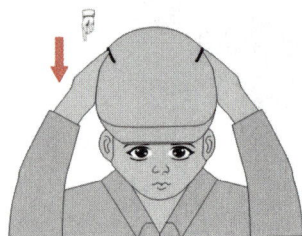

1. 正面深戴至帽底部

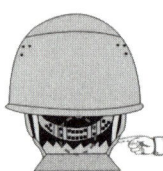

2. 头带调节到适合
大小并固定

3. 下颌绳拉紧

图1-2-6 安全帽佩戴方法

表1-2-3 安全帽分类

	T1类	T2类	T3类	T4(绝缘)类	T4(低温)类
T类	适用于有火源的作业场所	适用于井下、隧道、地下工程、采伐等作业场所	适用于易燃易爆作业场所	适用于带电作业场所	适用于低温作业场所
Y类	一般作业类				

注意 安全帽上标有D标记,表示安全帽具有绝缘性。

● 任务实施

第一步:安全防护装备的检查与穿戴。检查绝缘鞋状态,检查绝缘手套耐压等级及密封性,检查护目镜、安全帽外观损伤情况。检查正常后,在工作前穿戴整齐。

第二步:选择拆装工具及检测设备。除了传统的维修工具和检测设备外,针对新能源汽车的高压电路,需要专用的维修工具及检测设备。常用的新能源汽车维修工具及检测设备见表1-2-4。

表1-2-4 新能源汽车常用的维修工具及检测设备

序号	类型	工具设备名称	规格要求
1	拆装工具	绝缘工具套装	高压电维修绝缘工具,耐电压1000 V
2	检测仪表	数字式万用表	符合CATⅢ要求
3		钳型电流表	符合CATⅢ要求
4		绝缘测试仪	符合CATⅢ要求
5	诊断仪器	电动汽车故障诊断仪	具备电动汽车诊断功能

第三步：绝缘工具使用。新能源汽车维护中使用的绝缘拆装工具主要包括套筒扳手、开口扳手、螺钉旋具、钳子、电工刀等，如图1-2-7所示。采用绝缘材料制作加工或在传统工具外层涂敷耐压绝缘材料层制成，其绝缘性能很好，可承受1000 V以上的电压，可以防止在新能源汽车高电压的部分零部件拆装时，发生意外触电事故。

图1-2-7 绝缘拆装工具

我国的绝缘工具分为以下3种类型。

（1）Ⅰ类工具　采用普通基本绝缘的工具。在防触电保护方面不仅依靠基本绝缘，而且还应附加一个安全预防措施，即对正常情况下不带电，而将其基本绝缘损坏时变为带电体的外露可导电部分接零保护。为了可靠，保护接零应不少于两处，并且还要附加漏电保护，同时要求操作者使用绝缘防护用品。

（2）Ⅱ类工具　采用双重绝缘或加强绝缘的工具。在防触电保护方面不仅依靠其基本绝缘，而且将其正常情况下的带电部分与可触及的不带电的可导电部分双重绝缘或加强绝缘，相当于将操作者个人绝缘防护用品以可靠有效的方式设计制作在工具上。

（3）Ⅲ类工具　采用安全特低电压供电的工具。在防触电保护方面，依靠安全隔离变压器供电。

高电压新能源汽车维修要求配备Ⅱ类以上的工具。

第四步：工作前布置场地及绝缘标识。在高压作业时还需要其他绝缘用品，如绝缘胶垫、安全标识。绝缘胶垫又称为绝缘毯、绝缘垫等，是由特种橡胶制成，具有较大电阻率和耐电击穿的胶垫，用于配电等工作场合的台面或铺地绝缘材料。在低压配电室地面上铺绝缘胶垫，可代替绝缘鞋，起到绝缘作用。因此，1 kV及以下工作环境，绝缘胶垫可作为基本安全用具；而在1 kV以上，仅作为辅助安全工具，在维修电动汽车时必须使用绝缘胶垫。另外，还需保证绝缘胶垫干燥，避免由于潮湿造成绝缘性能下降。

在使用前需检测绝缘垫绝缘性能，且需多点检测，如图1-2-8所示。

前后左右中5个测量点

图1-2-8 绝缘胶垫的绝缘性能检测

电动汽车维修时，应设置功能区标示、设备标识、安全警告标识、消防安全标识、安全向导标志等，如图1-2-9所示。

在维修操作充放电设备和电动汽车电池及高压动力线束时应设置操作警示牌，电动汽车维修区域和故障车辆停放区域应设置警示线以及安全围栏。

第五步:新能源汽车检测仪器使用。使用的检测仪表有数字万用表、钳形电流表和绝缘电阻测试仪(如兆欧表、高压绝缘测试仪)等。

(1) 数字式万用表 新能源汽车使用的数字万用表与普通车辆一样,但应该确保该型号的数字式万用表符合 CAT Ⅲ 安全级别的要求。图 1-2-10 所示是 FLUKE 87 V MAX 型数字万用表。

图 1-2-9 安全警告标识

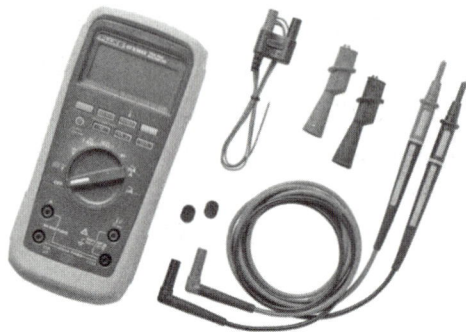

图 1-2-10 FLUKE 87 V MAX 型数字万用表

万用表通常具备以下检测功能:交流/直流(AC/DC)电压、电流,电阻,频率,温度,二极管,连通性,电容,绝缘测试(低压)。有些汽车专用的万用表,还具有转速、百分比(占空比)、脉冲宽度以及其他功能(如利用蜂鸣器等读取故障码)。

FLUKE 87 V MAX 型数字万用表使用方法如图 1-2-11 所示。

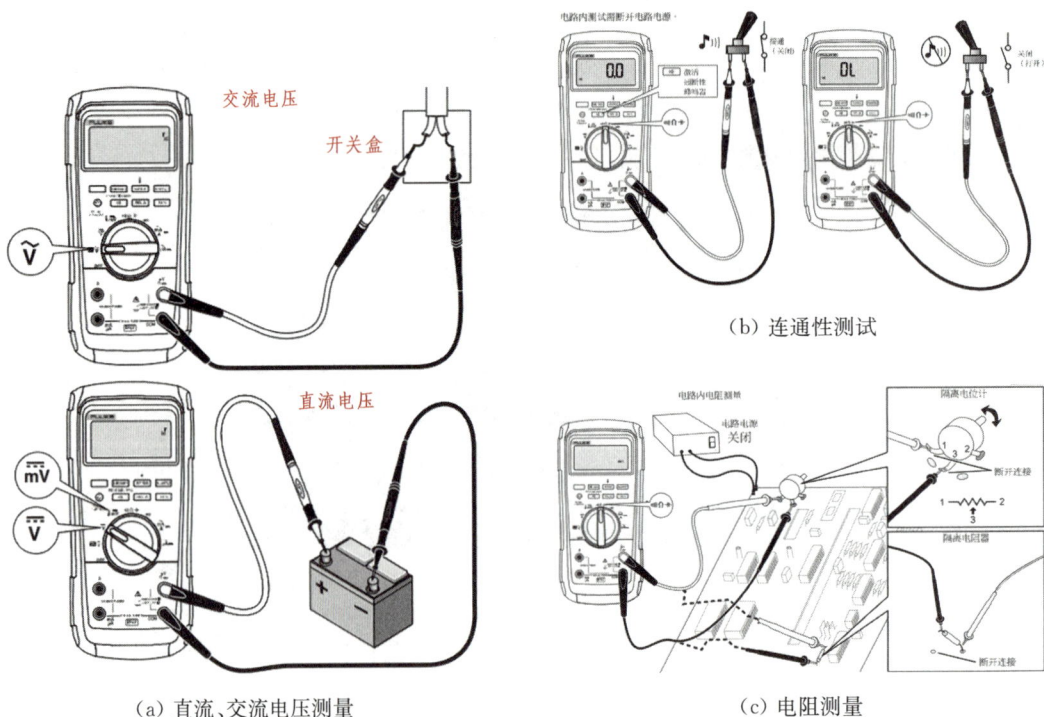

(b) 连通性测试

(a) 直流、交流电压测量

(c) 电阻测量

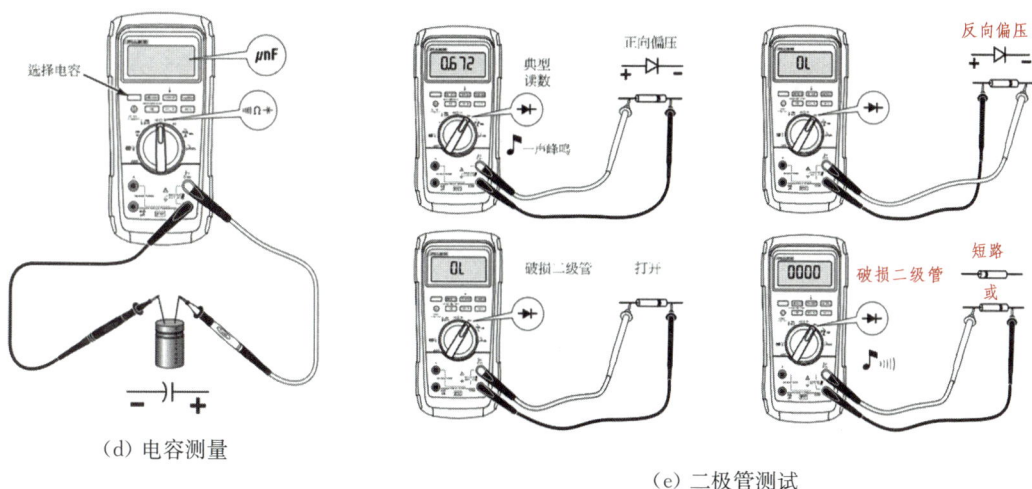

(d) 电容测量

(e) 二极管测试

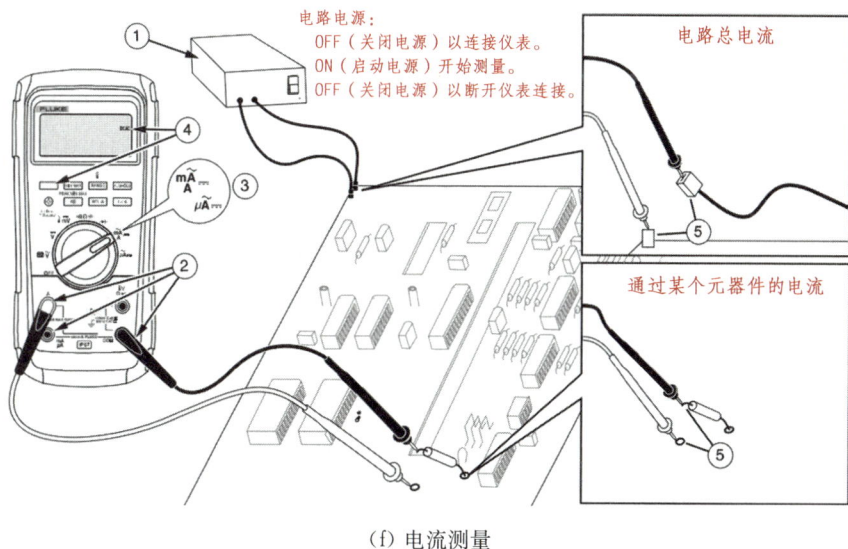

(f) 电流测量

①—直流交流电压测量 ②—通断性测试 ③—电阻测量
④—电容测量 ⑤—二极管测试 ⑥—电流测量

图 1 - 2 - 11 FLUKE 87 V MAX 型数字万用表使用方法

数字万用表使用

(2) 钳形电流表 在新能源汽车诊断与维修时,经常会需要测量导线中的电流。由于驱动系统的导线(如逆变器与电动机之间)存在较大的交变电流,必须使用钳形电流表(也称数字电流钳)间接测量。钳形电流表使用方便,无需断开电源和线路即可直接测量运行中电力设备的工作电流,便于及时了解设备的工作电流及设备的运行状况。钳形电流表的外观及功能按键如图 1 - 2 - 12 所示。

钳形电流表主要由电流表和穿心式电流互感器组成。穿心式电流互感器铁心制成活动开口,且呈钳形,故名钳形电流表,是一种不需断开电路就可直接测电路交流电流的携带式仪表。

对准标记，导线必
须与两个标记对准
10

钳口开关
9

HOLD锁定读数按钮
8

公共输入插口
7

① 电流互感器钳

② 触摸挡板

③ 功能盘

④ 液晶显示屏

⑤ 背光按钮

⑥（电压/电阻）输入插口

钳形电流表使用

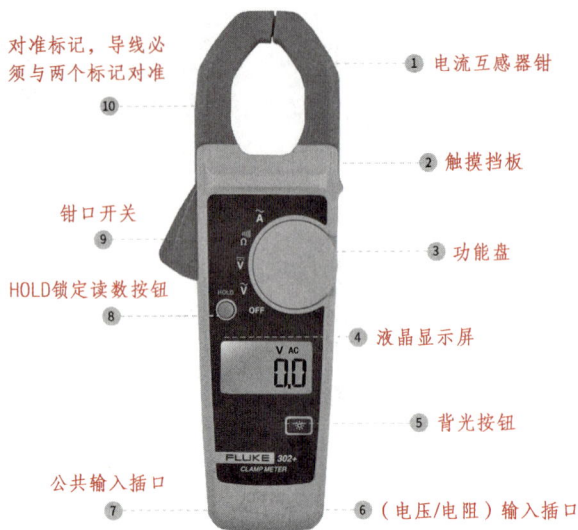

图 1 - 2 - 12　钳形电流表外观及功能按键

　　钳形电流表工作原理是电流互感器。当放松扳手钳口闭合后，根据互感器的原理而在其二次绕组上产生感应电流，从而指示出被测电流的数值。当握紧扳手时，钳口张开，被测电流的导线进入钳口内部作为电流互感器的一次绕组。

　　钳形电流表使用时应握紧扳手，使钳口张开，将被测导线放入钳口中央，然后松开扳手使钳口闭合紧密。钳口的结合面如有杂声，应重新开合一次；仍有杂声，应处理结合面，以使读数准确。不可同时钳住两根导线。读数后，将钳口张开，将被测导线退出，将挡位置于电流最高挡或 OFF 挡，如图 1 - 2 - 13 所示。

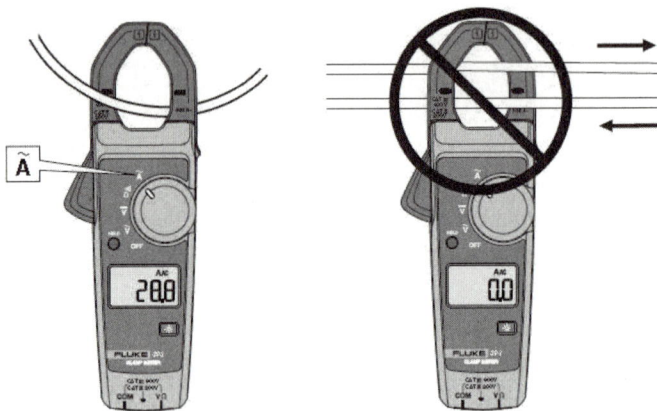

图 1 - 2 - 13　钳形电流表使用方法

　　钳形电流表不能测量裸导体的电流。必须由两人操作，应戴绝缘手套，站在绝缘垫上，不得触及其他设备，以防止短路或搭铁。还应注意身体与带电体保持安全距离。当测量高压电缆各相电流时，电缆头线距离应在 300 mm 以上，且绝缘良好。观测读数时要注意保持头部与带电部分的安全距离，人体任何部分与带电体的距离不得小于钳形电流表的整个长度。

（3）绝缘测试仪   在运行过程中，新能源汽车难免会出现部件间的相互碰撞、摩擦、挤压，导致高压电路与车辆底盘之间的绝缘性能下降，电源正负极引线将通过绝缘层和底盘构成漏电回路。当高压电路和底盘之间发生多点绝缘性能下降时，还会导致漏电回路的热积累效应，可能造成车辆的电气火灾。因此，高压电气系统与车辆底盘的电气绝缘性能实时检测，是电动汽车电气安全技术的核心内容。需要使用专用的绝缘测试仪器，测量高压电缆及零部件对车身绝缘电阻是否在规定值范围内。图 1-2-14 所示为 Fluke 1587 绝缘电阻测试仪。

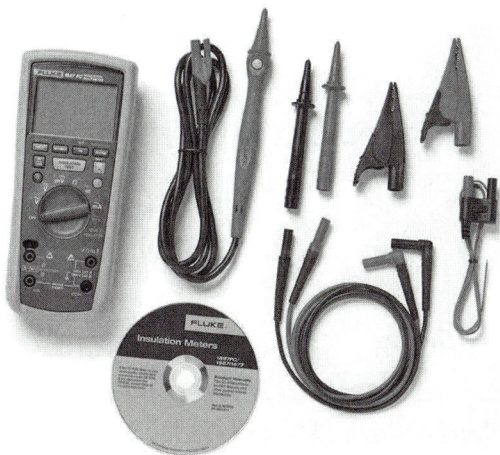

图 1-2-14   Fluke 1587 绝缘电阻测试仪

绝缘测试方法如图 1-2-15 所示。测量绝缘电阻的步骤如下：

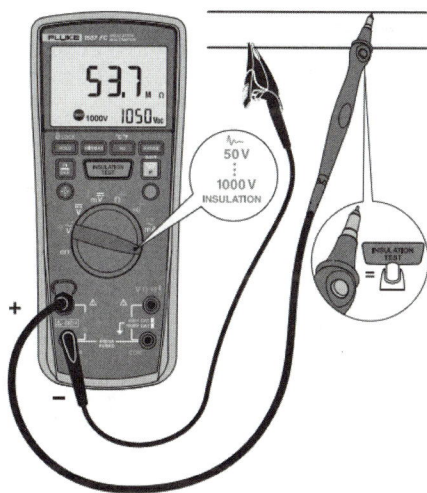

绝缘测试仪使用

图 1-2-15   绝缘测试方法

步骤 1：将测试探头插入"＋"和"－"输入端子。

步骤2:将按钮旋到"INSULATION"绝缘挡位。当开关转到该位置时,仪表将启动电池负载检查。如果电池电量无法完成测试,显示屏下部将出现电池符号。在更换电池前,将无法执行绝缘测试。

步骤3:按[RANGE]选择电压。

步骤4:将探头连接到待测电路,仪表自动检测电路是否通电。

· 主显示区中出现"————",直到按下[INSULATION TEST],可获得有效的绝缘电阻读数。

· 如果存在超过 30 V 的交流或直流电压,将出现高压符号 ϟ ,并且主显示区将发出警告,禁止测试。在继续操作之前,应断开仪表,切断电源。

步骤5:按住[INSULATION TEST]开始测试。辅助显示区会显示被测电路中施加的测试电压。高压符号 ϟ 出现,并且主显示区显示以 MΩ 或 GΩ 为单位的电阻值。"TEST"图标出现在显示屏下部,直到松开[INSULATION TEST]。

当电阻超出最大显示范围时,仪表将显示">"符号以及量程的最大电阻。

步骤6:将探头保持在测试点上并松开[INSULATION TEST]按钮。被测电路将通过仪表放电。在开始新测试、选择不同的功能/量程或检测到大于 30 V 电压之前,电阻读数将保持在主显示区。

(4)故障诊断仪　故障诊断仪能与多种品牌、车型匹配,能诊断多个子系统,具有多种诊断能力,能测试主要功能部件,且能对系统进行标定和烧录程序。使用时需通过通信电缆与车辆的故障诊断座(OBD)连接,与车辆的 ECU 通信。故障诊断仪的使用方法是:

步骤1:选择车辆类型,如图 1-2-16 所示。

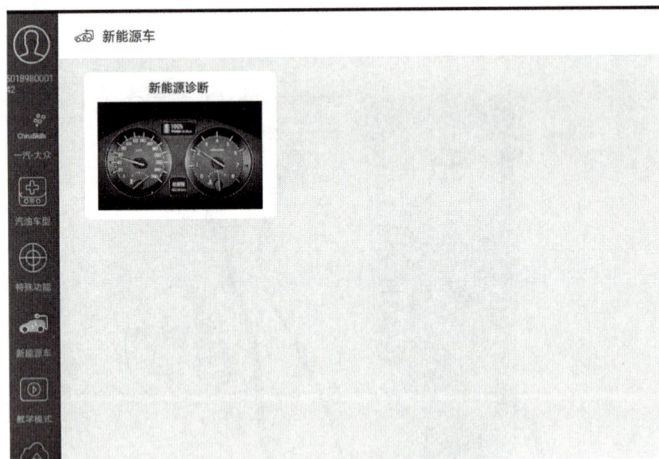

图 1-2-16　选择车辆类型

步骤2:选择车辆品牌型号,如图 1-2-17 所示。

步骤3:选择车辆的系统,然后选择功能,如故障码或数据流的读取,如图 1-2-18～图 1-2-20 所示。

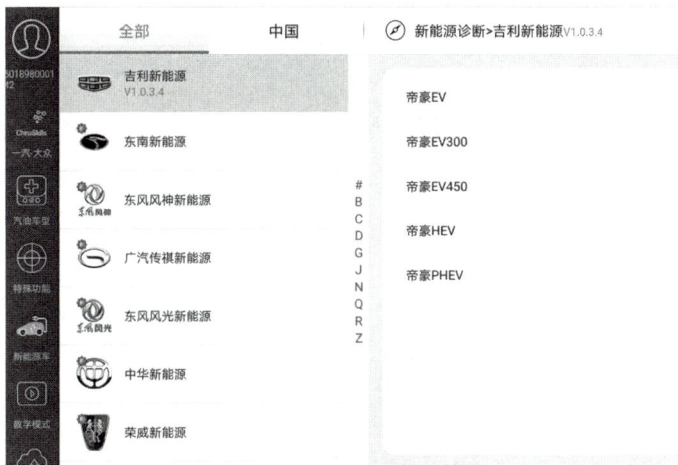

图 1 - 2 - 17 选择车辆品牌型号

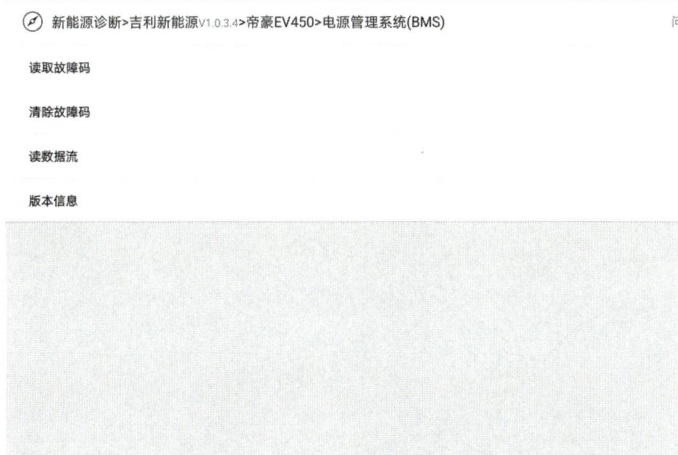

图 1 - 2 - 18 车辆系统选择

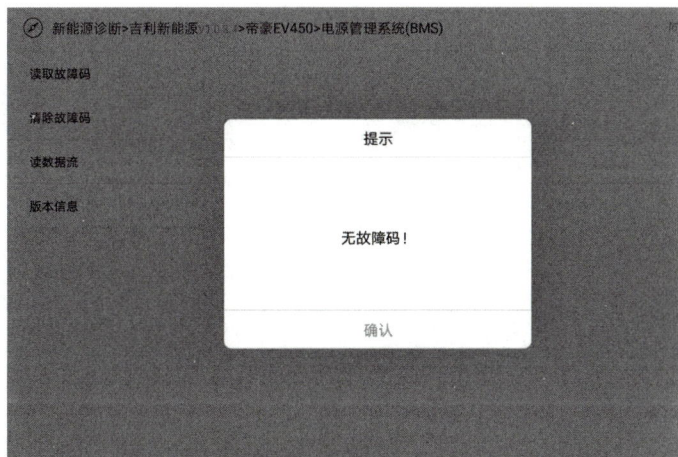

图 1 - 2 - 19 读取故障码

新能源诊断>吉利新能源V1.0.3.4>帝豪EV450>电源管理系统(BMS)

数据流

序号	数据项	值	单位	参考
1	电池包标称容量	150.0	Ah	~
2	电池包标称能量	51.9	kWh	~
3	标称电压	346	伏	~
4	电池总数	95		~
5	电池包单次放电容量	0.0	Ah	~
6	电池包单次充电容量	0.0	Ah	~
7	电池包累计放电容量	2915	Ah	

图 1-2-20 读取数据流

任务评价

1. 新能源故障车进入维修工位,需要接收此车辆。请根据接收需要填写任务工单。

任务工单

班级		组号		指导教师	
组长		学号			
组员	姓名	学号		姓名	学号

任务分工

任务准备

工作步骤

总分:　　　　　分

2. 质量检验：

(1) 使用绝缘工具可以有效防止意外触电事故。新能源汽车涉及高压的部分零部件拆装必须使用绝缘拆装工具。(　　　)

(2) 绝缘工具的使用方法与普通工具相同,但要注意定期做绝缘性能检查。(　　　)

(3) 使用绝缘拆装工具没有必要切断维修开关。(　　　)

(4) 绝缘拆装工具只要有塑料柄就能使用。(　　　)

(5) 绝缘工具使用前,必须注意的事项是(　　　)。

A. 正确地选择、检查及使用绝缘手套、护目镜、防护服

B. 去除所有金属物品

C. 设立安全警戒标识,确保工作区域的安全性

D. 以上都正确

(6) 以下不是万用表通常具备的检测功能的是(　　)。

A. 电压测量　　　　　　　　　　B. 导通性测量

C. 频率测量　　　　　　　　　　D. 数据流读取

(7) 测量额定电压在 500 V 以下的设备或线路的绝缘电阻时,可选用(　　)兆欧表。

A. 200 V 或 500 V　　　　　　　B. 500 V 或 1 000 V

C. 1 000 V 或 1 500 V　　　　　D. 以下都不正确

(8) 汽车诊断仪器通常具备的检测功能有(　　)。

A. 读取清除故障码　　　　　　　B. 读取数据流

C. 执行元件动作测试　　　　　　D. 以上都正确

(9) 汽车电控系统故障诊断仪器用于对应车型故障诊断,也称解码器、故障扫描仪。
(　　)

(10) 不同车型采用的故障诊断仪器也不同,诊断仪应能与被检测车辆的 ECU 通信。
(　　)

3. 安全装备、绝缘工具及检测设备使用评价:

项目	评价内容	学生自评 (30%)	小组互评 (30%)	教师评价 (40%)
素质评价 (30%)	遵守纪律,遵守学习场所管理规定,服从安排(5分)			
	安全意识、责任意识、5S管理意识,注重节约、节能与环保(5分)			
	学习态度积极主动,积极参加实习活动(5分)			
	团队合作意识,注重沟通,能自主学习及相互协作(10分)			
	仪容仪表符合活动要求(5分)			
技能评价 (70%)	按时按要求独立完成任务工单(40分)			
	工具、设备选择得当,使用符合技术要求(10分)			
	操作规范,符合要求(5分)			
	学习准备充分、齐全(10分)			
	注重工作效率与工作质量(5分)			
本次得分				
最终得分				
教师反馈		教师签名: 　　　　年　　　月　　　日		

知识补充

IEC 60950 与 GB 4943 在新能源汽车动力电池领域的应用

新能源汽车作为全球能源转型的重要方向,其动力电池系统的安全性直接关系到整车性能和用户安全。国际电工委员会(IEC)发布的 IEC 60950 系列标准与中国的 GB 4943 系列标准,均对信息技术设备的电气安全提出了严格要求。随着新能源汽车高压系统的普及,这两个标准在动力电池绝缘设计、充电设备安全及环境适应性等方面的应用日益重要。

一、标准背景与适用范围对比

1. IEC 60950:国际通用安全标准

(1)定位 IEC 60950 系列标准由国际电工委员会制定,主要针对信息技术设备(ITE)的电气安全,涵盖设备设计、制造和测试的全流程。其核心目标是通过规范绝缘性能、防火防护和电气间隙等要求,防止电击、火灾等风险。

(2)细分结构 包括多个子部分,如 Part 1(通用要求)、Part 21(远程馈电)、Part 22(室外安装设备)等。例如,Part 22 明确规定了室外设备的耐候性、密封性及低温适应性要求。

2. GB 4943:中国本土化安全标准

(1)定位 GB 4943 是中国对 IEC 60950 的本土化转化标准,技术内容基本与 IEC 一致,但结合国内环境和使用条件进行了适应性调整。例如,GB 4943.22-2019 中规定,寒冷地区的最低环境温度为−50℃,而 IEC 60950-22 仅要求−33℃。

(2)强制性与应用范围 GB 4943 的部分技术条款为强制性要求,尤其适用于国内市场准入认证(如 CCC 认证)。2024 年发布的 GB 44263-2024《电动汽车传导充电系统安全要求》进一步将充电桩等设备纳入强制性认证目录,强调绝缘电阻、耐压测试等核心指标。

3. 对比结论

IEC 60950 是国际通用标准,而 GB 4943 在继承其技术框架的基础上,针对中国气候条件、产业需求及法规环境进行了优化。例如,在低温适应性、污染等级划分及测试电压阈值上,GB 标准更为严格。

二、核心技术要求对比

1. 电气绝缘设计

(1)IEC 60950 强调爬电距离与材料组别的关系。根据 IEC 60112,材料组别(Ⅰ/Ⅱ/Ⅲ)通过相对漏电指数(CTI)划分,直接影响绝缘设计的最小爬电距离。例如,污染等级为 2 时,400 V 系统需 4 mm 爬电距离(材料组Ⅲ),增强绝缘则需加倍。

(2)GB 4943 完全采纳 IEC 的绝缘设计原则,但更注重环境适应性。例如,智能电动车需通过耐温、耐湿测试,确保绝缘材料在−50~180℃范围内性能稳定。

2. 耐压与绝缘测试

(1)IEC 60950 要求设备在额定电压 1.5 倍下进行耐压测试,绝缘电阻需≥1 MΩ。例如,IEC 60950-21 规定远程馈电电路的电流限值为直流 60 mA,单一故障后电流需在 2 s 内降至 25 mA。

(2)GB 4943 测试电压要求与 IEC 一致,但针对新能源汽车高压系统(如 1500 V 直流充电桩)增设了动态工况测试。例如,GB 44263 要求直流充电设备需通过 10 kV 脉冲电压测试,验证瞬态过压耐受能力。

3. 环境适应性要求

(1) IEC 60950-22　规定室外设备需满足 IP 防护等级(如 IP65)及紫外线抗性测试,外壳材料需耐受盐雾、湿热等环境应力。

(2) GB 4943.22　在 IEC 基础上增加极端温度测试。例如,寒冷地区设备需在 $-50℃$ 下连续运行 24 h,并通过机械冲击试验验证结构可靠性。

4. 对比结论

GB 4943 在继承 IEC 技术框架的同时,通过强化环境适应性和动态测试要求,更贴合中国多样化的地理气候和新能源汽车高压化趋势。

三、测试设备与方法差异

1. 测试设备

(1) IEC 标准　推荐使用符合 IEC 61000-4-5 的雷击模拟设备,如冲击电压试验仪(波前时间 1.2 μs,半峰值 50 μs)。

(2) GB 标准　除 IEC 设备外,强制要求使用国产化测试仪器。例如,JC-12 脉冲电压试验仪需满足 GB 4706.1 的雷电波模拟要求,峰值电压覆盖 300 V～12 kV。

2. 测试流程

(1) IEC 60950　采用分阶段测试,包括单一故障模拟、稳态电流测量及绝缘阻抗验证。

(2) GB 4943　增加多参数协同监测。例如,充电桩需在测试中同步采集温度、湿度数据,修正绝缘电阻计算模型。

3. 对比结论

GB 标准在测试设备本土化和多参数融合检测方面更具优势,但其核心方法仍与 IEC 保持一致。

四、实际应用案例分析

1. 高压充电桩设计

(1) IEC 标准　欧洲充电桩普遍采用 IEC 60950-21 的远程馈电要求,RFT-C 电路电流限值为 60 mA,并通过冗余设计提升可靠性。

(2) GB 标准　中国充电桩需符合 GB 44263 的增强绝缘要求,例如,直流充电设备需配备高压互锁(HVIL)功能,并在云端平台实时监控绝缘状态。

2. 动力电池绝缘监测

(1) IEC 标准　推荐使用不平衡电桥法与低频信号注入法结合,实现绝缘电阻动态检测。

(2) GB 标准　在 IEC 方法基础上,要求系统集成温度补偿算法,并支持故障定位(如安科瑞 AIM-T 系列监测仪)。

3. 应用总结

GB 标准通过技术细节的强化和本土化改进,更适应中国新能源汽车高压系统的复杂工况,而 IEC 标准仍是全球市场准入的重要依据。

IEC 60950 与 GB 4943 在新能源汽车动力电池领域各有侧重:前者为国际通用安全框架,后者通过本土化改进和动态测试强化,更适应中国复杂应用场景。两者在绝缘设计、环境适应性及测试方法上的差异,体现了标准制定中全球化与本地化的平衡。未来,随着中国新能源汽车出口增长、技术进步和产业融合,GB 4943 将加速与 IEC 标准的互认。例如,

2024年CCC认证已开始采信IEC测试报告,减少重复认证成本。未来标准可能要求集成AI驱动的绝缘劣化预测模型,并推广耐电晕材料(CTI≥600 V)以提升高压系统寿命。结合车联网(V2X)技术,实现绝缘状态的云端协同管理,推动标准从"静态合规"向"动态优化"转型。

任务3 高电压中止与检验

知识目标

1. 理解新能源汽车高电压系统的存在形式及其分布部件。
2. 掌握高电压中止的核心原理与检验标准。
3. 熟记高电压系统的关键部件位置及操作规范。
4. 熟悉国家标准要求。

能力目标

1. 能够独立执行高电压中止流程。
2. 熟练使用数字万用表检测高压部件电压。
3. 正确实施高压部件防护措施。
4. 判断异常情况。

素质目标

1. 培养"安全第一"的操作意识。
2. 强化细节管理能力。
3. 提升风险预判能力。

思政目标

1. 践行"生命至上"理念,杜绝违规操作。
2. 遵守《新能源汽车高压系统维修安全规范》,体现职业责任感。
3. 倡导绿色维理念,规范处理高压部件废弃物。

任务描述

一辆丰田普锐斯发生故障,需要检修高电压系统电路。检修前需要执行高电压系统中止,完成高压禁用确认后再执行维修。请你完成这个任务。

任务分析

完成此任务首先需要知道新能源汽车高电压存在形式,其次需要掌握高电压的中止与检验方法。

知识储备

问题 1 新能源汽车高电压是一直存在吗?

新能源汽车具有高电压,因此在检修前必须先按照高电压操作规范执行系统电压的中止操作。可以在一定程度上确保汽车高电压系统的部件之间不再具有高电压,保证维修人员的安全。

新能源汽车的高电压系统集中在驱动系统、空调与暖风系统，以及带有插电功能的充电系统。

维修车辆时，需要根据高电压存在的形式来区别对待。例如，在纯电动汽车的动力电池中会一直存在高电压，无论什么时候维修动力电池，都需要佩戴个人安全防护用品；当执行正确的高压中止程序后，如逆器、高压压缩机等系统就不再具有高电压，此时维修这些部件就不用再预防高压击伤了。

按照高电压存在的时间分类，高电压系统的高电压主要有持续存在、运行期间存在以及充电期间存在3种形式，如图1-3-1。

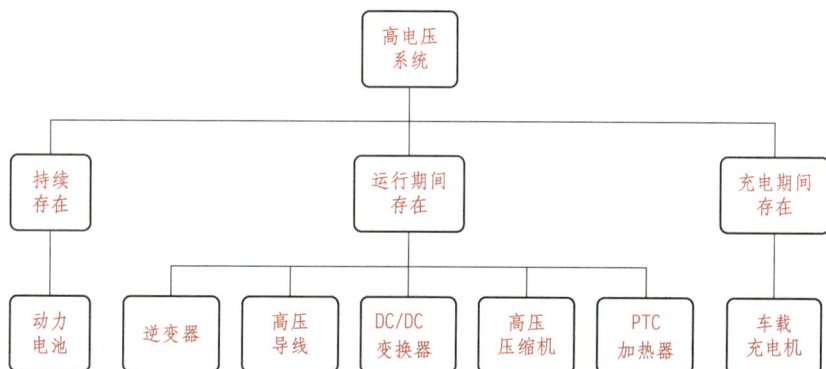

图 1-3-1 高电压存在形式

（1）持续存在形式 新能源汽车动力电池（图1-3-2）持续存在高电压，即使车辆停止运行，动力电池始终存储电能，满足动力电池的放电条件，会继续对外放电。

（2）运行期间存在形式 运行期间，点火开关处于ON、RUN或其他运行状态下，部分部件存在高电压，有两种类型：一种是点火开关处于ON或RUN状态下就会存在高电压，包括逆变器（图1-3-3）、PDU（集成DC/DC变换器，图1-3-4）和连接的高压导线。另一种是点火开关处于ON位置，但系统所执行的功能没有接通，相关部件不会接通高电压，如纯电动汽车中的高压压缩机（图1-3-5）和PTC加热器（图1-3-6），压缩机一半是涡卷压缩机，另一半是三相高电压驱动的电动机。车辆的空调或暖风功能不运行时，这些部件不存在高电压。

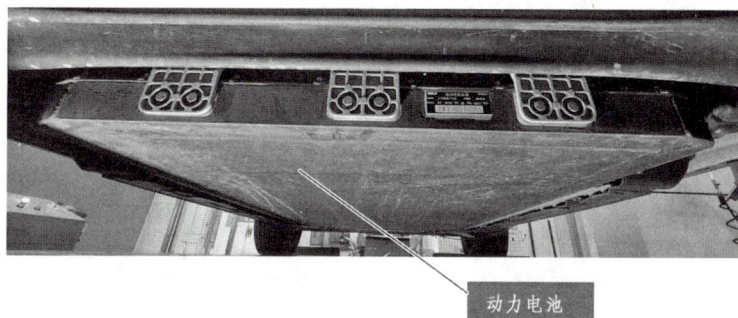

图 1-3-2 动力电池

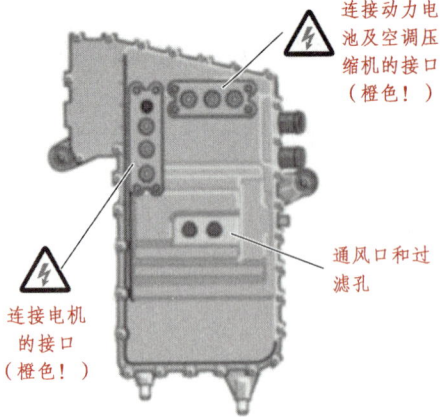

连接动力电池及空调压缩机的接口（橙色！）

通风口和过滤孔

连接电机的接口（橙色！）

图1-3-3 逆变器

图1-3-4 DC/DC变换器

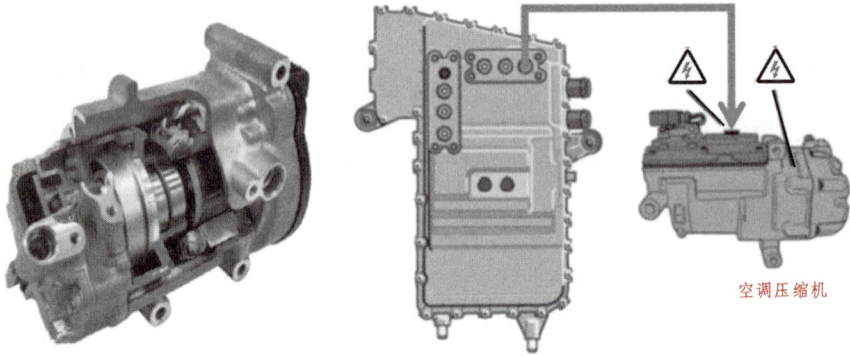

空调压缩机

图1-3-5 高压涡卷压缩机

（3）充电期间存在 充电期间存在高电压主要是指插电式混合动力和纯电动汽车，此类车辆的车载充电机（图1-3-7）以及连接的导线只有在车辆连接有外部220 V电网充电期间才会具有高电压。

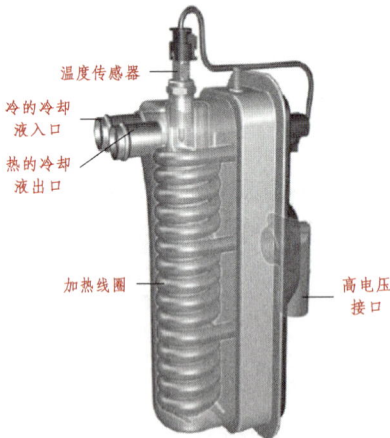

温度传感器

冷的冷却液入口

热的冷却液出口

加热线圈

高电压接口

图1-3-6 PTC加热器

图1-3-7 特斯拉三代车载充电机

注意　有些车辆的车载充电机和动力电池设计有独立的空调式冷却系统。当车辆充电时,动力电池产生热量,车载空调会降低动力电池温度。车辆的高压压缩机在充电期间运行,存在高电压。

问题2　如何完成高电压接通与关闭控制?

除动力电池外,其他部件都是由整车控制单元或混合动力控制单元,通过接触器控制高电压的接通与关闭的,这种类型与家用供电设备一样。动力电池的接触器与家用的总闸作用一样,控制高电压的接触与关闭,由 ECU 控制。

接触器是一个大功率的开关,用于控制高压正负极导线之间的接通与断开,通常布置在动力电池组总成内部或是在一个独立配电箱中,如图1-3-8所示。丰田普锐斯动力电池总成端布置多个接触器。如果断开接触器,整车仅动力电池上会存在高电压,位于接触器下游的高电压系统部件没有高电压。

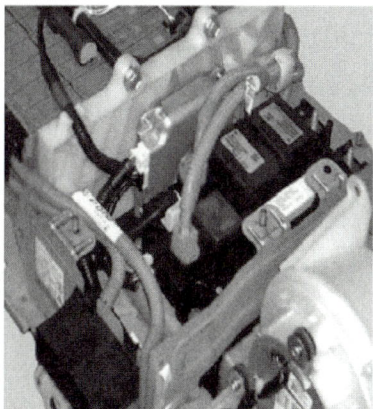

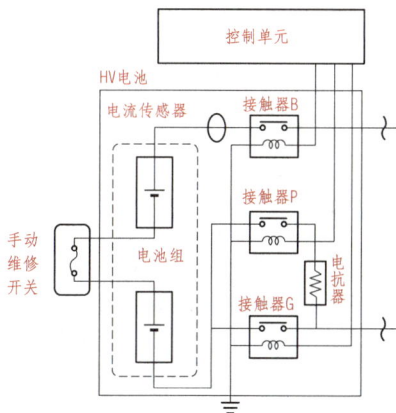

图1-3-8　丰田普锐斯接触器

当 ECU 通过接触器切断动力电池与高压系统用电部件的连接后,整车除动力电池外,其他高压用电设备上就不再有高电压,也是安全的。无论是纯电动汽车还是混合动力汽车,ECU 控制接触器的接通与关闭条件如下。

(1)接触器接通条件　点火开关 ON;高电压系统自检没有漏电等故障。

(2)接触器断开条件　点火开关 OFF;高电压系统检测到存在安全事件。系统自检到安全事件,主要是系统根据自身设定的检验程序,在以下情况,会因异常自动切断高压,避免人员触电。

① 高压系统自检到部件的互锁开关断开,如图1-3-9所示。

② 高压系统自检到部件或高压电缆对车辆绝缘电阻过低。

③ 车辆发生碰撞,且安全气囊已弹出。

问题3　如何手动切断动力高电压?

根据国家新能源汽车安全标准,在动力电池上都会设计一个串联的手动维修开关,用于人工切断整个动力电池的回路。该开关被断开后,整车的高压部件将不再有高压,同时动力

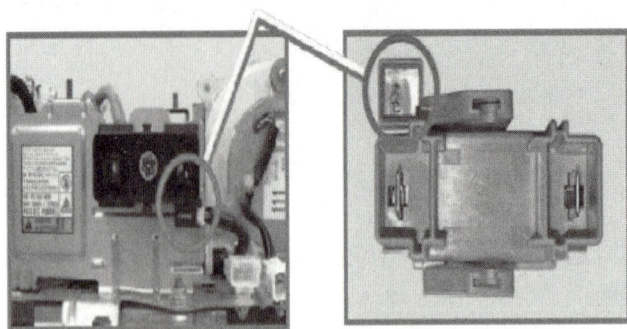

图 1-3-9 高压部件上的互锁开关

电池的总输出正负极端口也没有高压。图 1-3-10 所示为丰田普锐斯动力电池的手动维修开关位置。

注意 即使手动开关断开,动力电池内的电池及其串联的电路仍有高电压。

手动维修开关在物理上直接切断动力电池的高电压回路。汽车制造厂会为此开关设计特殊的锁止结构,避免人为意外触发或行驶中因为振动等断开。图 1-3-11 所示为纯电动汽车的手动维修开关断开方法。

图 1-3-10 丰田普锐斯动力电池的手动维修开关

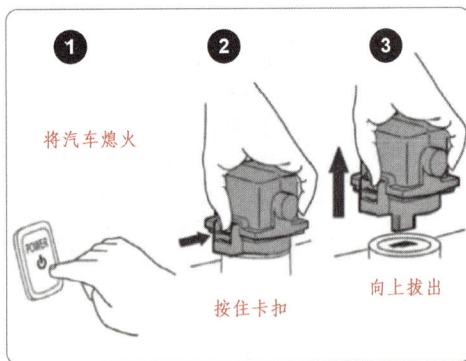

将汽车熄火

按住卡扣

向上拔出

图 1-3-11 纯电动汽车上的手动维修开关断开方法

问题 4 如何中止与检验高电压系统?

1. 高电压的中止

高电压中止即关闭车辆高压系统。正常情况下,执行高电压中止后,车辆除了动力电池外,其他部件都不具有高电压。

(1)关闭点火开关,将钥匙放到安全区域,远离汽车。

注意 使用按钮启动的车辆,一般将钥匙放到离车至少 5 m 远的地方,防止汽车意外起动。

(2)对 12 V 辅助电池,断开电池的负极,并做好防护,以防止接地线碰到电池负极端子,如图 1-3-12 所示。

(3)找到维修开关,断开,并放到口袋中,以防误装回车上。将裸露的维修开关槽做防护,如图 1-3-13 所示。

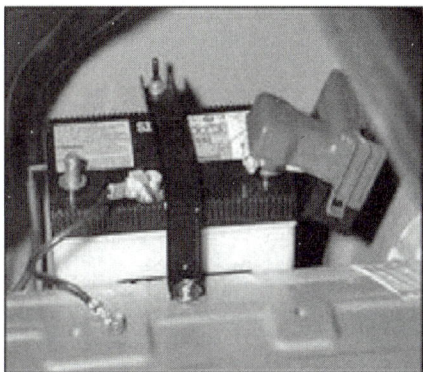

图 1-3-12　断开蓄电池负极端子并做防护

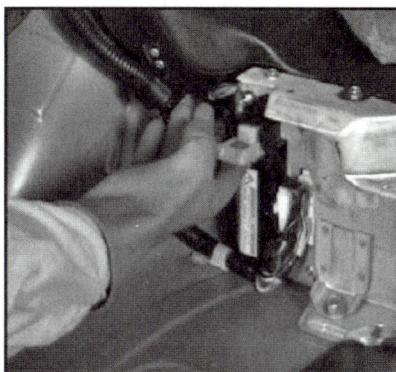

图 1-3-13　断开手动维修开关

（4）拆下维修开关后，需要等待 5 min，让高电压部件中的电容器充分放电，再继续高压检验操作。

2. 高电压的检验

高电压检验是在高电压中止以后，用数字万用表确认具体维修的部件上没有高电压。使用万用表测量高电压部件的连接器各个高电压端子。在执行高电压中止以后，各端子对车身的电压应低于 3 V，且端子正负极之间的电压也低于 3 V。如果任一被测量的电压高于 3 V，说明系统内部存在高压连接情况，需要有经过特殊培训的维修师处理，如图 1-3-14 所示。

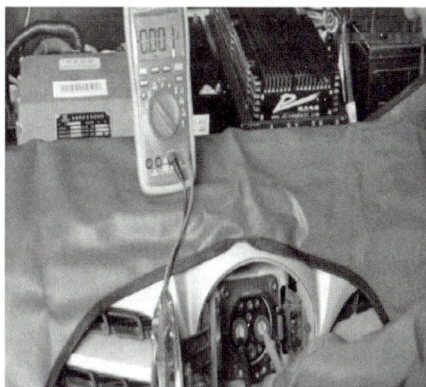

图 1-3-14　高电压检验

任务实施

注意　此操作有一定的高电压安全危险，学生务必按照教师的指导操作。

第一步：关闭点火开关，将钥匙放至车外，再次起动车辆以确认车辆没有钥匙且无法起动，如图 1-3-15 所示。

第二步：断开 12 V 蓄电池负极，并做负极防护，如图 1-3-16 所示。

图 1-3-15　确认车辆无法起动

图 1-3-16　断开蓄电池负极

第三步:使用绝缘手套。

第四步:拆除维修开关,并保存在指定位置,如图1-3-17所示。

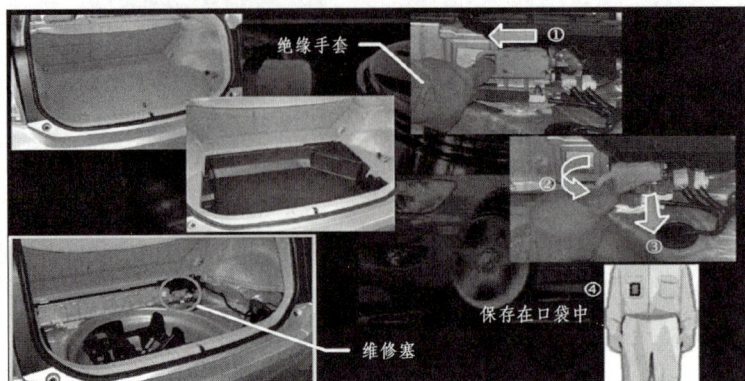

绝缘手套

保存在口袋中

维修塞

图1-3-17 丰田普锐斯维修开关拆卸

第五步:等待5 min或更长时间,以便高压电容放电。

第六步:以拆卸逆变器为例进行高电压检验。断开逆变器与动力电池之间的高电压连接器,并使用数字万用表测量连接器各个高压端子电压均为0 V,如图1-3-18所示。

第七步:给断开的高电压连接器端子做防护,如图1-3-19所示。

正极

负极

高压熔丝

图1-3-18 断开逆变器与动力电池之间的高电压连接器

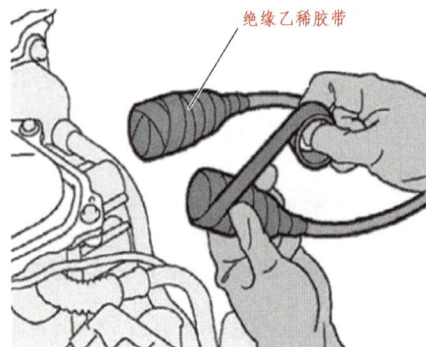

绝缘乙稀胶带

图1-3-19 为断开的高电压连接器端子做防护

任务评价

1. 新能源故障车进入维修工位,请在任务实施前填写任务工单。

任务工单

班级		组号		指导教师	
组长		学号			
组员	姓名	学号		姓名	学号

任务分工

任务准备

工作步骤

总分:　　　　　分

2. 质量检验:

(1) 新能源汽车高电压存在的形式有(　　　)。

A. 一直存在 　　　　　　　　　B. 点火开关打开时存在

C. 充电期间存在 　　　　　　　D. 一直不存在

(2) 新能源汽车高电压存在的主要类型有(　　　)。

A. 直流高压 　　　　　　　　　B. 交流高压

C. 变频高压 　　　　　　　　　D. 以上都不对

(3) 手动维修开关用于(　　　)。

A. 切断动力电池中连接回路 　　B. 维修车辆底盘用

C. 切断驱动电动机电源 　　　　D. 手动维修充电器用

（4）新能源汽车的动力电池持续存在高电压。（　　）

（5）逆变器在运行期间会存在高电压。（　　）

（6）点火开关置于 ON 挡时，高压压缩机就会存在高电压。（　　）

（7）手动维修开关被断开，动力电池内的电池及其连接电路仍然在串联的位置还具有高电压。（　　）

（8）拆下维修开关后，就可以继续对车辆进行高压检验操作。（　　）

（9）拆下维修开关后，必须等待 5 min，使高电压部件中的电容器放电后，才可以继续车辆高电压检验操作。（　　）

（10）在高电压中止操作步骤中，不需要断开低压辅助蓄电池的负极。（　　）

3. 高压中止与检验操作评价。

项目	评价内容	学生自评（30%）	小组互评（30%）	教师评价（40%）
素质评价（30%）	遵守纪律，遵守学习场所管理规定，服从安排（5分）			
	具有安全意识、责任意识、5S 管理意识，注重节约、节能与环保（5分）			
	学习态度积极主动，积极参加实习活动（5分）			
	具有团队合作意识，注重沟通，能自主学习及相互协作（10分）			
	仪容仪表符合活动要求（5分）			
技能评价（70%）	能按时按要求独立完成任务工单（40分）			
	工具、设备选择得当，使用符合技术要求（10分）			
	操作规范，符合要求（5分）			
	学习准备充分、齐全（10分）			
	注重工作效率与工作质量（5分）			
本次得分				
最终得分				
教师反馈		教师签名： 　　　　　　年　　　月　　　日		

知识补充

智能放电装置

随着新能源汽车的快速发展,动力电池系统的安全性、效率及寿命成为行业关注的核心问题。智能放电装置(Intelligent Discharge System,IDS)作为动力电池管理系统(BMS)的关键模块之一,通过实时监测、动态调控和主动防护,显著提升了电池系统的安全性和能量利用效率。尤其在《电动汽车用动力蓄电池安全要求》(GB 38031-2025)等新国标实施背景下,"不起火、不爆炸"的强制性要求进一步推动了智能放电技术的创新与标准化。

智能放电装置的核心目标是通过精准控制电池的放电过程,防止过放、热失控等风险,同时优化能量输出效率。其功能主要包括以下3个方面:

一、动态放电控制

(1)原理　基于电池的荷电状态(SOC)、健康状态(SOH)以及温度参数,实时调节放电功率。例如,当SOC低于20%时,系统会限制放电电流以避免深度放电;当检测到单体电池温度异常时,通过热管理系统主动降温或降低输出功率。

(2)算法支持　采用安时积分法结合神经网络算法,动态校准SOC估算误差,确保放电控制的精准性。

二、主动安全防护

(1)热失控阻断　在电池内部短路或外部撞击引发热失控时,智能放电装置通过快速切断放电回路、启动相变材料冷却或注入阻燃气体,阻断热扩散路径。例如,宁德时代的NP(No Propagation)技术通过多级熔断和烟气分离设计,实现热失控后"不冒烟、不起火"。

(2)底部撞击防护　新国标要求电池包通过底部撞击测试(直径30 mm钢球、150 J能量冲击),智能放电装置通过压力传感器实时监测底盘形变,触发预紧式放电策略,降低内部短路风险。

三、能量回收优化

实现再生制动管理。在车辆制动时,智能放电装置协同电机控制器,将动能转化为电能回馈至电池,并通过均衡算法分配至各单体电池,提升能量回收效率。智能放电装置的系统架构通常分为硬件层、控制层和通信层。

1. 硬件层设计

(1)传感器模块　包括高精度电压传感器(±0.1 mV)、霍尔电流传感器(0.5%精度)及分布式温度传感器(NTC或光纤),实时采集电池状态数据。

(2)功率控制单元　采用IGBT或SiC MOSFET器件,支持高频开关(>100 kHz)与低导通损耗,实现放电电流的快速调节。例如,比亚迪刀片电池采用SiC MOSFET模块,效率提升至98%以上。

(3)安全执行机构　集成熔断器、继电器和气体灭火装置,响应时间小于1 ms,确保紧急状态下的快速动作。

2. 控制层算法

(1)多目标优化算法　在放电过程中,同时考虑能量效率、温度均衡和寿命衰减,通过模型预测控制(MPC)动态调整放电曲线。

(2)故障诊断与预测　基于大数据和机器学习,识别电池内阻异常、电解液泄漏等早期故障。例如,特斯拉的 BMS 通过历史数据训练神经网络,预测电池剩余寿命(RUL)误差小于 5%。

3. 通信与云端协同

(1)车载通信协议　采用 CAN FD 或以太网,支持高带宽数据传输(≥2 Mbps),确保实时性。

(2)云端管理平台　通过 5G 或 V2X 技术,将放电数据上传至云端,结合数字孪生模型优化控制策略。例如,蔚来的 NIO Power 云端平台可远程诊断电池状态并推送固件升级。

智能放电装置在新能源汽车动力电池中的应用案例与性能提升已通过多个场景得到验证。高压快充场景下,频繁快充导致的锂枝晶生长和内部短路风险成为核心挑战,新国标明确要求,电池需在 300 次快充循环后仍通过外部短路测试。广汽埃安弹匣电池通过"分舱隔离"结构设计与智能放电装置的脉冲式放电控制技术,有效抑制锂枝晶形成,实测数据显示其循环寿命提升 30%,热失控风险降低 80%。针对低温环境放电效率问题,智能放电装置集成预加热模块(PTC 或热泵),在 −30℃ 极端低温下将电池温度提升至 10℃ 以上,保障放电功率稳定输出;北汽新能源的极寒技术方案应用后,低温续航衰减率从 40% 显著优化至 15%。而在碰撞安全领域,特斯拉 Model Y 通过底部钛合金护板与智能放电装置的协同防护,结合压力传感器实时监测,可在碰撞瞬间切断高压回路并启动液冷系统主动降温。2024 年事故统计显示,其碰撞后起火概率已降至 0.01%,充分展现了智能放电技术在极端工况下的主动防护能力。

这些案例表明,智能放电装置通过场景化技术创新,系统性提升了动力电池的安全性、环境适应性与能量管理效率。智能放电装置通过动态控制、主动防护与云端协同,在应对热失控、快充老化及极端环境等挑战中展现出显著优势。未来,随着新材料、AI 算法与车网互联技术的突破,智能放电装置将向更高安全性、更长寿命及更广泛生态应用演进,为新能源汽车产业的可持续发展提供坚实支撑。

项目二

动力电池组的拆装与检测

项目情境

二十大指出,要推进工业、建筑、交通等领域清洁低碳转型。而纯电动汽车不再需要一滴油,它没有了发动机和燃油箱,主要动力源为电能。电能通过电动机等动力装置转化为机械能,从而驱动车轮行驶。而电能来自纯电动汽车的动力电池系统。动力电池在电动汽车上发挥着非常重要的作用,因此认识与学习动力电池的工作原理,掌握动力电池的分解、组装和检测方法是新能源汽车维护的关键。

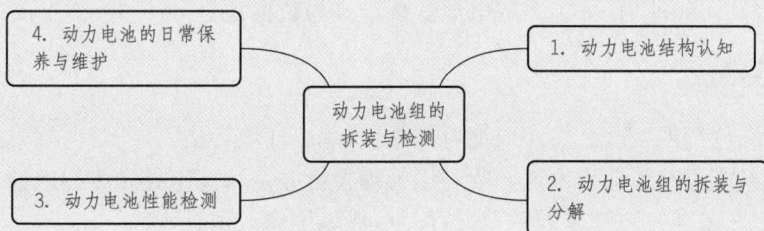

```
4. 动力电池的日常保                          1. 动力电池结构认知
   养与维护
                    动力电池组的
                    拆装与检测
3. 动力电池性能检测                          2. 动力电池组的拆装与
                                             分解
```

任务 1 动力电池结构认知

知识目标

1. 掌握动力电池的常见类型及其性能差异。
2. 理解动力电池的基本组成及连接方式。
3. 熟记动力电池关键参数的定义与计算方法。
4. 熟悉高压警示标识内容及电池信息标签的核心参数。

能力目标

1. 能够识别动力电池的高压安全标识,并准确记录电池技术参数。
2. 熟练查阅维修手册,定位动力电池低压线束插接器的端子定义。
3. 正确使用检测工具测量电池电压、内阻,判断电池状态。
4. 规范执行动力电池外观检查与清洁流程,确保操作符合安全标准。

素质目标

1. 培养细致观察能力,精准识别电池标签信息与警示标识。
2. 强化规范操作意识。
3. 提升团队协作能力,分工完成电池参数记录与数据核对。

思政目标

1. 践行"绿色发展"理念,关注电池可回收性,减少环境污染。
2. 遵守《新能源汽车动力电池回收利用管理暂行办法》,规范处理废旧电池。
3. 弘扬工匠精神,追求"零误差"参数记录,保障维修数据准确性。

任务描述

一辆纯电动汽车的动力电池发生故障,需要更换动力电池总成,需要你准确地报出电池组的参数。

任务分析

完成此任务需要找到并识别动力电池的高电压安全标识及标签,记录动力电池参数,分清动力电池插接器端子。

知识储备

问题 1 动力电池有哪些类型?

电池、电机和电控系统是新能源汽车的三大关键组成部分。如发动机是传统汽车的"心脏"一样,动力电池是新能源汽车的"心脏"。动力电池的名称来源于动力机械应用领域,并一直沿袭下来。GB/T19596—2017中动力蓄电池的定义为:为电动汽车动力系统提供能量的蓄电池。GB/T18384.1—2001中的定义为:用来给动力电路提供能量的所有电气相连的蓄电池包的总称。

早在200多年前电池就已经问世,1800年发明了世界第一块电池,1859年可充电的铅酸电池问世,1970年一次锂电池迈向了实用化,以及可充电锂聚合物广泛应用和目前的燃料电池、太阳能电池的闪亮登场,使得电动汽车的动力电池有更多的选择,如图2-1-1所示。

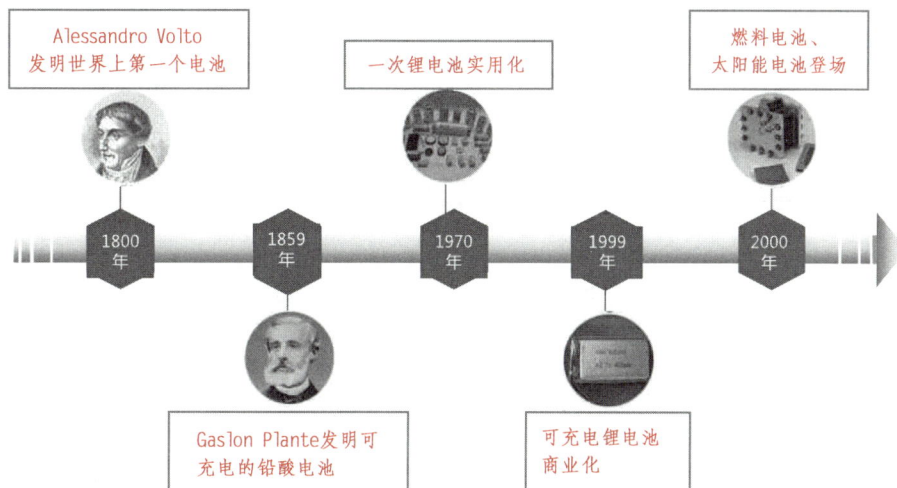

图2-1-1　电池发展历程

电池的种类很多,可以按照不同的标准分类。

1. 按电解液种类分类

(1) 碱性电池　其电解质主要以氢氧化钾水溶液为主,如碱性锌锰电池(俗称碱锰电池或碱性电池)、镍镉电池、镍氢电池等。

(2) 酸性电池　主要是以硫酸水溶液为介质,如铅酸蓄电池。

(3) 中性电池　以盐溶液为介质,如锌锰干电池、海水激活电池等。

(4) 有机电解液电池　主要以有机溶液为介质,如锂离子电池等。

2. 按工作性质和储存方式分类

(1) 一次电池　亦称为原电池,即不能再充电使用的电池,如锌锰干电池、锂原电池等,日常生活使用的电池大多属于这种电池。

(2) 二次电池　即可充电电池,如铅酸电池、镍镉电池、镍氢电池、锂离子电池等。

(3) 燃料电池　在电池工作时,活性材料可连续不断地从外部加入电池,如氢氧燃料电池、金属燃料电池等。

(4) 储备电池　储存时电极板不直接接触电解液,直到电池使用时,才加入电解液,如镁—氯化银电池,又称海水激活电池。

3. 按正负极材料分类

(1) 锌系列电池　如锌锰电池、锌银电池等。

(2) 镍系列电池　如镍镉电池、镍氢电池等。

（3）铅系列电池　如铅酸电池。

（4）锂系列电池　如锂离子电池、锂聚合物电池和锂硫电池。

（5）二氧化锰系列电池　如锌锰电池、碱锰电池等。

（6）空气(氧气)系列电池　如锌空气电池、铝空气电池等。

电池的种类虽然很多,但适合为电动汽车提供动力来源的电池却不多。长期以来,电池的寿命和成本问题一直是制约电动汽车发展的技术瓶颈。随着技术创新与技术改进,电池技术得到飞速发展。现阶段电动汽车上使用的主流动力电池见表2-1-1。

表2-1-1　电动汽车上使用的主流动力电池的性能

电池类型	铅酸电池	镍镉电池	镍氢电池	锂离子电池
比能量/(Wh/kg)	35	55	60～70	150
比功率/(W/kg)	130	170	170	1000以上
循环寿命/次	400～600	500以上	1000以上	1000以上
优点	技术成熟、廉价、可靠性高	比能量较高,寿命长,过充放耐受性好	比能量高,寿命长	比能量高,寿命长
缺点	比能量低,过充放耐受性差	镉有毒,有记忆效应,价格较高,高温充电性差	价格高,高温充电性差	价格高,存在一定安全性问题

问题2　动力电池有什么作用? 一般安装位置在哪里?

动力电池系统作为电动汽车的能量源,它除了为整车提供持续稳定的能量,还承担以下任务:①计算整车的剩余电量和充电提醒;②检测电池温度、电压、湿度;③漏电检测和异常情况报警;④充放电控制和预充电控制;⑤电池一致性检测;⑥系统自检等。

动力电池系统由动力电池模组(即动力电池)、电池管理系统(BMS)、动力电池箱及辅助元器件4个部分组成,如图2-1-2所示。

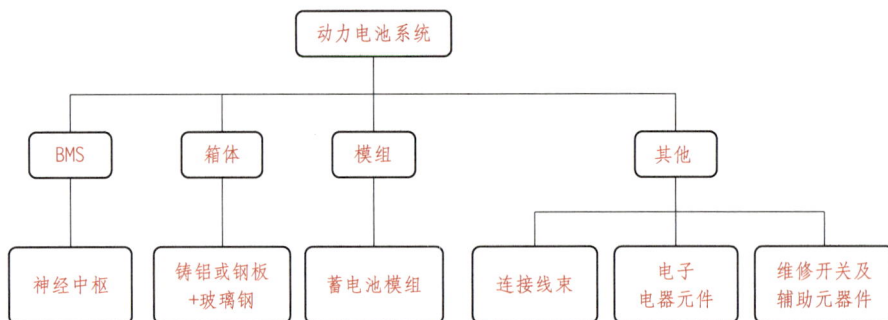

图2-1-2　动力电池系统组成

动力电池的作用是接收和储存由车载充电机、发电机、制动能量回收装置或外置充电装置提供的电能,并且为驱动电动机和其他高压用电设备提供电能,类似于燃油车的油箱。

动力电池是纯电动汽车的核心部件,也是新能源汽车上价格最高的部件之一。动力电池的性能好坏直接决定了车辆的实际价值。动力电池一旦失效，车辆就会处于瘫痪状态。动力电池属于高压安全部件，内部机构复杂，工作时需要很苛刻的条件，任何异常因素都将导致动力切断。

　　动力电池尽可能放在清洁、阴凉、通风、干燥的地方并避免阳光直射，远离热源。应该水平安装放置，不可倾斜。纯电动汽车的动力电池体积较大，一般位于车辆底部前后桥与两侧纵梁之间，安装在这些位置具有较高碰撞安全性，同时降低车辆重心，车辆操控性好。吉利帝豪 EV 纯电动汽车动力电池安装位置如图 2-1-3 所示。混合动力电动汽车的动力电池个体较小，可安装在行李箱和后排座椅的下方或之间。普锐斯动力电池安装位置如图 2-1-4 所示。动力电池安装在这些地方，拆装操作更加简单，避免了动力电池安装分散，减少动力电池之间高电压连接线束的使用，避免了线路连接过多，节约成本。

图 2-1-3　吉利帝豪 EV 动力电池安装位置　　　　图 2-1-4　普锐斯动力电池安装位置

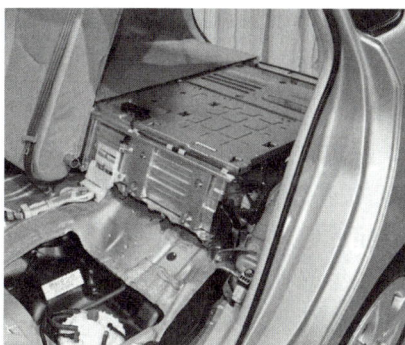

　　问题3　新能源汽车对动力电池的性能有什么要求？

　　动力电池最重要的特点就是高功率和高能量。高功率意味着具有更大的充放电强度，高能量表示拥有更高的质量比能量和体积比能量。这两个指标的要求其实是矛盾的。提高功率就要提高充放电电流，电池结构设计需要增大等效的反应面积，减少接触阻抗，而增大体积和质量，就降低了比能量。需要按照最优化的整车设计应用指标去设计。从使用角度而言，动力电池的性能要求主要有以下几个方面。

1. 高能量

　　高能量意味着更长的纯电动续驶里程。作为交通工具，续驶里程的延长可有效提升车辆应用方便性和适用范围，因此，对动力电池的高能量密度的追求永不会停止。锂离子动力电池能够在电动车辆上广泛推广和应用，主要原因就是其能量密度是铅酸动力电池的 3 倍，并且还有继续提高的可能性。在技术发展上，现在的锂硫电池、镁电池也主要因其在能量密度方面的优势，成为研究人员开发的新热点。

2. 高功率

　　车辆作为交通工具，追求高速化，这就对车辆动力性提出了更高的要求。实现良好的动力性要求驱动电机有较大的功率，进而要求动力电池组能够提供驱动电机高功率输出，满足车辆驱动的要求。长期大电流、高功率放电对于电池的使用寿命和充放电效率会产生负面影响，甚至影响使用的安全性，因此还需要一定的功率储备，避免动力电池在全功率工况下工作。

3. 长寿命

铅酸动力电池使用寿命在深充深放工况下可以达到 500 次,锂离子动力电池可以达到 1 000 次以上。据日本丰田公司报告,混合动力镍氢电池的使用寿命已经可以达到 10 年以上。动力电池寿命,直接关系到动力电池的成本。电池更换的费用是电动汽车使用成本的重要组成部分。电池电化学体系研究将提高动力电池的使用寿命作为重点问题之一。在动力电池成组集成应用方面,考虑动力电池单体寿命的一致性以保证电池组的使用寿命与单体电池相近,也是研究的主要内容之一。

4. 低成本

动力电池的成本与电池的新技术含量、材料、制作方法和生产规模有关。目前新开发的高比能量的电池成本较高,使得电动汽车的造价随之增高,开发和研制高效、低成本的动力电池是电动汽车发展的关键。

5. 安全性好

动力电池提供 300 V 以上的驱动供电电压,可能危及人身安全和车载电器的使用安全。用电安全是电动汽车区别于传统内燃机汽车的重要特点之一。除此之外,动力电池作为高能量密度的储能载体,自身也存在一定的安全隐患,如锂离子电池:

(1) 充放电过程中如果发生热失控反应,可能导致电池短路起火,甚至爆炸。

(2) 采用的有机电解质,在 4.6 V 左右易氧化。并且溶剂易燃,若出现泄漏等情况,也会引起电池着火燃烧,甚至爆炸。

(3) 发生碰撞、挤压、跌落等极端的状况,会导致电池内部短路,易引起危险状况。

车用动力电池的检验标准非常严格,我国制定了《电动汽车用锂离子动力蓄电池包和系统安全性检验的标准》(GB/T 31467.1/2/3)。在高温、高湿、穿刺、挤压、跌落等极端状况下,检验动力电池,要求不发生燃烧、起火现象。

6. 工作温度适应性强

车辆应用一般不应受地域的限制,需要车辆适应不同的温度。例如,北京夏季地表温度可达 50℃ 以上,冬季可低至 −15℃ 以下。在该温度变化范围内,动力电池应该可以正常工作。因此,需要动力电池具有良好的温度适应性。考虑到电池的温度适应性问题,一般都需要设计相应的冷却系统或加热系统,来达到动力电池的最佳工作温度。

7. 可回收性好

按照动力电池使用寿命的标准定义,电池在其容量衰减到额定容量的 80% 时,确定为动力电池寿命终结。随着电动汽车的大量应用,废旧动力电池的回收问题便提上日程。在电化学性能方面,首先要求做到电池正负极及电解液等材料无毒,对环境无污染;其次是研究电池内部各种材料的回收再利用。再利用还存在梯次利用问题,即估测动力电池生命周期以及可再使用性后,将电池系统从车上拆下来成为一个个单体,并重组"再就业",成为新的电池储能系统,应用于对电池容量和功率要求相对较低的领域。

问题 4　动力电池有哪些基本组成?

电池是一种把化学反应所释放的能量直接转变成直流电能的装置。要实现化学能转变为电能的过程,必须满足如下条件,让化学反应中失去电子的氧化过程(在负极进行)和

得电子的还原过程(在正极进行)分别在两个区域进行,这与一般的氧化还原反应的区别在于:

(1) 两电极必须是有离子导电性的物质。

(2) 化学变化过程中电子的转移必须经过外线路。

为了满足构成电池的条件,电池需要包含以下基本组成部分。

1. 正极活性物质

具有较高的电极电位,电池工作即放电时进行还原反应或阴极过程。为了与电解槽的阳极、阴极区别开,在电池中称作正极。

2. 负极活性物质

具有较低的电极电位,电池工作时进行氧化反应或阳极过程。为了与电解槽的阳极和阴极区别开,在电池中称作负极。

3. 电解质

拥有很高的、有选择性的离子电导率,提供电池内部离子导电的介质。大多数电解质为无机电解质水溶液,少部分也用固体电解质、熔融盐电解质、非水溶液电解质和有机电解质。有的电解质也因参加电极反应而被消耗。电解质对于电子来说必须是非导体,否则将会产生电池单体的自放电现象。

4. 隔膜

为保证正、负极活性物质不因直接接触而短路,还要保持正、负极之间尽可能小的距离,以使电池具有较小的内阻,在正、负极之间需要设置隔膜。隔膜材料本身都是绝缘良好的材料,如橡胶、玻璃丝、聚丙烯、聚乙烯、聚氯乙烯等,以防止正、负极间的电子传递和接触。要求能耐电解质腐蚀和正极活性物质的氧化作用,还要有足够的孔隙率和吸收电解质溶液的能力,以保证离子运动。

5. 外壳

作为电池的容器,电池的外壳材料要能经受电解质的腐蚀,同时具有一定的机械强度。铅酸电池一般采用硬橡胶。碱性蓄电池一般采用镀镍钢材。随着塑料工业的发展,各种工程塑料诸如尼龙、ABS、聚丙烯、聚苯乙烯等已经成为电池壳体常用的材料。

除了上述主要组成部分外,电池还常需要导电栅、汇流体、端子、安全阀等零件。电池基本结构如图2-1-5所示。

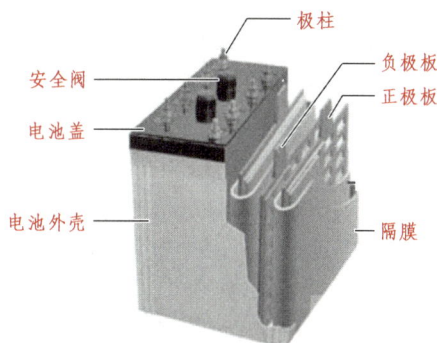

图2-1-5 电池的基本结构

电池分为可再次充电和不可再次充电两种。区别是可再次充电的电池放电时的反应可以逆转,这样就能够始终对电池进行充电和放电。目前主要有铅蓄电池(2 V)、锂离子电池(3.6 V)、镍氢(镉)电池(1.2 V),其化学能和电能可以进行反复转换。不可充电电池一般会标明不可充电,如干电池(1.5 V)、氧化银电池(1.55 V)等。

问题5 动力电池有几种连接方式?

在电池及电池组的构成逻辑关系中容易出现概念的混淆,如图2-1-6所示。

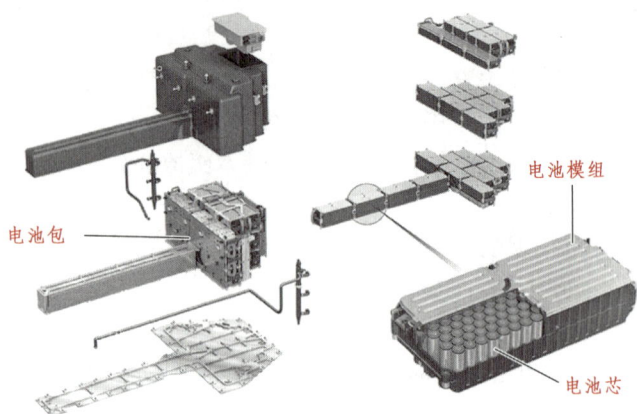

图 2 - 1 - 6　电池芯、电池模组与电池包三者之间的关系

（1）电池单体（cell）　电池单体也称电池芯，是指直接将化学能转化为电能的基本装置和基本单元，是构成电池的基本组件，包括电极、隔膜、电解质和外壳等。

（2）电池模组（battery module）　可以理解为电池芯经串并联方式组合，加装单体电池监控与管理装置后形成的电池芯与电池包的中间产品。

（3）电池包（battery pack）　也常称为电池组，是由多块电池通过串联或并联构成的一个存储电能或对外输出电能的部件。通常意义上的电池包还包括动力电池管理系统、电池箱等元器件。

利用机械结构将众多电池单体通过串并联的方式连接起来，并结合系统机械强度、热管理、BMS 匹配等技术，形成电池包系统。其主要的技术体现在整体结构设计、焊接和加工工艺控制、防护等级、主动热管理系统等，国内目前电池包大多采用简单的风冷散热和主动液体冷却系统，技术壁垒也相对较低。

混合动力汽车和纯电动汽车的动力电池组是由电池模组组成的。根据电池模组设计类型不同，其电池单体部件有两种连接方式：电池单体互相串联，能实现输出电压最大化；或者电池单体互相并联，能实现输出电流最大化。

如果所需电压比实际电池电压高时，由其电池单元串联而成：即某个电池单体或电池模组的正极连接另外一个电池单体或电池模组的负极，以此类推。电池的总电压与电池单体的电压之和相同，如图 2 - 1 - 7 所示，总电压 $U_{ges} = U_1 + U_2 + U_3$。

串联电池组中的每个电池单体的开路电压为 U，内阻为 R_i，N 个电池单体串联组成的电池组的电压为 NU，电池组的总内阻为 NR_i。

电池并联可以提高电池组的电容量，电池组电压则保持不变。电池组的性能通常比电池单体性能差，如图 2 - 1 - 8 所示，$U_{ges} = U_1 = U_2 = U_3$。

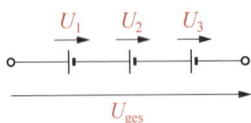

图 2 - 1 - 7　电池的串联

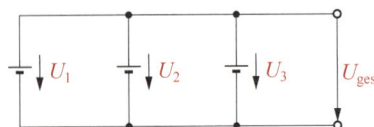

图 2 - 1 - 8　电池的并联

某些带充电系统的电动汽车(插电式混合动力和纯电动汽车),则采用混连的方式将电池单元组成动力电池组,可同时增加电池的电压和容量,以满足电动汽车的动力需求。例如,雪佛兰沃蓝达的动力电池组就是由 96 块电池模组串联而成的,其中每块电池模组又包括 3 个并联的 3.7 V 电池单体。由于每个并联的电池单体输出电压为 3.7 V,全部 96 组电池模组的总输出电压大约是 355 V。

问题6　高压警示标识及电池信息标签标上哪些基本参数?

1. 电压

(1)电动势　是反映电源把其他形式的能转换成电能的物理量,电动势使电源两端产生电压。电动势使电池在理论上输出能量大小的度量之一。如果其他条件相同,那么电动势越高,理论上能输出的能量就越大。电池的电动势是热力学的两极平衡电极电位之差,常用 E 表示,单位是伏(V),即

$$E = \varphi_+ - \varphi_-,$$

式中,φ_+ 为正极的平衡电位,φ_- 为负极的平衡电位。

实际上,电池中两个电极并非处于热力学的可逆状态,因此电池在开路状态下的端电压理论上并不等于电池的电动势。一般正极活性物质氧的过电位大,因此稳定电位接近正极活性物质的平衡电位,同理,负极材料氢的过电位大,因此稳定电位接近负极活性物质的平衡电位。电池的开路电压在数值上接近电池的电动势,所以在工程应用上,常常认为电池在开路条件下,正、负极间的平衡电势之差,即为电池的电动势。

(2)开路电压　在开路状态下(几乎没有电流通过时),电池两极之间的电势差,用 C_{open} 表示。电池的开路电压与电池正负极材料的活性、电解质和温度条件等有关,而与电池的几何结构及尺寸大小无关。例如,无论铅酸电池的尺寸如何,其单体开路电压都近似一致。电池的开路电压还与其放电程度有关,电池在充足电状态下其开路电压最高,随着电池放电程度的增加,其开路电压会相应降低。一般情况下,电池的开路电压要小于(但接近)它的电动势。

(3)额定电压　额定电压也称为公称电压或标称电压,额定电压指某电池开路电压的最低值(保证值),或在规定条件下电池工作的标准电压。采用额定电压可以区分电池的化学体系。表 2-1-1 为常用不同电化学体系电池的单体额定电压值。

表 2-1-2　常用不同电化学体系电池的单体额定电压值

电池类型	单体额定电压/V
铅酸电池(VRLA)	2
镍镉电池(Ni-Cd)	1.2
镍锌电池(Ni-Zn)	1.6
镍氢电池(Ni-MH)	1.2
锌空气电池(Zn/Air)	1.2
铝空气电池(Al/Air)	1.4

电池类型	单体额定电压/V
钠氯化镍电池($Na/NiCl_2$)	2.5
钠硫电池(Na/S)	2.0
锰酸锂电池($LiMn_2O_4$)	3.7
磷酸铁锂电池($LiFePO_4$)	3.2

(4) 工作电压　工作电压是指电池接通负载后在放电过程中显示的电压,又称为负荷(载)电压或放电电压。在电池放电初始时刻的(开始有工作电流)电压称为初始电压。

电池在接通负载后,由于欧姆内阻和极化内阻的存在,电池的工作电压低于开路电压,也必然低于电动势,计算公式为

$$V = E - IR_i = E - I(R_\Omega + R_f),$$

式中,I 为电池的工作电流,R_Ω 为欧姆内阻,R_f 为极化内阻。

(5) 放电终止电压　对于所有二次电池,放电终止电压都是必须严格规定的重要指标。放电终止电压也称为放电截止电压,是指电池放电时,电压下降到不宜再继续放电的最低工作电压值。根据电池的不同类型及不同的放电条件,对电池的容量和寿命的要求也不同,由此所规定的放电终止电压也不同。一般而言,在低温或大电流放电时,终止电压规定得低些;小电流长时间或间歇放电时,终止电压规定得高些。

(6) 充电终止电压　在规定的恒流充电期间,电池达到完全充电时的电压。到达充电终止电压后若仍继续充电,即为过充电,会损害电池性能和寿命。

2. 容量

在一定的放电条件下所能放出的电量称为电池容量,用符号 C 表示。其单位用 $A \cdot h$ 或 $mA \cdot h$ 表示。

(1) 理论容量(C_0)　假定活性物质全部参加电池的成流反应所能提供的电量。理论容量可根据电池反应式中电极活性物质的用量,按法拉第定律计算的活性物质的电化学当量精确求出。

(2) 额定容量(C_g)　额定容量即按照国家或有关部门规定的标准,保证电池在一定的放电条件(如温度、放电率、终止电压等)下应该放出的最低限度的容量。

(3) 实际容量(C)　在实际应用工作情况下放电,电池实际放出的电量。它等于放电电流与放电时间的积分,实际放电容量受放电率的影响较大,所以常在字母 C 的右下角以阿拉伯数字标明放电率,如 $C_{20} = 50 A \cdot h$,标明在 $20 h$ 放电率下的容量为 $50 A \cdot h$。

由于内阻以及其他各种原因,活性物质不可能完全被利用,即活性物质的利用率总是小于1,因此化学电源的实际容量、额定容量总是低于理论容量。

实际容量与放电电流密切相关,大电流放电时,电机的极化增强,内阻增大,放电电压下降很快,电池的能量效率降低,因此实际放出的容量较低。在低倍率放电条件下,放电电压下降缓慢,电池实际放出的容量常高于额定容量。

(4) 剩余容量　在一定放电倍率下放电后,电池剩余的可用容量。剩余容量的估计和

计算受到电池前期应用的放电率、放电时间等因素,以及电池老化程度、应用环境等的影响,所以在准确估算上存在一定的困难。

（5）可用容量　指在规定条件下,从完全充电的蓄电池中释放的电量。

3. 内阻

电流通过电池内部时受到阻力,使电池的工作电压降低,该阻力称为电池内阻。由于电池内阻的作用,电池放电时端电压低于电动势和开路电压。充电时充电的端电压高于电动势和开路电压。电池内阻是化学电源的一个极为重要的参数,它直接影响电池的工作电压、工作电流、输出能量与功率等。一个实用的化学电源,其内阻越小越好。

电池内阻不是常数,它在放电过程中根据活性物质的组成、电解液浓度和电池温度以及放电时间而变化。电池内阻包括欧姆内阻(R_Ω)和电极在电化学反应时所表现出的极化内阻(R_f),两者之和为电池的全内阻(R_w)。

（1）欧姆内阻　由电极材料、电解液、隔膜的内阻及各部分零件的接触电阻组成,与电池的尺寸、结构、电极的成型方式(如铅酸蓄电池的涂膏式电极与管式电极,碱性蓄电池的有极盒式电极和烧结式电极)以及装配的松紧度有关。欧姆内阻遵守欧姆定律。

（2）极化内阻　在电化学反应进行时,正极与负极由于极化所引起的内阻。它是电化学极化和浓差极化所引起的电阻之和。极化内阻与活性物质的本性、电极的结构、电池的制造工艺有关,尤其是与电池的工作条件密切相关,放电电流和温度对其影响很大。在大电流密度下放电时,电化学极化和浓差极化均增加,甚至可能引起负极的钝化,极化内阻增加。低温对电化学极化、离子的扩散均有不利影响,故在低温条件下电池的极化内阻也增加。因此极化内阻并非常数,而是随放电率、温度等条件的改变而改变。

电池内阻较小,在许多工况下常常忽略不计,但电动汽车用动力电池常常处于大电流、深放电工作状态,内阻引起的压降较大,此时内阻对整个电路的影响不能忽略。

对应于电池内阻的构成,电池产生极化现象有3个方面的原因。

（1）欧姆极化　充放电过程中,为了克服欧姆内阻,外加电压就必须额外施加一定的电压,以克服阻力推动离子迁移。该电压以热的方式转化给环境,就出现了所谓的欧姆极化。随着充电电流急剧加大,欧姆极化将造成电池温度升高。

（2）浓度极化　电流流过蓄电池时,为了维持正常的反应,最理想的情况是,电极表面的反应物能及时得到补充,生成物能及时离去。实际上,生成物和反应物的扩散速度远远比不上化学反应速度,从而造成极板附近电解质溶液浓度发生变化。也就是说,从电极表面到中部溶液,电解液浓度分布不均匀。这种现象称为浓度极化。

（3）电化学极化　由于电极上的电化学反应的速度落后于电极上电子运动的速度造成的。例如,在放电前,负极表面带有负电荷,其附近溶液带有正电荷,两者处于平衡状态。放电时,立即有电子释放给外电路。电极表面负电荷减少,而金属溶解的氧化反应缓慢,不能及时补充电极表面电子的减少,电极表面带电状态发生变化。这种表面负电荷减少的状态促进金属中电子离开电极,金属离子转入溶液,加速氧化反应,逐渐达到新的动态平衡。但与放电前相比,电极表面所带负电荷数目减少,与此对应的电极电势变正,也就是电化学极化电压变高,严重阻碍了正常的充电电流。同理,电池正极放电时,电极表面所带正电荷数目减少,电极电势变负。

如果极化现象严重,会对电池造成不可逆的损坏。

4. 能量与能量密度

电池的能量是指电池在一定放电制度下,电池所能释放出的能量,通常用 W·h 或 kW·h 表示。

(1) 理论能量   假设电池在放电过程中处于平衡状态,其放电电压保持电动势(E)的数值,而且活性物质的利用率为 100%,即放电容量为理论容量,则电池所输出的能量为理论能量,即

$$W_0 = C_0 E。$$

(2) 实际能量   电池放电时实际输出的能量。它在数值上等于电池实际放电电压、放电电流与放电时间的积分,即

$$W = \int V(t) I(t) \mathrm{d}t。$$

在实际工程应用中,实际能量的估算,经常采用电池组额定容量与电池放电平均电压乘积计算电池实际能量。由于活性物质不可能完全被利用,电池的工作电压总是小于电动势,电池的实际能量总是小于理论能量。

(3) 总能量   指电池在其寿命周期内电能输出的总和。

(4) 充电能量   通过充电器输入电池的电能。

(5) 放电能量   电池放电时输出的电能。

(6) 能量密度   单位质量或单位体积的电池所能输出的能量,相应地称为质量能量密度(Wh/kg)或体积能量密度(Wh/L),也称为质量比能量或体积比能量。动力电池的质量比能量影响电动汽车的整车质量和续驶里程,而体积比能量影响动力电池的布置空间。

(7) 比能量   比能量是评价动力电池能否满足电动汽车应用需要的重要指标,也是比较不同类型电池性能的一项重要指标。分为理论比能量(W'_0)和实际比能量(W')。理论比能量对应理论能量,是指单位质量或单位体积电池反应物质完全放电时理论上所能输出的能量;实际比能量对应实际能量,是单位质量或单位体积电池反应物质所能输出的实际能量,由电池实际输出能量与电池质量(或体积)之比来表征,由于各种因素的影响,电池的实际比能量远小于理论比能量。

由于电池组安装需要相应的电池箱、连接线、电流电压保护装置等元器件,实际的电池组比能量小于电池比能量。电池组比能量是电动汽车应用中最重要的参数之一,电池比能量与电池组比能量之间的差距越小,电池的成组设计水平越高,电池组的集成度越高。因此,电池组的质量比能量常常是电池组性能的重要衡量指标。一般而言,电池组的质量比能量与电池比能量相比要低 20% 以上。

5. 功率与功率密度

(1) 功率   电池的功率是指在一定的放电制度下,单位时间内电池输出的能量,单位为瓦(W)或千瓦(kW)。

(2) 功率密度   单位质量或单位体积电池输出的功率称为功率密度,又称比功率,单位为 W/kg 或 W/L。功率密度表征电池所能承受的工作电流的大小,电池功率密度大,表示可以承受大电流放电。功率密度是评价电池及电池组是否满足电动汽车加速和爬坡能力的

重要指标。

电化学电池的功率和功率密度与电池的放电深度(DOD)密切相关。因此,在表示电池功率和功率密度时还应该指出电池的放电深度。

注意　比能量高的动力电池就像龟兔赛跑里的乌龟,耐力好,可以长时间工作,续驶里程长,如特斯拉系中 Model S 和 Roadster;而比功率高的动力电池就像龟兔赛跑里的博尔特,速度快,可以提供很高的瞬间电流,以保证汽车的加速性能,如比亚迪的秦和唐。

6. 荷电状态

电池荷电状态(state of charge,SOC)用于描述电池的剩余电量,是电池使用过程中的重要参数,此参数与电池的充放电历史和充放电电流大小有关。

荷电状态值是个相对量,一般用百分比表示。SOC 的取值为 $0 \leqslant SOC \leqslant 100\%$。目前较为统一的是从电量角度定义 SOC,如美国先进电池联合会(USABC)在其《电动汽车电池试验手册》中定义为:电池在一定放电倍率下,剩余电量与相同条件下额定容量的比值,即

$$SOC = \frac{C_\mu}{C_e},$$

式中,C_μ 为电池剩余的额定电流放电的可用容量,C_e 为额定容量。

由于 SOC 受充放电倍率、温度、自放电、老化等因素的影响,实际应用中要调整 SOC 的定义。例如,日本本田公司电动汽车 EV Plus 定义为

$$SOC = \frac{剩余容量}{额定容量 \times 容量衰减因子},$$

剩余容量 = 额定容量 - 净放电量 - 自放电量 - 温度补偿容量。

充放电过程是复杂的电化学变化过程,电池剩余电量受到动力电池的基本特征参数(端电压、工作电流、温度、容量、内部压强、内阻和充放电循环次数)和动力电池使用特性因素的影响,电池组荷电状态的测定很困难。

目前关于电池组电量的研究,较简单的方法是将电池组等效成一个电池单体,测量电池组的电流、电压、内阻等外界参数,找出 SOC 与这些参数的关系,间接地测试电池的 SOC 值。为确保电池组的使用安全和使用寿命,常使用电池组中性能最差电池单体的 SOC 来定义电池组的 SOC。

7. 放电性能

(1) 自放电　电池内部自发的或不期望的化学反应造成可用容量自动减少的现象。主要是电极材料发生了氧化还原反应。在两个电极中,负极的自放电是主要的。自放电使活性物质浪费。电池的自放电与电池储存有密切关系。

(2) 自放电率　电池在存放时间内,在没有负荷的条件下,自身放电,电池容量的损失速度。自放电率采用单位时间(月或年)内电池容量下降的百分数来表示。自放电率通常与时间和环境温度有关,环境温度越高自放电现象越明显,所以电池久置要定期补电,并在适宜的温度和温度下储存。

(3) 放电深度　放电深度(depth of discharge,DOD)是放电容量与额定容量之比的百分数,与 SOC 的数学计算关系为

$$DOD = 1 - SOC。$$

放电深度的高低对二次电池的使用寿命有很大影响。一般情况下,二次电池常用的放电深度越深,其使用寿命就越短。因此在电池使用过程中应尽量避免深度放电。

(4) 放电制度　电池放电时所规定的各种条件,主要包括放电速率(电流)、终止电压和温度等。

① 放电电流:放电时的电流大小,直接影响到电池的各项性能指标。因此,介绍电池的容量或能量时,必须说明放电电流的大小,指出放电的条件。放电电流通常用放电率表示。放电率是指电池放电时的速率,有时率和倍率两种表示形式。

时率是以放电时间表示的放电速率,即以一定的放电电流放完额定容量所需的时间(h),也称为小时率,常用 C/n 表示,其中,C 为额定容量,n 为一定的放电电流。例如,电池的额定容量为 50 A·h,以 5 A 电流放电,则时率为 50 A·h/5 A=10 h,称电池以 10 小时率放电。放电率所表示的时间越短,放电电流越大;放电率所表示的时间越长,放电电流越小。

倍率指电池在规定的时间内放出其额定容量所输出的电流值。它在数值上等于额定容量的倍数。如 3 倍率(3C)放电,表示放电电流的数值是额定容量数值的 3 倍。若电池的容量为 15 A·h,那么放电电流为 3×15=45(A)。习惯上称放电率在 1/3C 以下为低倍率,1/3C ~ 3C 为中倍率,3C 以上则为高倍率。

② 放电终止电压:与电池材料直接相关,并受到电池结构、放电率、环境温度等多种因素影响。前述已讲过,不再赘述。

除上述主要性能指标外,还要求电池无毒性、不对周围环境造成污染或腐蚀、使用安全、有良好的充电性能、充电操作方便、耐振动、无记忆性、对环境温度变化不敏感、易于调整和维护等。

8. 使用寿命

(1) 循环寿命　循环寿命是评价蓄电池寿命性能的一项重要的指标。蓄电池经历一次充电和放电,称为一次循环,或者一个周期。在一定放电制度下,二次电池的容量降至某一规定值(一般规定为额定值的 80%)之前,电池所能耐受的充放电循环总次数,称为蓄电池的循环寿命或使用周期。循环寿命受蓄电池的 DOD 影响,须同时指出放电深度 DOD。各类蓄电池的循环寿命都有差异,即使同一系列、同一规格的产品,循环寿命也可能有很大差异。目前常用的蓄电池中,锌银电池的循环寿命最短,一般只有 30~100 次;铅酸电池的循环寿命为 300~500 次;锂离子电池的使用周期较长,循环寿命可达 1000 次以上。

(2) 储存寿命　电池在长期搁置之后容量会发生变化,这种特性称为储存性能。在储存期间,虽然没有放出电能量,但是在电池内部总是存在着自放电现象。即使是干储存,也会由于密封不严,进入水分、空气及二氧化碳等物质,使处于热力学不稳定状态的部分正极和负极活性物质构成为原电池腐蚀机制,自行发生氧化还原反应而白白消耗掉。如果是湿储存,更是如此。这种自放电的大小通过电池容量下降到某一规定容量所经过的时间来表示,即储存寿命(或称搁置寿命)。

9. 一致性

电池的一致性对于成组应用的动力电池才有意义,是电池组的重要参数指标之一,是指同一规格、同一型号电池在电压、内阻、容量、充电接受能力、循环寿命等参数方面存在的差别。在现有的电池技术水平下,电动汽车必须使用多块单体电池构成的电池组来满足使用要求。由于一致性的影响,动力电池组使用性能指标往往达不到单体电池原有水平,使用寿命可能缩短几倍甚至十几倍,严重影响电动汽车的性能和应用。电池的一致性一般以电压差、容量差、内阻差的统计规律标识。

10. 成本

电池的成本与电池的技术含量、材料、制作方法和生产规模有关,目前新开发的高比能量、比功率的电池,如锂离子电池,成本较高,使得电动汽车的造价也较高。开发和研制高效、低成本的电池是电动汽车发展的关键。电池成本一般以电池单位容量或能量的成本表示,单位为元/(A·h)或元/(kW·h),以便比较不同类型或同类型不同生产厂家、不同型号的电池。

11. 记忆效应

电池经过长期浅充放电循环后,深放电时,表现出明显的容量损失和放电电压下降,经数次全充/放电循环后,电池特性即可恢复的现象。记忆效应是一种暂时现象,它可以通过调节循环消除,即经过几次满充电后的完全放电循环来消除。

电池的失效有可逆失效和不可逆失效两种,其中最重要的可逆失效现象就是记忆效应。电池的记忆效应主要有以下方面的表现:放电电压偏低、放电容量偏低、极板发生变化。

任务实施

第一步:检查及穿戴安全防护装备。

第二步:查询实训车信息并找到动力电池的位置。

第三步:检查动力电池总成外观并清洁。

第四步:找到动力电池标签,如图2-1-9所示。

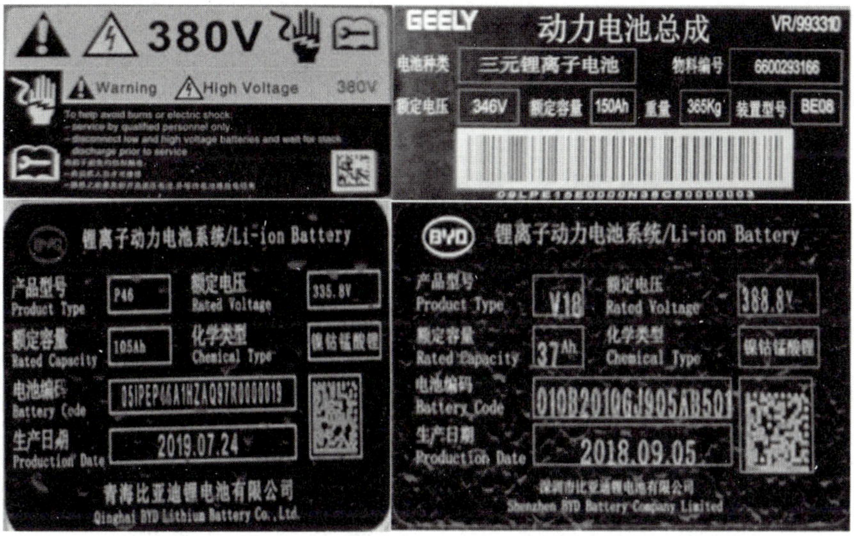

图 2-1-9　动力电池标签

第五步:描述动力电池的主要技术参数。

第六步:查阅维修手册,找出动力电池低压线束插接件的端子定义,并填入表 2-1-3 中。例如,吉利帝豪 EV450 动力电池接线端子如图 2-1-10 所示。

表 2-1-3 吉利 EV450 动力电池低压线束连接器的端子定义作业表

连接器 1

端子号	端子定义
1	
2	
3	
4	
5	
6	
7	
8	
9	
10	
11	
12	

连接器 2

端子号	端子定义
1	
2	
3	
4	
5	
6	
7	
8	
9	
10	
11	
12	

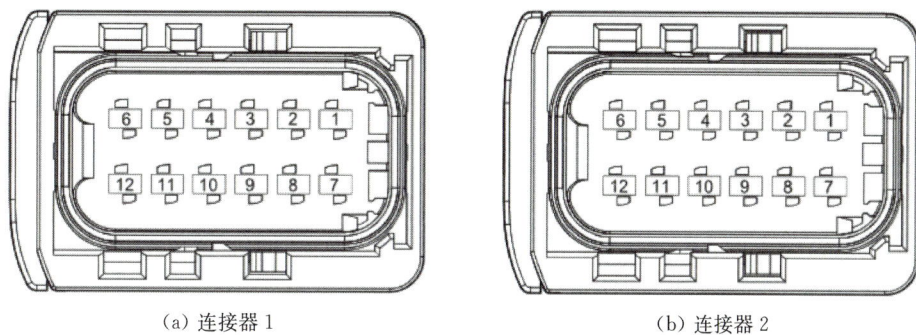

（a）连接器1　　　　　　　　　　（b）连接器2

图 2 - 1 - 10　吉利帝豪 EV450 动力电池低压线束连接器

第八步：整理、整顿、清扫、清洁。

任务评价

1. 对应实训室中的实训车,完成任务实施并填写任务工单。

任务工单

班级		组号		指导教师	
组长		学号			
组员	姓名	学号		姓名	学号

任务分工

任务准备

工作步骤

总分:　　　　　分

2. 质量检验:

(1) 动力电池的作用类似于燃油车中的(　　)。

A. 发动机　　　　　B. 变速器　　　　　C. 燃油箱　　　　　D. 以上都不对

(2) (　　)属于原电池。

A. 镍氢电池　　　　B. 锌锰干电池　　　C. 镍氢电池　　　　D. 锂离子电池

(3) 根据动力电池使用寿命的标准定义,电池在其容量衰减到额定容量的(　　)时,确定为动力电池寿命终结。

A. 50%　　　　　　B. 80%　　　　　　C. 60%　　　　　　D. 75%

(4) 电池产生极化现象的原因有( )。

A. 欧姆极化 B. 浓度极化 C. 电化学极化 D. 以上都是

(5) 磷酸铁锂电池的单体额定电压为( )V。

A. 1.2 B. 2.0 C. 3.2 D. 3.7

(6) 通常意义上的电池包还包括动力电池管理系统、电池箱等元器件。( )

(7) 电池内阻包括欧姆内阻和极化内阻。( )

(8) 动力电池质量比能量影响电动汽车的整车质量和续驶里程,而体积比能量影响动力电池的布置空间。( )

(9) 在应用过程中,常使用电池组中性能最差电池单体的 SOC 来定义电池组的 SOC。( )

(10) 在电池使用过程中应尽量避免二次电池深度放电。( )

3. 动力电池结构认知评价:

项目	评价内容	学生自评 (30%)	小组互评 (30%)	教师评价 (40%)
素质评价 (30%)	遵守纪律,遵守学习场所管理规定,服从安排(5分)			
	具有安全意识、责任意识、5S 管理意识,注重节约、节能与环保(5分)			
	学习态度积极主动,积极参加实习活动(5分)			
	具有团队合作意识,注重沟通,能自主学习及相互协作(10分)			
	仪容仪表符合活动要求(5分)			
技能评价 (70%)	能按时按要求独立完成任务工单(40分)			
	工具、设备选择得当,使用符合技术要求(10分)			
	操作规范,符合要求(5分)			
	学习准备充分、齐全(10分)			
	注重工作效率与工作质量(5分)			
本次得分				
最终得分				
教师反馈		教师签名: 年 月 日		

● 知识补充

多核架构与钠电突破引领新能源革命

作为全球动力电池领域的龙头企业,2025 年 4 月宁德时代(CATL)发布了 3 款颠覆性产品:钠新电池、骁遥双核电池和第二代神行超充电池,正式开启动力电池技术的“多核时代”。这一创新举措不仅为新能源汽车产业带来了新的发展机遇,也为全球能源转型和可持续发展注入了强大动力。

一、技术突破:从材料到架构的颠覆性创新

1. 钠新电池:破解资源与低温瓶颈

宁德时代发布的全球首款量产钠离子电池(钠新电池),在能量密度(175 Wh/kg)、循环寿命(超 1 万次)及低温性能(−40℃下保持 90％电量)上达到与磷酸铁锂电池相当水平,这一成果具有里程碑意义。其核心技术包括:

(1)高熵快离子脱嵌正极　通过对正极材料晶格间距的优化,有效降低离子迁移阻力,提升电池的充放电效率和整体性能,为钠离子电池在实际应用中与传统锂电池竞争奠定了基础。

(2)低温专用电解液　该电解液确保钠离子电池在极寒环境下仍能保持良好的充放电效率,解决了以往电池在低温条件下性能大幅下降的难题,拓宽了钠离子电池的应用地域,使其在寒冷地区也能稳定运行。

(3)本征安全设计　独特的本征安全设计消除了热失控助燃因素,使钠新电池能够通过极端测试(如电钻穿透、锯断等)而不起火爆炸,显著提升了电池的安全性,为使用者提供了更可靠的保障。钠新电池的应用不仅可降低对锂资源的依赖达 30％,还能减少碳排放 30％～50％,为能源安全与绿色发展开辟了新路径。

2. 骁遥双核架构:跨化学体系的协同创新

(1)架构创新理念　骁遥双核电池采用“主能量区＋增程能量区”的智能协同设计,巧妙整合不同化学体系(如钠、磷酸铁锂、三元锂)的优势,实现了场景化性能定制,满足多样化的需求。

(2)自生成负极技术　这一技术使锂/钠金属能够直接沉积于集流体,从而将体积能量密度提升 60％,重量密度提升 50％,大幅提高了电池的能量存储和输出能力,为提升车辆续航里程提供了有力支持。

(3)五大双核安全体系　包括高压/低压、结构/热管理/热失控防护双核冗余,全方位确保动力输出的稳定性。即使在复杂工况和极端条件下,也能保障电池系统的安全可靠运行,为车辆行驶安全保驾护航。

(4)电电增程技术　通过动态调整能量分配,如钠-铁双核方案,可在−40℃环境下实现 700 km 续航,三元双核方案支持 1500 km 续航,使电池成为适配全场景的“六边形战士”,无论是日常短途通勤还是长途出行,都能提供精准的能源供给方案。

3. 第二代神行超充电池:补能效率的极限突破

(1)超充性能突破　第二代神行电池以 12C 峰值充电倍率(1.3 MW 功率)和 800 km 续航,刷新了磷酸铁锂电池性能上限,实现了“1 s 补能 2.5 km”的极致体验,极大缩短了充电时间,缓解用户充电焦虑。

（2）纳米级快离子导体 该材料的应用使锂离子迁移速度提升300%,加速了电池内部的电荷传输过程,为实现超快充电奠定了物质基础,使电池能够在短时间内完成大量的能量补充。

（3）智能温控系统 即便在−10℃的低温环境下,该系统也能确保电池在15分钟内完成5%—80%充电,充电效率较前代提升了100%。智能温控系统通过对电池温度的精准调控,优化了充电过程中的热管理,提高了充电效率和电池寿命,保证了电池在不同温度条件下的稳定性能。

4. 低电量高功率输出

即使在电池荷电状态（SOC)仅为20%时,仍可维持600 kW功率输出,满足运动车型对于高功率的需求,使车辆在低电量情况下也能保持良好的动力性能,拓展了其应用场景。

二、应用场景:全场景覆盖与用户需求适配

1. 乘用车领域

（1）城市通勤 第二代神行电池凭借其出色的快充性能,能够在5 min内补能520 km,彻底解决了城市通勤中因充电时间过长而产生的焦虑问题。用户可以像加油一样快速为车辆补充能量,提高出行效率。

钠新电池在极寒地区展现出强大的冬季续航稳定性,确保车辆在寒冷天气下也能保持充足的续航里程,为北方地区等寒冷地带的用户提供了可靠的出行保障,提升了新能源汽车在低温环境下的适用性。

（2）长途出行 骁遥双核的"磷酸铁锂＋无负极"方案可支持1 000 km续航,满足长途驾驶需求。同时,高低压双核还能提供10 km应急续航,增强了出行的安全性和灵活性,让用户在长途旅行中无需频繁担忧电量问题,能够更加从容地规划行程。

三元双核方案则凭借其高达900 kW的峰值功率以及在低SOC下仍能维持600 kW输出的特性,适配高性能运动与越野车型。无论是追求速度与激情的赛车,还是需要强大动力应对复杂路况的越野车,该方案都能为车辆提供强劲的动力支持,为驾驶者带来卓越的操控体验。

2. 商用车与特种领域

（1）钠新24 V重卡蓄电池 具有8年使用寿命,能够使全生命周期成本降低61%,有力地推动了商用车领域"无铅化"转型。这不仅降低了商用车的运营成本,还减少了对环境的污染,符合可持续发展的要求,为商用车行业向绿色、高效方向发展提供了有力的技术支撑。

（2）航空与船舶 凝聚态电池已成功应用于吨级飞机验证机,展现了其在航空领域的应用潜力。未来,随着技术的不断成熟和拓展,有望进一步扩展至电动飞行器市场,为航空运输业的电动化转型提供新的解决方案。同时,在船舶领域,高性能的动力电池也有助于推动船舶向电动化、低碳化方向发展,减少船舶对传统燃油的依赖,降低航运业的碳排放,为全球节能减排目标做出贡献。

三、产业影响:重塑新能源生态格局

1. 技术标准升级

宁德时代通过多核架构与超充技术,引领行业从单纯追求性能参数的"参数竞争"转向以用户需求为导向的"需求引领"。例如,12C超充技术可能成为未来电池的标配,这将倒逼

充电设施行业加速升级,推动兆瓦级超充桩等新型充电设施的建设和普及,促使整个新能源产业链朝着更高标准、更高效能的方向发展,提升整个产业的技术水平和服务质量。

2. 市场竞争力提升

(1) 资源依赖与成本降低 钠电池的量产使锂资源依赖度降低 30%,在当前锂资源供应紧张且价格波动较大的背景下,这一优势将显著提升新能源汽车企业的原材料供应稳定性,降低生产成本。同时,双核架构的适配性提升 50%,预计可使新能源汽车全生命周期成本降低 25%,增强了新能源汽车在市场中的价格竞争力,有助于进一步扩大新能源汽车的市场份额。

(2) 市场地位与产业规模 宁德时代的动力电池产能在 2025 年预计可达 600 GWh,市占率有望突破 40%。其在技术创新和产业规模上的领先地位,将带动中国新能源汽车产业在全球市场占据优势地位,提升中国车企在国际竞争中的话语权和影响力,推动中国新能源汽车产业向高质量、规模化方向发展,助力中国从汽车大国向汽车强国迈进。

3. 能源结构转型

钠电池的规模化应用(计划于 2025 年底在乘用车领域量产)以及其出色的全温域性能,将有力加速可再生能源储能系统的发展。在电网侧储能方面,钠电池可提高电网的稳定性和灵活性,增强电网对可再生能源的消纳能力;在分布式能源领域,其能够为分布式光伏发电、风力发电等提供高效的储能解决方案,促进分布式能源的广泛应用,推动能源结构向更加清洁、低碳、多元化的方向转型,为实现全球碳中和目标做出积极贡献。

四、挑战与展望

1. 钠电池的产业化障碍

当前钠电成本(约 0.52 元/Wh)仍高于磷酸铁锂电池,主要原因是硬碳负极与电解液的规模化生产尚未完全成熟。为了降低成本,需要加强产业链上下游企业的协同合作,加大对原材料研发和生产环节的投入,提高生产效率;同时优化供应链管理,以实现钠电池的大规模商业化应用,使其能够在市场中与磷酸铁锂电池等现有产品展开公平竞争。

2. 基础设施配套需求

12C 超充技术对电网的瞬时负荷产生了较大压力,这对超充网络建设和智能电网改造提出了迫切需求。需要加快超充网络布局,与华为、星星充电等企业合作,建设更多的超充站点,提高超充设施的覆盖率和可用性。同时,推进智能电网建设,提升电网的智能化调度和管理能力,以适应超充技术的发展,确保电网安全稳定运行,满足新能源汽车大规模快速充电的需求。

3. 技术迭代方向

未来,固态电池技术有望取得重大突破,其电导率有望突破至 1~2 mS/cm,这将进一步提升电池的能量密度、安全性和使用寿命,为新能源汽车等领域的应用带来更大的优势。此外,纤维电池作为一种新型柔性储能技术,具有广阔的应用前景,可拓展至可穿戴设备、智能服装等新兴领域,为新能源技术的应用开辟新的边界。宁德时代已在固态电池和纤维电池等领域布局相关专利,展现出了其对未来技术方向的敏锐洞察力和前瞻性战略布局,有望在新一轮的技术竞争中继续保持领先地位。

任务2　动力电池组的拆装与分解

📋 **知识目标**

1. 理解动力电池组的组成及层级结构。
2. 掌握动力电池组拆装前的准备工作。
3. 熟悉拆装步骤。
4. 了解动力电池单体的结构及更换技术。

📖 **能力目标**

1. 能够规范执行高压系统断电操作。
2. 能够使用专用工具完成动力电池组拆装。
3. 能够排查拆装过程中的异常情况。
4. 能够按标准力矩完成电池模块固定。

📏 **素质目标**

1. 培养严谨的安全操作意识,严格遵守高压系统防护流程。
2. 提升细节管理能力,确保拆装过程工具、辅料无遗漏。
3. 强化团队协作能力,在复杂拆装任务中分工明确、沟通高效。

⚙ **思政目标**

1. 践行"安全第一"理念,杜绝带电操作,保障人身与设备安全。
2. 弘扬工匠精神,追求拆装工艺的精准性。
3. 强化环保责任,规范处理废旧电池及废弃辅料。

👷 **任务描述**

一辆电动汽车因动力电池组损坏而无法运行,需要从车上拆下动力电池组总成并分解电池,更换后再组装。你能完成这个任务吗?

👍 **任务分析**

完成此任务需要准备维修新能源汽车必要的个人及环境安全防护装备及工具设备,会使用拆卸电池包及组件的工具设备,能按规定流程更换电池包及组件。

👨‍🔧 **知识储备**

问题 1　在拆装和分解动力电池组前,应该准备什么?

拆卸动力电池组,需要满足以下条件:

(1) 负责修理动力电池组的维修人员需要具备工作资质。

（2）拆卸动力电池组之前，维修人员应查看厂家维修信息里有关部件的拆装和更换内容。

（3）只有通过检测且满足"外部没有机械损伤"的前提条件时，才能打开动力电池组，并根据检测计划更换损坏组件。

（4）在部件拆卸或更换前需要准备专用维修工具。

（5）动力电池组修理工位必须洁净（无油脂、无污物、无碎屑）、干燥（无溢出液体），且无飞溅火花（不靠近车身维修区域），如有可能应使用活动隔板隔离。

问题 2　在操作过程中需要注意哪些问题？

（1）无法确保高电压安全或避免出现不明状态，应使用隔离带，也可防止未经授权进入工位。离开工作区域时建议竖立发光黄色警告标识。

（2）拆卸盖板前，应清除高电压动力电池单元盖板区域内的残留水分和杂质。

（3）每项工作步骤之中、之前和之后应仔细检查作业组件。例如，拆卸某一组件时，应检查由此松开的其他组件是否损坏。

（4）在拔下和插上电池管理单元的绝缘监控导线时必须特别小心，因为在较细导线上存在高电压。拔下插头时必须注意，不要拉动导线，并注意插头是否正确锁止。未正确锁止，可能无法识别绝缘故障。

（5）工作中断时，应盖上拆下的壳体端盖，并拧入几个螺栓防止无意中打开。

（6）在高电压组件或连接件上及其附近，不要使用带有尖锐刃口或边缘的工具。例如，禁止使用螺钉旋具、侧面切刀、刀具等。允许使用装配楔（鱼骨）。在 12 V 车载网络导线束上，允许使用侧面切刀打开导线扎带。

（7）不允许切开高电压导线上的扎线带。可以松开卡子或将高电压导线连同支架部件一起拆卸。

（8）拆卸和安装电池模块时，松开螺栓和拆卸时必须注意，不要松开电池模块上的塑料盖板，因为下面装有导电电池接触系统。

（9）如果高电压动力电池单元内部有杂质，明确原因后应仔细清洁相关部位，允许使用以下清洁剂：酒精、风窗玻璃清洗液、玻璃清洗液、蒸馏水、带塑料盖的吸尘器。

● 任务实施

1. 拆卸动力电池组

第一步：设置维修场地，外围设警示线、警示牌，穿戴绝缘护具，检查绝缘垫绝缘性能，如图 2 - 2 - 1 所示。

第二步：断开蓄电池负极电缆，如图 2 - 2 - 2 所示。

注意

（1）拆卸蓄电池负极前，必须确保点火开关处于关闭状态，并将车钥匙放入口袋。

（2）必须等待 5 min 后方可进行下一步操作。

（3）拆卸高压零部件前，必须做好防护措施。

（4）拆卸高压零件时，必须使用绝缘工具。

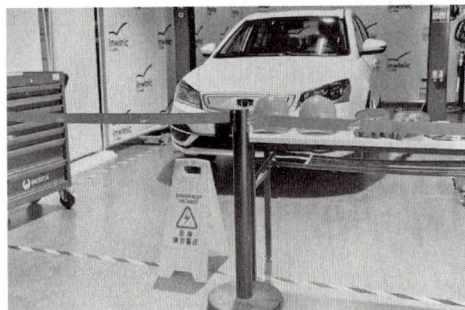

图 2-2-1　设置安全隔离及警示牌

图 2-2-2　拆卸蓄电池负极电缆

第三步：用绝缘胶带防护蓄电池负极电缆，如图 2-2-3 所示。

注意

（1）戴绝缘手套，用万用表测量直流母线端正负极电压（低于 1 V）。

（2）拆卸过程中，对车辆做好标识，标明正在维修高压、禁止连接 12 V 蓄电池。

拆卸动力电池组

第四步：支撑动力电池总成。

（1）将车辆用举升机升起　举升时确保举升机的支撑点不要支撑在动力电池上。

（2）置入平台车　使用平台车支撑动力电池总成，如图 2-2-4 所示。

图 2-2-3　对负极电缆进行防护

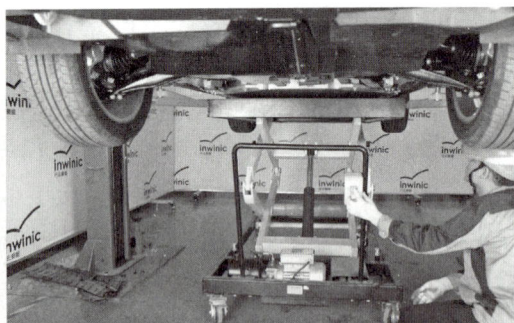

图 2-2-4　使用平台车支撑动力电池总成

（3）锁止动力电池举升支架滑动轮制动器　防止在拆卸动力电池时，动力电池举升支架随意滑移，如图 2-2-5 所示。

图 2-2-5　锁止动力电池举升支架滑动轮制动器

第五步:断开动力电池出水管与水泵(电池)的连接,断开动力电池进水管与电池膨胀壶架的连接,如图2-2-6所示,放出冷却液如图2-2-7所示。

图2-2-6　断开冷却液进、出水管　　　　图2-2-7　放出冷却液

第六步:断开动力电池的两个高压线束连接器,断开动力电池与前机舱线束的两个线束连接器,并用绝缘胶带防护,如图2-2-8所示。

图2-2-8　断开高压线束连接器

第七步:拆卸电池包两侧护板螺丝,如图2-2-9所示。

图2-2-9　拆卸电池包两侧螺丝护板

第八步:拆卸动力电池防撞梁固定螺栓,以及动力电池总成前、后、左、右固定螺栓,

如图 2-2-10 所示。

第九步:缓慢下降平台,取出动力电池总成,如图 2-2-11 所示。

图 2-2-10　拆卸动力电池总成固定螺栓

图 2-2-11　拆卸动力电池总成

注意　动力电池下降过程中平台车缓慢向前移动,可以避免动力电池与后悬架的干涉。

2. 拆卸动力电池模块

第一步:根据动力电池诊断仪器显示的故障电芯采样点,对应电芯位置示意图,确定故障电芯位置及需要拆卸的动力电池模块。

第二步:用斜口钳子,将动力电池模块连接大线端部固定护套的扎带剪断,如图 2-2-12 所示,并置于指定位置。利用六角扳手将连接处螺栓旋出,并将拆下的螺栓、平垫、弹垫、端部护套等零件置于指定位置,以备安装时使用,如图 2-2-13 所示。

第三步:将拆卸后的大线端部用绝缘胶带防护,如图 2-2-14 所示。

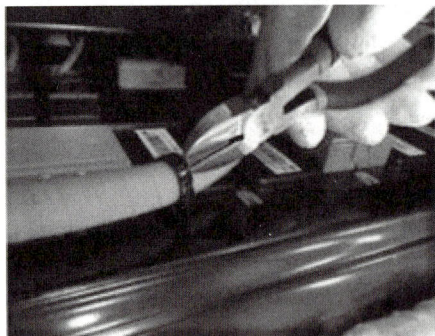

图 2-2-12　剪断护套扎带

图 2-2-13　拆卸螺栓

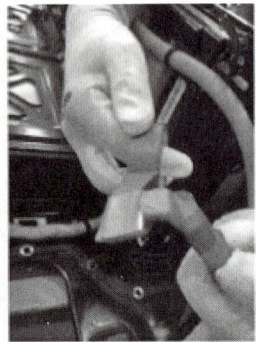

图 2-2-14　用绝缘胶带进行防护

第四步:拆卸故障电芯所在模块上的采集单元,以及连接线束,并将拆卸后的采集单元、螺栓、紧固辅料等零件置于指定位置,如图 2-2-15 所示。最后,用绝缘胶带将线束固定到远离操作区域的位置,以免操作时对线束造成意外伤害。

第五步:拆卸动力电池模块压板,如图 2-2-16 所示。利用拆装工具将固定螺栓旋出,并置于指定容器,如图 2-2-17 所示。将动力电池模块移出箱体,置于指定操作位置。

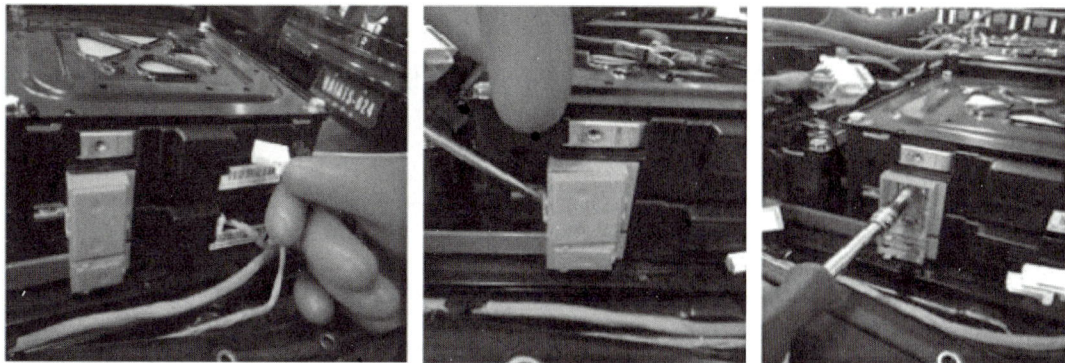

图 2 - 2 - 15 拆卸采集单元及连接线束　图 2 - 2 - 16 拆卸动力电池模块压板　图 2 - 2 - 17 将固定螺栓旋出

3. 拆卸最小动力电池单体

第一步:将故障动力电池上盖拆下,然后利用十字螺钉旋具将采样线固定螺栓拆下,并将其置于指定位置,如图 2 - 2 - 18 所示。

第二步:利用工具将故障电芯连接排紧固件旋出,拆下连接排。将连接排、平垫、弹垫置于指定位置,如图 2 - 2 - 19 所示。

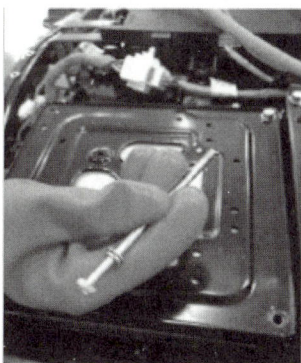

图 2 - 2 - 18　拆卸故障动力电池上盖　　　图 2 - 2 - 19　拆卸连接排紧固件

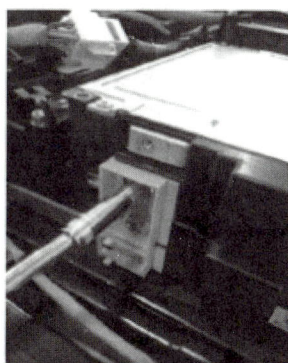

第三步:依次将故障电芯的下护套、上护套拆下,如图 2 - 2 - 20 所示。拔出连接片,如图 2 - 2 - 21 所示。

图 2 - 2 - 20　拆卸上下护套图　　　　图 2 - 2 - 21　拔出连接片

注意 如果连接片折断在护套安装孔内,需用斜口钳子清洁上下护套安装口。

第四步:标记故障电芯条码、故障现象、更换时间等信息后,将其置于返修容器内,以备返厂维修。

4. 更换最小电池单体

第一步:安装电芯上下护套,注意如有损伤,需更换新护套后再安装。安装后电芯应与护套贴合紧密,不发生相对移动。

第二步:将更换电芯安装到动力电池模块内,摆放位置要正确。连接片、侧护套等零件如有损坏,需更换新零件后再安装。

第三步:利用连接排连接电芯极柱。极柱表面如有焊点,采用砂纸将焊点打磨平整,确保连接排下表面与极柱上表面贴合紧密。应用扭力扳手将法兰螺母或铝螺栓固定到电芯极柱上。法兰螺母拧紧力矩设为 $5.6\,N\cdot m$,铝螺栓力矩设定为 $3\,N\cdot m$。确定螺栓紧固后,给紧固件加螺纹紧固剂。

第四步:利用螺栓将采样线 OT 头紧固到连接排安装孔上,紧固后弹垫压平无翘起。对螺栓加防松胶。向指定位置注入导热硅胶,注意不要将安装孔注满,以 2/3 为宜。之后将温度采样线插入安装孔内。温度采样线下端应与护套平行。最后,用热熔胶将线体固定到电芯护套上,注意加热熔胶前确保护套表面清洁无尘,加热熔胶面积应大于热硅脂面积。

5. 动力电池模块入箱及线束连接

第一步:安装动力电池盖,将动力电池模块安装到箱体内。

注意 安装前清理箱体,确定箱体内保温层无损坏。

第二步:安装动力电池模块压板,利用内六角扳手将压板压紧,确保紧固后螺栓弹垫平整无翘起。

第三步:安装动力电池采集单元,确保采集单元的安装位置,端口朝向要正确,在原有绑线扣的位置重新加装绑线扣。

第四步:将暂时固定线束的绝缘胶布拆下,将插线按照标记插入相应的断口中。要注意插件插入顺序。当线束连接完成后,用扎带将线束固定到绑线扣上。注意断口处线束要留有一定余量。

第五步:拆下大线端部绝缘防护,将大线铜鼻子固定到模块输出排上,用内六角扳手紧固螺栓,紧固后弹垫平整无翘起,检测转矩为 $5.6\,N\cdot m$。最后安装护套并用扎带固定,护套必须完全覆盖连接点。

注意
(1) 将扎带多余部分剪短,置于指定容器内。
(2) 清点工具及辅料,避免遗落在动力电池箱体内。
(3) 清理操作后箱体内残留的灰尘及辅料碎屑。

6. 安装动力电池组

第一步:缓慢举升平台,调整平台位置,使动力电池总成上的安装孔与车身对齐,如图 2-2-22 所示。

注意　动力电池上升过程中将举升平台缓慢向后移动，可以避免动力电池与车身的干涉。

第二步：根据维修手册上的标准力矩安装并紧固动力电池总成前后左右固定螺栓，如图2-2-23所示。

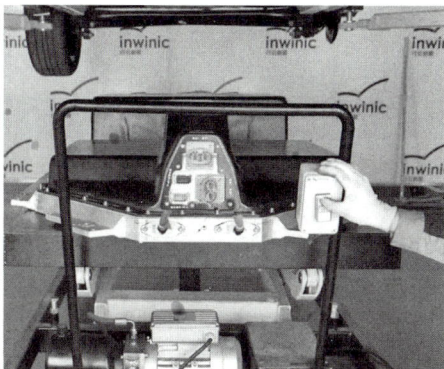

图 2-2-22　举升动力电池　　　　　图 2-2-23　紧固动力电池总成固定螺栓

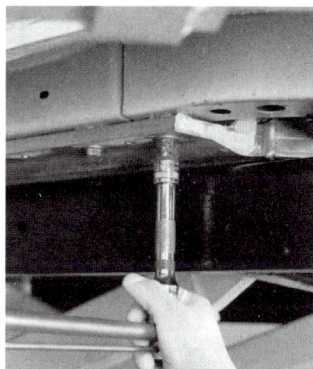

第三步：连接动力电池与前机舱线束的两个连接器，连接动力电池的两个高压线束连接器，如图2-2-24所示。

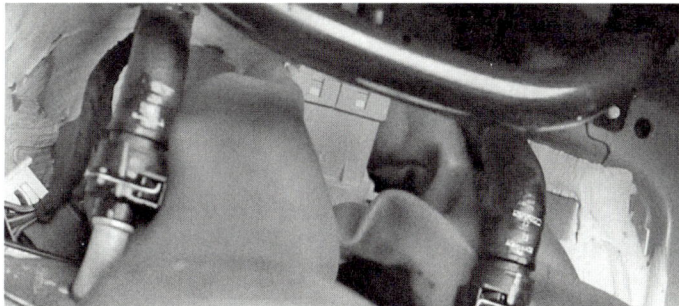

图 2-2-24　连接高压线束连接器

注意　插接时注意"一插（插入连接器）、二响（听到咔嗒声）、三确认（略微向外轻拉，确保安全）"。

第四步：连接动力电池出水管与水泵（电池），连接动力电池进水管与电池膨胀壶架，如图2-2-25所示。

第五步：紧固螺丝护板，如图2-2-26所示。

第六步：加注冷却液，并确保冷却液液位在最高和最低位之间，如图2-2-27所示。

第七步：连接蓄电池负极电缆。

第八步：关闭机舱盖。

第九步：整理、整顿、清扫、清洁。

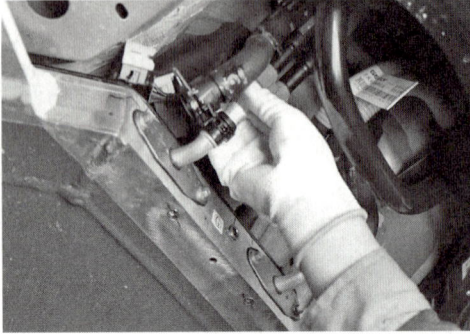

图2-2-25　连接冷却液进、出水管

图2-2-26　紧固护板螺栓

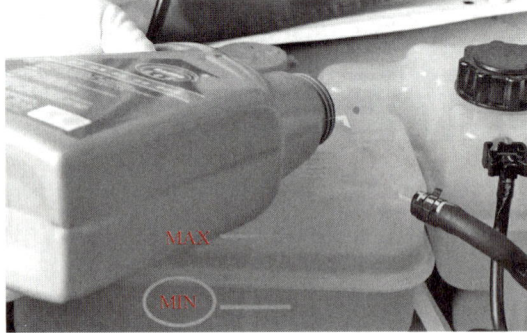

图2-2-27　加注冷却液

任务评价

1. 新能源实训车进入维修工位,请在工作前填写任务工单。

任务工单

班级		组号		指导教师	
组长		学号			
组员	姓名	学号		姓名	学号

任务分工

任务准备

工作步骤

总分：　　　　　分

2. 质量检验：

(1) 拆下蓄电池负极端子后,必须等待(　　　)min 后方可进行下一步操作。

A. 5　　　　　　　B. 10　　　　　　　C. 15　　　　　　　D. 20

(2) 在选用维修工具时优先选用(　　　)。

A. 套筒　　　　　B. 梅花扳手　　　　C. 开口扳手　　　　D. 活动扳手

(3) 构成动力电池模块的最小单元是(　　　)。一般由正极、负极、电解质及外壳等构成。

A. 电池模块　　　B. 电池模组　　　　C. 电池单体　　　　D. 以上都不对

（4）动力电池的维修人员必须有资质。（　　）

（5）原则上允许将动力电池放在地面上、架子上和绝缘垫上。（　　）

（6）当拆解或装配动力电池时，不需要断开 12 V 电源和动力电池上的手动维修开关。（　　）

（7）动力电池通常采用水冷方式冷却。（　　）

（8）连接动力电池与前机舱线束时注意"一插、二响、三确认"。（　　）

（9）线束端口拆下后需要做好防护。（　　）

3. 动力电池组拆装与分解作业评价：

项目	评价内容	学生自评（30%）	小组互评（30%）	教师评价（40%）
素质评价（30%）	遵守纪律，遵守学习场所管理规定，服从安排(5分)			
	具有安全意识、责任意识、5S 管理意识，注重节约、节能与环保(5分)			
	学习态度积极主动，积极参加实习活动(5分)			
	具有团队合作意识，注重沟通，能自主学习及相互协作(10分)			
	仪容仪表符合活动要求(5分)			
技能评价（70%）	能按时按要求独立完成任务工单(40分)			
	工具、设备选择得当，使用符合技术要求(10分)			
	操作规范，符合要求(5分)			
	学习准备充分、齐全(10分)			
	注重工作效率与工作质量(5分)			
本次得分				
最终得分				
教师反馈		教师签名：		
		年　　　月　　　日		

知识补充

固态电池

固态电池是一种采用固态电解质替代传统液态电解质的新型电池技术。它与传统液态电池工作原理相似,但因使用固态电解质而具有独特优势,主要由正极、负极、固态电解质等部分构成。正极材料可选钴酸锂、磷酸铁锂、三元材料等;负极材料有石墨、硅基材料等;固态电解质则包含氧化物、硫化物、聚合物等多种体系。

固态电池能提升电池的能量密度,如今其能量密度已达甚至超过液态锂离子电池,未来有望进一步提高。清陶能源的第二代产品能量密度就达 $400\sim500\,\mathrm{Wh/kg}$,宁德时代的凝聚态电池能量密度更是高达 $500\,\mathrm{Wh/kg}$,卫蓝新能源实验室中电池能量密度能达到 $720\,\mathrm{Wh/kg}$。固态电解质不可燃、不挥发,大大降低了电池的安全风险,在极端条件下如针刺、挤压等也能保持稳定,从根源上杜绝了漏液和热失控风险。固态电解质还具有较高的离子传导性,可提高电池的充放电效率,延长电池的循环寿命,而且充放电过程中体积变化较小,能减少电池的老化和衰减。在低温环境下,固态电池性能依然表现出色,在 $-30\,℃$ 环境下仍能保持良好离子传导率,低温容量保持率超 90%,相较传统锂电池 $40\%\sim50\%$ 的衰减率,适用范围更广,能更好地满足高寒地区电动汽车和智能穿戴设备等使用需求。

固态电池与传统液态电池的差异在于:

(1)电解质形态差异　传统液态电池使用液态电解质,存在泄漏风险,而固态电池采用固态电解质,无泄漏问题,更安全稳定。

(2)电极结构差异　为适应固态电解质,固态电池电极结构设计有所不同,通常将电极材料与固态电解质混合制成复合电极,以增加电极与电解质接触面积,提高电池性能。

(3)生产工艺差异　固态电池的生产需要干燥、无尘等特定环境,对设备和工艺要求更高。常见的工艺有干法工艺、湿法工艺等。其中,干法工艺避免了液态电解质的使用和处理,更环保安全,但对设备精度和材料性能要求极高。

国内固态电池产业化进程加速,众多初创公司和传统锂电巨头纷纷加大研发力度,取得了一系列成果。例如,卫蓝新能源、清陶能源等企业的半固态电池产品已实现装车发布,孚能科技、赣锋锂业等企业的半固态电池也具备量产能力。国外在固态电池领域同样取得了显著进展,丰田计划在未来几年内推出搭载固态电池的电动汽车,其固态电池在安全性和耐久性方面表现出色,且通过优化电池结构和材料有效降低了成本。

随着技术发展,未来半固态电池将向全固态电池过渡,各企业研发的固体电解质电导率有望逐步提升,固态电池的性能也将不断优化。固态电池原材料将实现迭代升级,以满足不断提高的性能要求。

固态电池可应用在电动汽车、智能穿戴设备、航空航天和大规模储能等领域。作为电动汽车理想动力来源,固态电池可显著提升续航里程,缩短充电时间,解决消费者里程焦虑和充电时间长等问题,推动电动汽车大规模普及,提高其市场竞争力;智能穿戴设备对电池体积、重量和柔性要求高,固态电池的小型化、轻薄化和柔性化特点正好满足需求,能让设备更加舒适便捷;航空航天设备对电池性能要求极高,固态电池的高能量密度、高安全性和长寿命等特点,使其在该领域应用潜力巨大,能为航空航天设备提供更可靠的能源支持;随着可再生能源快速发展,大规模储能需求增长,固态电池可为风能、太阳能等可再生能源存储提供有效解决方案,保障能源的稳定供应和高效利用。

目前,固态电池材料成本高,处于前期样品阶段,合格率低,未来制造成本还会增加,叠加工艺变化,设备层面成本也会上升,需要整个产业链来分摊成本。同时,固态电池中电极与电解质之间的界面接触不良是关键问题,由于二者物理性质差异,充放电过程中的体积变化易导致界面脱粘、形成空隙、增加界面电阻,影响电池性能。

任务3　动力电池性能检测

知识目标

1. 掌握动力电池核心性能指标及其定义与计算方法。
2. 理解动力电池检测方法。
3. 熟悉不同电池类型的性能差异。
4. 了解动力电池安全性能测试标准。

能力目标

1. 能够规范使用检测工具测量动力电池电压、内阻及容量。
2. 熟练执行电池检测流程。
3. 准确分析检测数据，判断电池健康状态。
4. 根据维修手册要求，完成高压线束端子紧固与安全防护。

素质目标

1. 培养严谨的操作习惯。
2. 强化数据敏感性，确保测量结果精确。
3. 提升风险预判能力，识别检测中的异常情况。

思政目标

1. 践行"安全第一"理念，遵守《电动汽车用动力蓄电池安全要求》(GB 38031 - 2020)，杜绝违规操作。
2. 倡导绿色技术应用，关注电池回收与梯次利用。
3. 弘扬工匠精神，追求检测数据"零误差"，保障维修质量与用户安全。

任务描述

一辆纯电动汽车因动力电池组损坏而无法运行，现在需要测量动力电池相关的数据，你能完成这个任务吗？

任务分析

完成此任务需要熟练使用检测工具，掌握动力电池参数的测量方法。

知识储备

问题1　动力电池性能指标有哪些？

动力电池的测试有电芯和电池组两种形式。动力电池组装在具有一定尺寸和接口的电池盒内，再配以电池管理系统后，在电动车辆上安装和使用。

除了传统的铅酸电池外,镍氢电池、锂离子电池等车用动力电池,由于各自技术原理等不同,各种电池在比容量、充放电次数、技术成熟度性能上有差别,见表2-3-1。

表2-3-1　电池性能指标参数表

电池类型	单体电压/V	比容量/(A·h/kg)	循环次数	技术成熟度	成本
铅酸电池	2.0	50	500	成熟	低
镍氢电池	1.2	80	2 000	较成熟	较低
锂离子电池(磷酸铁锂)	3.2	150	2 000	较成熟	较高

锂离子电池在电动汽车动力电池的应用上拥有更广阔的前景,市场上应用较多的电池正极材料有磷酸铁锂、锰酸锂和三元材料等,目前还有关于钛酸锂作为负极电极材料电池的研究,如图2-3-1所示。

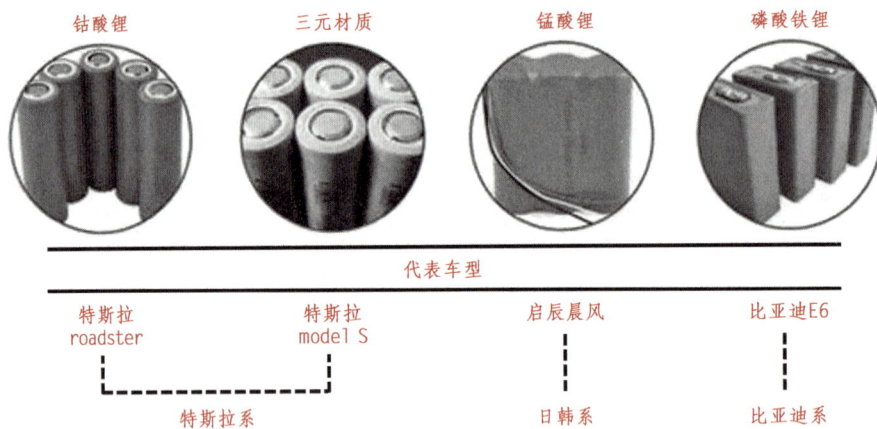

图2-3-1　常用锂离子电池

要使电动汽车能与传统的燃油汽车竞争,就是要开发出比能量高、比功率大、使用寿命长的高效电池。评价动力电池性能已经有了较为完善的法规和测试方法。总结下来,可从电池基本性能、循环性能(使用寿命)和安全性能来对电池的好坏进行评价,见表2-3-2。

表2-3-2　动力电池常见性能评价

性能	单体	模块	包/系统
基本性能	一致性(容量、能量、内阻、功率)		
	绝热量热测试(ARC)分析,Chip probe (CP)测试	不同温度、倍率下的充放电性能	BMS功能测试,不同温度、倍率下充放电性能,高低温启动、能量效率
循环性能	常规寿命(考虑充放电电流、工作SOC区间)		
	日历寿命(电池质保期)	模拟工况寿命	实际工况寿命(FUDS工况、USO6工况、MVEC工况、NEDC工况)

（续表）

性能	单体	模块	包/系统
安全性能	电可靠性、机械可靠性、环境可靠性		
	过放电、过充电、短路、跌落、挤压、针刺、海水浸泡、加热、温度冲击		EMC、短路保护、过充电保护、过放电保护、不均衡充电、模拟碰撞、挤压、机械冲击、跌落、振动、翻转、外部火烧、结露、冷热循环、沙尘、淋雨、浸水、盐雾、过温

问题2　荷电状态的检测方法是什么？

电池的荷电状态（SOC）反映电池的剩余容量状况，这是目前国内外比较统一的认识。荷电状态是动力电池重要的技术参数，只有准确地知道电池的荷电状态，才能更好地使用电池。因为电池组的 SOC 和很多因素相关且具有很强的非线性，从而给 SOC 实时在线估算带来很大的困难，还没有一种方法能十分准确地测量电池的荷电状态。目前主要的测量方法有开路电压法、安时积分法、内阻法等。

（1）开路电压法　利用电池的开路电压与电池的 SOC 的对应关系，测量电池的开路电压来估计 SOC。开路电压法比较简单，适用于测试稳定状态下的电池 SOC，不能用于动态的电池 SOC 估算。

（2）按时积分法　通过负载电流的积分估算 SOC，该方法实时测量充入电池和从电池放出的电量，能够给出电池任意时刻的剩余电量。实现起来较简单，受电池本身情况的限制小，宜于发挥实时监测的优点，简单易用，算法稳定，是目前电动汽车上使用最多的 SOC 估算方法。

（3）内阻法　利用电池内阻与 SOC 的关系来预测电池的荷电状态。

问题3　动力电池内阻的检测方法有哪些？

内阻是电池最为重要的特性参数之一，绝大部分老化的电池都是因为内阻过大而无法继续使用。通常电池的内阻阻值很小，一般用毫欧（mΩ）来度量它。不同电池的内阻不同，型号相同的电池，由于内部的电化学性能不一致，内阻也会不同。电动汽车动力电池的放电倍率很大，在设计和使用过程中尽量减小电池的内阻，确保电池能够发挥其最大功率特性。

锂离子电池的内阻不是固定不变的，主要受荷电状态和温度等因素的影响而变化。

内阻测量是一个比较复杂的过程。目前内阻测量主要有两种方法，即直流放电法和交流阻抗法。

（1）直流放电法　瞬间大电流放电（一般为几十到上百安培），然后测量电池两端的瞬间压降，再通过欧姆定律计算出电池内阻。该方法比较符合电池工作的实际工况，简单，易于实现，在实践中得到了广泛的应用。但必须在静态或脱机的情况下进行，无法实现在线测量。图 2-3-2 所示为直流放电

图 2-3-2　直流放电测试仪

测试仪。

（2）交流阻抗法　交流阻抗法是一种以小幅值的正弦波电流或者电压信号作为激励源,注入蓄电池,通过测定其响应信号来推算电池内阻。该方法的优点在于测量时间较短,不会因大电流放电对电池本身造成太大的损害。

问题 4　如何检测动力电池容量?

容量通常以安·时(A·h)或者瓦·时(W·h)表示。A·h容量是国内外标准中通用容量表示方法,延续电动汽车电池中概念,表示一定电流下电池的放电能力,常用于电动汽车电池。图2-3-3所示是电池容量测试仪与测试。

图2-3-3　电池容量测试仪与测试

电池容量测试的标准流程是放电阶段→搁置阶段→充电阶段→搁置阶段→放电阶段。用专用的电池充放电设备,在特定温度条件下,以设定好的电流放电。至蓄电池电压达到技术规范或产品说明书中规定的放电终止电压时停止放电,静置一段时间,然后再充电。

充电一般分为两个阶段,先以固定电流恒流充电,至蓄电池电压达到技术规范或产品说明书中规定的充电终止电压时转为恒压充电。逐渐减小充电电流,降至某一值时停止充电,充电后静置一段时间。在设定好的环境下以固定的电流放电,直到放电终止电压为止,用电流值对放电时间积分,计算出容量。

问题 5　动力电池寿命检测方法有哪些?

电池在使用过程中的容量会逐渐损失,导致锂离子电池容量损失的原因很多,有材料方面的原因,也有生产工艺方面的因素。

电池的寿命有循环寿命和日历寿命之分,其中应用最多的是循环寿命。常规的循环寿命测试方法基本上就是测试充放电过程的循环,典型的方法是将蓄电池充满电,在特定温度和电流下放电,直到放电容量达到某一预先设定的数值,如此连续重复若干次。再将电池充满电,将电池放电到放电截止电压后检查其容量。如果蓄电池容量小于额定容量的80%终止试验。充放电循环在规定条件下重复的次数为循环寿命。

这种静态测试方法可以检测出同批次或不同批次动力电池的性能,却无法反映动力电池应用于电动汽车时的性能表现及使用时间。不同种类电动汽车动力系统构型、车辆行驶工况和所处气候条件的差异,导致在实际使用中工作环境有显著差别。

问题 6 动力电池一致性检测方法有哪些?

电池容量分为电池单体的容量和电池模组的容量。由于同一类型、同一规格、同一型号电池间在开路电压、内阻、容量等方面的参数值存在差别,即电池性能存在不一致性,使动力电池模组在电动汽车上使用时,性能指标往往达不到单体电池原有水平,使用寿命缩短,严重影响其在电动汽车上的应用,有必要对电池组的一致性进行测试与评价。

电池开路电压间接地反映了电池的某些性能,保证电池开路电压的一致,是保证性能一致的一个重要方面。一般将电池静置数十天,测其满电状态下储存的自放电率以及满电状态下不同储存期内电池的开路电压,观察自放电率和电压是否一致来评价电池的一致性。静态电压配组的方法最简单,但准确度较差,仅考虑带负载时电压的情况,未考虑带电荷时间和输出容量等参数,往往需要结合其他方法一起使用。

可按标准的容量测试流程计算容量,再根据容量及分布评价一致性。这种方法具有操作简单、设备便宜、厂家易于实施等特点。但工作状态和使用环境不同,都会引起电池电压、容量特性的变化,在指定条件下的容量一致,并不能保证电池在实际充放电过程中保持一致。

如前文所述,电池的内阻可以快速地测量,因此被广泛用于评价电池的一致性。但准确地测量内阻数值还有较大的难度,在目前仅能作为定性参考,很难作为定量、精确的依据。

任务实施

测量动力电池母线正负输出端电压及高压线缆正负端电流。

第一步:穿戴安全防护装备。

第二步:安装车外前格栅防护套、左右翼子板防护,如图 2-3-4 所示。

第三步:选用合适扳手拧松蓄电池负极线固定螺栓,取下负极线,并对负极端子做好防护,如图 2-3-5 所示。

测量动力电池母线
正负输出端电压

图 2-3-4 安装车外前格栅防护套、左右翼子板防护

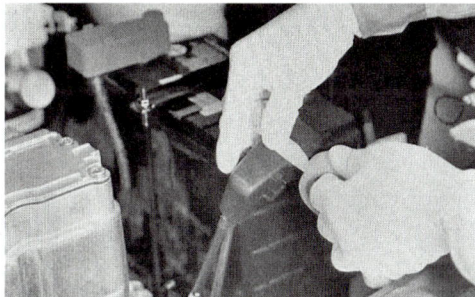

图 2-3-5 拆卸辅助电池负极端子

第四步:使用绝缘工具,拆卸接头固定螺栓,并取出线缆,如图 2-3-6 所示。

第五步:测量动力电池电源线束电压。

(1) 打开万用表,并使用直流电压挡测量,红色表接触笔接动力电池电源线束(+),黑色表接触笔接动力电池电源线束(-),如图 2-3-7 所示。

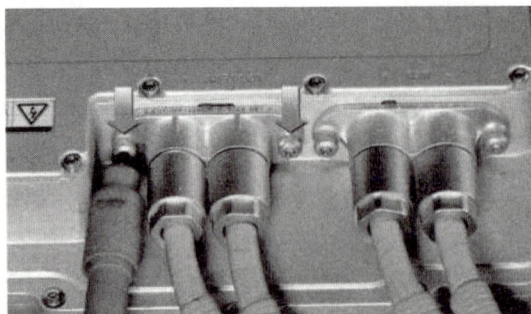

图2-3-6 拆卸接头固定螺栓

图2-3-7 测量动力电池电源线束电压

(2)观察万用表的读数,确定电池组高压线束端口是否存在高电压,如图2-3-8所示。

(3)测量结束,关闭万用表。

第六步:安装动力电池母线线缆。

(1)安装线缆到高压配电箱,并带上固定螺栓,如图2-3-9所示。

图2-3-8 万用表读数

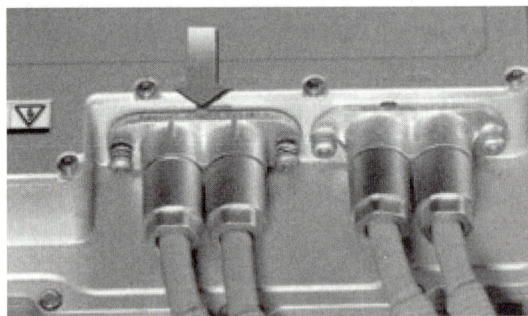

图2-3-9 安装线缆到PDU

(2)使用绝缘工具,按维修手册中的标准力矩紧固接头固定螺栓,如图2-3-10所示。

第七步:清除防护胶带,如图2-3-11所示。

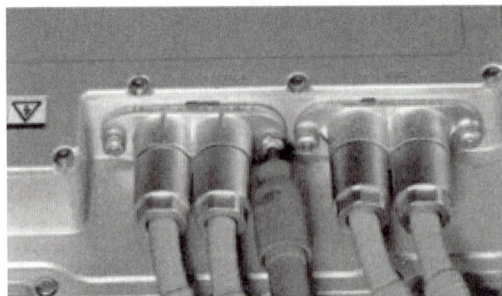

图2-3-10 紧固接头固定螺栓

图2-3-11 清除防护胶带

第八步:安装辅助蓄电池负极端子,如图2-3-12所示。

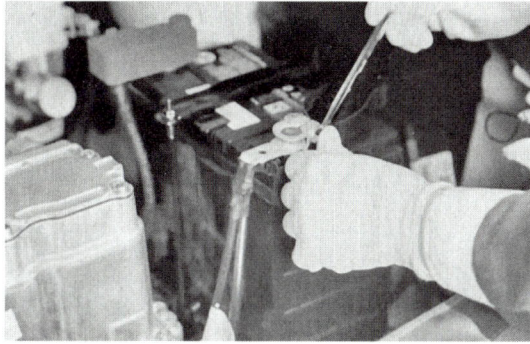

图2-3-12 安装辅助蓄电池负极端子

第九步:整理、整顿、清扫、清洁。

任务评价

1. 新能源实训车进入维修工位,请在工作前填写任务工单。

任务工单

班级		组号		指导教师	
组长		学号			
组员	姓名	学号		姓名	学号

任务分工

任务准备

工作步骤

总分:　　　　　分

2. 质量检验:

(1) 动力电池的主要性能指标是(　　　)。

A. 电压　　　　　　B. 内阻　　　　　　C. 效率　　　　　　D. 以上都对

(2) 打开前舱盖,需要安装防护三件套,保护车辆的漆面。(　　　)

(3) 对于所有化学电源,即使在与外电路没有接触的条件下开路放置,容量也会自然衰减,称为自放电,也称为荷电保持能力。(　　　)

(4) 电动汽车动力电池的主要性能指标包括电压、内阻、容量和比容量、能量以及效率等。(　　　)

(5) 动力电池作为测试对象的形式有单体和电池组两种。(　　　)

（6）交流阻抗法是一种以小幅值的正弦波电流或者电压信号作为激励源，注入蓄电池，测定其响应信号来推算电池内阻。（　　）

（7）常用的动力电池性能指标的检测方法，包括荷电状态（SOC）、内阻、容量、循环寿命、一致性等检测方法。（　　）

（8）拆卸蓄电池负极前，点火开关可以在任意位置。（　　）

（9）测量动力电池电源线束的电压，通常用万用表的交流电压挡测量。（　　）

（10）安装动力电池母线上的固定螺栓时，要使用绝缘工具进行安装。（　　）

3．测量动力电池母线正负输出端电压作业评价表：

项目	评价内容	学生自评（30%）	小组互评（30%）	教师评价（40%）
素质评价（30%）	遵守纪律，遵守学习场所管理规定，服从安排（5分）			
	具有安全意识、责任意识、5S管理意识，注重节约、节能与环保（5分）			
	学习态度积极主动，积极参加实习活动（5分）			
	团队合作意识，注重沟通，能自主学习及相互协作（10分）			
	仪容仪表符合活动要求（5分）			
技能评价（70%）	能按时按要求独立完成任务工单（40分）			
	工具、设备选择得当，使用符合技术要求（10分）			
	操作规范，符合要求（5分）			
	学习准备充分、齐全（10分）			
	注重工作效率与工作质量（5分）			
本次得分				
最终得分				
教师反馈		教师签名： 年　　　月　　　日		

知识补充

红外热成像技术在新能源汽车动力电池异常发热检测中的应用

动力电池在充放电、老化或故障过程中,可能因局部过热引发热失控。热失控是动力电池最严重的安全隐患,会导致起火甚至爆炸等严重事故。其触发原因包括内部短路、过充、机械损伤等。磷酸铁锂电池(LFP)热失控触发温度较高(约200℃),早期以氢气释放为主,需结合气体传感器实现预警。三元锂电池(NCM/NCA)热失控温度较低(150~200℃),释放 CO、CH_4 等可燃气体,需多参数同步监测。国标 GB 38031-2025 规定,动力电池需满足"单体热失控后 2h 不起火爆炸""温度监测点≤60℃"等要求。国际标准 ISO 6469 强调,电池系统需通过热滥用、过充、短路等测试。红外热像仪是验证这些测试的核心工具。

传统接触式测温方法(如热电偶)存在响应速度慢、无法全局监测的缺陷,而红外热成像技术凭借其非接触、高精度和实时成像的优势,成为动力电池异常发热检测的核心手段。红外热成像技术基于物体表面的红外辐射能量进行温度测量。所有温度高于绝对零度的物体均会辐射红外线,其强度与温度呈正相关。热像仪通过光学系统和红外探测器接收辐射信号,并转化为可视化的温度分布图像。其核心特性包括:

(1)非接触式测温 避免干扰电池运行状态,尤其适用于高压、高风险的检测场景。

(2)高精度与实时性 现代热像仪测温精度可达±0.5℃,帧频高达 50 Hz,可动态捕捉温度变化。

(3)全局温度场可视化 通过伪彩色图像直观显示电池表面温度分布,快速定位热点区域,支持线温、面温统计等定量分析。

红外热成像技术在动力电池生命周期中贯穿研发、生产、使用和维护全流程。在研发与生产阶段,通过热像仪监测电极涂覆、焊接等工艺的温度分布,进行热仿真验证与工艺优化,确保生产一致性;实验室中模拟针刺、挤压等极端条件,FLIR 高速热像仪可记录电池内部温度变化,完成热滥用测试,为热失控防护设计提供数据支持。在充放电性能测试阶段,记录不同倍率充放电下的温升曲线,进行温升特性分析,评估散热系统效率;结合热像仪数据,进行热管理系统验证,优化冷却液流速和散热路径设计,延长电池寿命。在车辆运行中,热像仪实时监测电池包表面温度,检测异常发热点,自动锁定异常区域(如温差超过 5℃)并触发报警;对比新旧电池的温度场差异,识别因内阻增加或接触不良导致的局部过热,分析老化电池退化程度。

使用红外热成像技术时首先切断高压系统,使用万用表确认无电压后,进行电池表面温度扫描;调整热像仪发射率(电池表面通常为 0.8~0.9),设置温度报警阈值(如≥60℃);沿电池包表面进行多点扫描,记录热像图并标注热点坐标;通过软件生成温度分布报告(PDF/Excel),提出维修或更换建议。

红外热成像技术为新能源汽车动力电池的安全检测提供了革命性工具,其非接触、高精度的特性显著提升了热失控预警能力。随着行业标准的完善和技术的迭代,该技术将在电池生产、运维及回收等环节发挥更大作用。未来,结合 AI 与多模态传感的智能检测系统,将成为动力电池安全管理的核心支撑,推动新能源汽车产业向更高安全性与可持续性迈进。

任务4 动力电池的日常保养与维护

知识目标

1. 掌握动力电池运输、存储的国家标准与操作规范。
2. 熟悉动力电池维护的标准化流程及安全注意事项。
3. 理解动力电池系统的工作原理及关键参数。

能力目标

1. 独立完成动力电池的运输、存储及常规维护操作。
2. 使用专业工具进行电池状态检测与故障诊断。
3. 向客户清晰讲解电池安全使用、充电及日常保养要点。

素质目标

1. 严格遵守安全操作规范,具备风险预判与应急处理能力。
2. 注重细节,确保维护流程的完整性与数据准确性。

思政目标

1. 强化环保意识,践行废旧电池分类回收与无害化处理。
2. 培养团队协作精神,提升服务客户的责任感与敬业精神。
3. 激发对新能源技术发展的兴趣,关注行业前沿动态。

任务描述

一辆帝豪 EV 450 汽车来 4S 店做电池保养,你能完成动力电池的常规维护及保养吗?

任务分析

完成此任务需要掌握动力电池的基本知识和常规保养程序,具备维护保养技能。

知识储备

问题 1 动力电池的运输有什么要求?

(1) 动力电池报废后要根据其种类,用符合国家标准的专门容器分类收集、运输。

(2) 储存、装运动力电池的容器应根据动力电池的特性设计,应不易破损、变形,所用材料能有效地防止渗漏、扩散。

(3) 装有废旧动力电池的容器必须贴有国家标准所要求的分类标识。

(4) 在废旧动力电池包装运输前和运输过程中,应保证其结构完整,不得将废旧动力电池破碎、粉碎,以防止电池中有害成分泄漏。

问题 2　动力电池的存储有什么要求?

(1) 禁止将废旧动力电池堆放在露天场地,避免废电池遭受雨淋水浸。

(2) 批量储存废弃锂离子电池,应确保容器满足其储存要求。保证废弃锂离子电池的外壳完整,防止对环境造成不利影响。建立安全管理和出现危险时的应急处理机制。

(3) 储存于通风良好的干净环境。

(4) 不可放置于阳光直晒区域。

(5) 必须远离可使电池系统外部升温 60℃ 的热源。

(6) 必须平放于包装箱内。

(7) 勿摔落电池系统并避免表面撞击。

问题 3　动力电池维护需要注意的安全事项有哪些?

(1) 非专业维修人员绝对不要自行拆卸、调整、安装动力电池系统。

(2) 不要触摸动力电池的正、负极母线。

(3) 由于动力电池系统安装在汽车底部,驾驶过程中应注意路面状况,不要让不平的路面或路面障碍物挤压、撞击动力电池。

(4) 由于动力电池重量较大,非维修不要使用扳手或其他工具松动紧固螺栓。

问题 4　动力电池使用时需要注意什么?

(1) 在车辆行驶过程中,随着电量的消耗,SOC 表上指针指示的数值会逐渐减小。当 SOC 减小到 15% 以下时,SOC 表上的电量不足指示灯会点亮。此时,动力电池系统的能量即将耗尽,应尽快充电。

(2) SOC 小于 10% 后,不要猛踩加速踏板,因为整车控制器已经降功率使用,进入跛行(低速限速)回家模式。

(3) 动力电池系统在能量转换时对温度比较敏感。在温度较低的冬天,充电时加热单元会首先启动。当温度达到适宜充电的温度以后,电池管理系统会自动启动充电程序。如果加热单元损坏,应及时维修。因为电池箱内部达不到适宜充电的温度,电池管理系统不会启动充电程序。

(4) 如果搁置时间过长,开路电压会降低到放电终止电压以下,电池管理系统会报警。长期处于低压状态,其使用寿命会受到影响。所以,动力电池搁置的时间不要太长,最多不要超过 3 个月,搁置环境温度应该在 −20~50℃。搁置过程中应该确保动力电池系统不暴晒,不被雨水浇淋。

(5) 汽车不宜在积水较深的路面上行驶(水面达到动力电池系统底部),洗车时也要注意,尽量不要将水枪喷头对着动力电池系统喷射。

(6) 电池系统表面出现划痕、掉漆等现象,应及时补漆,做好表面防护,防止电池系统箱体被长期腐蚀而影响强度。

(7) 如果汽车驾驶过程中发生正撞、侧撞、追尾或侧翻等事故,不管动力电池系统从表观上看有无损坏,都应与专业维修人员联系。

(8) 如果汽车落水或者被水浸泡,不要擅自处理。

问题 5 动力电池维护程序是什么？

（1）在使用 1～2 个月后，维护人员需要对外观和绝缘进行保养和维护。

（2）使用 3 个月后，有条件的话，进行一次充放电维护。

（3）维护人员操作时必须戴绝缘手套等防护用品，使用前必须熟悉动力电池的结构、工作原理和使用说明书。

（4）在充放电维护时，将动力电池系统按正常工作要求连接到位，接通管理系统的电源，监测电池的状态。根据监测的数据判定电池所处的环境温度、电池温度及电池电压等状态是否正常。

（5）充放电维护前，应先检查电源系统各部分的情况，确保各部分运行正常。

（6）维护应在温度 15～30℃，相对湿度 45%～75%，大气压 86～106 kPa 的环境中进行。

（7）在充放电维护过程中，检查管理系统的功能是否运转正常。

（8）在充放电维护过程中，检查风扇是否在规定的温度下开启和关闭，是否运转正常。

（9）在充放电维护结束后，检测电池包的绝缘电阻，测得的绝缘电阻应满足指标要求。用电压表分别测试电池包的正极端子、负极端子与电池包的最大电压，应不超过上限要求。

（10）维护后系统的功能都正常，才能使用。如果有异常情况和故障，应立即排除，无法排除的故障应及时与厂家联系。

● 任务实施

动力电池的保养作业是为了保证其性能的可靠性而进行的工作，通常分为常规保养和周期性强制保养。

1. 动力电池常规保养

第一步：将车辆举升，目测并询问动力电池有无磕碰、划伤、损坏的现象，电池标识是否脱落。

第二步：目测密封条及进排气孔，进行电池箱体的密封检查。

第三步：目测动力电池高低压插接器是否有变形、松脱、过热、损坏的情况。

第四步：定期使动力电池满充、满放一次，之后测试电池单体一致性。

第五步：对高压螺栓和外壳螺栓位置进行等电位检测，确保安全。

第六步：使用绝缘测试仪进行电池高压接口、箱体（金属部分）绝缘测试。

第七步：根据需求用上位机升级 BMS。

第八步：在显示"READY"后，使用专用故障诊断仪诊断测试 BMS，查看数据流。

注意 常规保养不需要拆卸动力电池，也无需开盖检查。

2. 动力电池周期性强制保养

第一步：绝缘检查（内部）。打开电池箱内部高压盒插头，用绝缘测试仪测试总正、总负对地的内阻值应≥500 Ω/V（1 000 V）。

第二步：模组连接件检查。用绝缘扭力扳手坚固螺栓（标准拧紧力矩为 95 N·m），检查完成后，做好极柱绝缘。

第三步:电池箱内部温度采集点检查。使用笔记本电脑通过专用 CAN 卡,监控电池箱内部温度,并与用红外热像仪所测试的温度对比,检查温感精度。

第四步:电压采集线检查。从板插接器拔下、安装一次,观察数据变化,确认正常。

第五步:标识检查(内部)。目测内部各组件标识是否脱落。

第六步:熔断器检查。用专用万用表电阻挡测量电阻值。

第七步:继电器测试。用笔记本专用监控软件启动关闭总正、总负继电器,并用专用万用表测试。

第八步:高低压插接器可靠性检查。目测高低压插接器是否有松动、破损、腐蚀以及密封等情况,并用专用万用表测量其连接可靠性,用绝缘测试仪进行绝缘测试。

第九步:其他电池箱内零部件检查。用绝缘螺钉旋具和绝缘扭力扳手检查各坚固件是否松动、破损、脱落等。

第十步:电池组安装点检查。目测每个安装点焊接处是否有裂纹。

第十一步:电池组外观检查。目测电池组无变形、无裂痕、无磨蚀、无凹痕。

第十二步:保温检查。目测检查电池组内部边缘保温棉是否脱落、损坏。

第十三步:电池组高低压线缆安全检查。目测电池组内部线缆是否破损、挤压。

第十四步:电池单体防爆膜、外观检查。目测可见电池单体防爆膜,外观绝缘是否破损。

第十五步:CAN 电阻检查。整车下电,用专用万用表电阻挡测量 CAN1H 与 CAN1L 之间的电阻。

第十六步:电池箱内部干燥性检查。打开电池组,目测观察电池箱内部是否有积水,并用绝缘测试仪测量电池组绝缘性能。

第十七步:电池加热系统测试。电池箱为 12 V 电源,打开监控软件,启动加热系统,目测风扇是否正常或加热膜片是否工作正常。

第十八步:对各高、低压插接头及部件进行除湿、润滑、绝缘处理。用润滑防锈剂 WD40 处理插接头及部件。

第十九步:最后重新密封电池箱,并检查密封。目测密封条密封性能或更换密封条。

常规保养作业项目做第五～第八步。

注意　以上是自然风冷型动力电池的周期性强制保养项目。强制风冷或液冷的动力电池系统,以及内置高压盒类型的动力电池与此不完全相同。

任务评价

1. 请完成本任务前填写任务工单。

任务工单

班级		组号		指导教师	
组长		学号			
组员	姓名	学号		姓名	学号

任务分工

任务准备

工作步骤

总分：　　　　　　分

2. 质量检验：

(1) 当动力电池系统的 SOC 小于（　　　）后，进入跛行（低速限速）回家模式。

A. 10%　　　　　　B. 15%　　　　　　C. 20%　　　　　　D. 25%

(2) 动力电池搁置的时间不要太长，最多不要超过（　　　）。

A. 6个月　　　　　B. 3个月　　　　　C. 1个月　　　　　D. 9个月

(3) 动力电池维护应在温度（　　　）的环境中进行。

A. 15～30℃　　　　B. −20～30℃　　　C. 0～60℃　　　　D. 15～45℃

(4) 废旧动力电池的包装运输前和运输过程中应保证其结构完整，不得将废旧动力电池破碎、粉碎，以防止电池中有害成分的泄漏污染。（　　　）

(5) 当 SOC 减小到（　　　）以下时，应尽快对动力电池进行充电。

A. 25％ B. 15％ C. 35％ D. 50％

(6) 维护人员在进行操作时必须戴绝缘手套等防护用品。(　　)

(7) 电池箱内部干燥性检查时需要目测观察电池箱内部是否有积水,并用绝缘测试仪测量电池组绝缘性能。(　　)

(8) 常规保养不需要拆卸动力电池,也无需开盖检查。(　　)

(9) 将电池箱内部高压盒插头打开,用绝缘测试仪测试总正、总负对地,阻值应不低于 500 Ω/V(1 000 V)。(　　)

(10) CAN 电阻检查时需要整车下电。(　　)

3. 动力电池保养作业评价:

项目	评价内容	学生自评（30％）	小组互评（30％）	教师评价（40％）
素质评价（30％）	遵守纪律,遵守学习场所管理规定,服从安排(5分)			
	具有安全意识、责任意识、5S管理意识,注重节约、节能与环保(5分)			
	学习态度积极主动,积极参加实习活动(5分)			
	具有团队合作意识,注重沟通,能自主学习及相互协作(10分)			
	仪容仪表符合活动要求(5分)			
技能评价（70％）	能按时按要求独立完成任务工单(40分)			
	工具、设备选择得当,使用符合技术要求(10分)			
	操作规范,符合要求(5分)			
	学习准备充分、齐全(10分)			
	注重工作效率与工作质量(5分)			
本次得分				
最终得分				
教师反馈		教师签名:　　　　　　　　　　　　　　年　　月　　日		

项目三

动力电池管理系统的更换与检测

项目情境

电池管理系统(battery management system, BMS)是用来对动力电池组进行安全监控和有效管理,保持动力电源系统正常应用并提高电池寿命的一种装置,俗称电池保姆或电池管家。它采集和计算电压、电流、温度以及 SOC 等参数,控制电池的充放电过程,实现对电池的保护,提升电池的综合性能,是连接车载动力电池和新能源汽车的重要纽带。该系统控制电池组充放电,可以增加续驶里程,延长电池使用寿命,降低运行成本,保证动力电池组的安全性和可靠性。

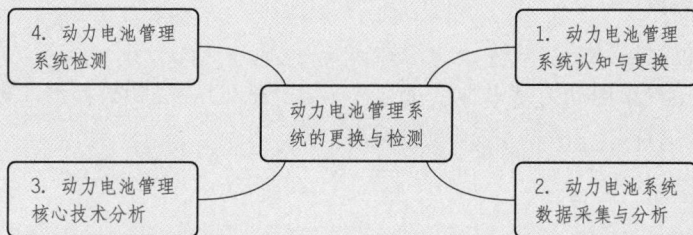

```
┌─────────────┐                    ┌─────────────┐
│4. 动力电池管理 │                    │1. 动力电池管理 │
│  系统检测     │                    │  系统认知与更换│
└─────────────┘      ┌─────────────┐ └─────────────┘
                     │动力电池管理系 │
                     │统的更换与检测 │
┌─────────────┐      └─────────────┘ ┌─────────────┐
│3. 动力电池管理 │                    │2. 动力电池系统 │
│  核心技术分析 │                    │  数据采集与分析│
└─────────────┘                    └─────────────┘
```

任务 1　动力电池管理系统认知与更换

知识目标

1. 掌握动力电池管理系统(BMS)的组成结构及其功能。
2. 理解 BMS 的工作原理及行业标准。
3. 熟悉动力电池模组的串并联配置及电池管理系统与整车控制器的通信机制。
4. 了解 BMS 安全保护功能的实现方式及阈值设定。

能力目标

1. 能够规范拆卸与安装 BMS 组件。
2. 熟练使用诊断仪或上位机软件对 BMS 进行数据标定。
3. 正确执行继电器拆装流程。
4. 根据故障代码判断 BMS 异常类型,并生成维修报告。

素质目标

1. 培养"安全第一"的意识。
2. 强化细节管理能力。

思政目标

1. 践行"绿色发展"理念,减少资源浪费。
2. 遵守《电动汽车用动力蓄电池安全要求》(GB 38031 - 2020),杜绝违规操作。
3. 弘扬工匠精神,追求"零失误"安装标准。

任务描述

一辆纯电动汽车的动力电池管理系统损坏,需要更换。你能够完成这项任务吗?

任务分析

完成此任务需要了解各车型动力电池管理系统安装位置,并掌握其结构与组成,以及拆装流程。

知识储备

问题 1　动力电池系统由哪些部分构成?

新能源汽车的车载电源系统主要由辅助动力源和动力电池系统组成。辅助动力源是供给新能源汽车其他各种辅助装置所需的动力电源,一般为 12 V 或 24 V 的直流低压电源,其作用是给动力转向、制动力调节控制、照明、电动窗门等各种辅助装置提供所需能源;动力电池系统由动力电池模组、电池管理系统、动力电池箱、辅助元器件 4 部分构成,如图 3 - 1 - 1 所示。

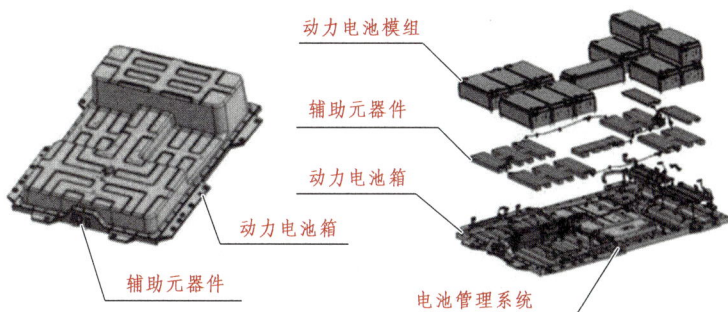

图 3 - 1 - 1 动力电池系统的组成

1. 动力电池模组

动力电池模组是由几颗到数百颗电芯经并联及串联所组成的组合体,例如 EV160 纯电动汽车的电芯组成方式是 1P100S,即采用了 100 个磷酸铁锂电池单体串联在一起组成了车辆的动力电池包;而北汽 EV200 纯电动汽车的电芯组成方式是 3P91S,即该动力电池是由 3 个三元锂电池单体并联组成一个模块,再用 91 个这样的模块串联成一个整体,构成了动力电池包;吉利帝豪 EV450 纯电动汽车的电池组成方式是 3P95S,由 7 个 3P5S 模块和 10 个 3P6S 模块结合组成,总共由 95 个电池模块串联而成。宝马第五代动力电池 94S2P 由 10 个模块 188 个电池单体构成,如图 3 - 1 - 2 所示。

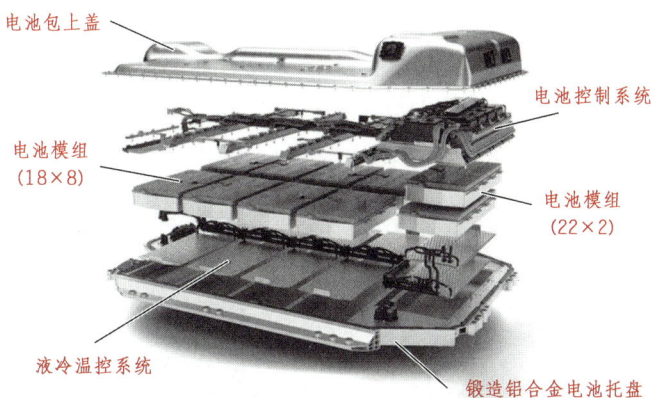

图 3 - 1 - 2 宝马第五代动力电池

注意 字母 P 表示并联,字母 S 表示串联。

2. 电池管理系统

电池管理系统(BMS)由硬件和软件组成,硬件有主控板、从控板及采样线束等,还包括采集电压、电流、温度等数据的电子器件,如图 3 - 1 - 3 所示;软件主要用于监测电池的电压、电流、SOC 值、绝缘电阻值、温度值,通过与整车控制器(VCU)、充电机等的通信,来控制动力电池系统的充放电。

BMS 是电池保护和管理的核心部件,相当于人的大脑。它不仅要保证电池安全可靠地

图 3-1-3 北汽新能源汽车电池管理系统

使用,而且要充分发挥电池的能力,延长使用寿命。作为电池和整车控制器以及驾驶人间沟通的桥梁,BMS 控制接触器控制动力电池组的充放电,并向 VCU 上报动力电池系统的基本参数及故障信息。

BMS 通过电压、电流及温度检测等功能,实现对动力电池系统的过电压、欠电压、过电流、过高温和过低温保护,继电器控制、SOC 估算、充放电管理、均衡控制、故障报警及处理,以及与其他控制器通信等功能。此外,电池管理系统还具有高压回路绝缘检测功能,以及为动力电池系统加热功能。

(1)主控盒 连接外部通信和内部通信的平台,如图 3-1-4 所示,它的主要功能是接收电池管理系统反馈的实时温度和单体电压(并计算最大值和最小值)、接收高压盒反馈的总电压和电流情况、与整车控制器的通信、与充电机或快充桩通信、控制正主继电器、控制电池加热、唤醒应答、控制充放电电流等。

(2)高压盒 又名绝缘检测盒,如图 3-1-5 所示,它的主要功能是监控动力电池的总电压(继电器内外 4 个监测点)、高压系统绝缘性能、高压连接情况(含继电器触点闭合状态检查),然后将监控到的数据反馈给主控盒。

图 3-1-4 北汽新能源汽车 BMS 主控盒

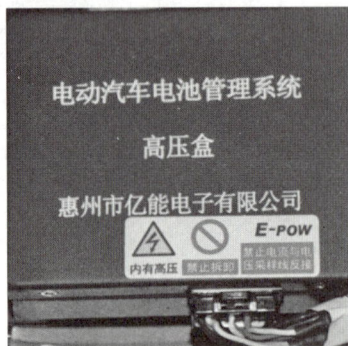

图 3-1-5 北汽新能源 BMS 高压盒

(3)电压和温度采集单元 主要功能是监控每个单体电压、每个电池组的温度及 SOC 值,然后将监控到的数据反馈给主控盒。

3. 辅助元器件

动力电池的辅助元器件主要包括动力电池系统内部的电子电器组件,如熔断器、继电器、分流器、插接件、紧急开关、烟雾传感器、维修开关，以及电子电器组件以外的辅助元器件，如密封条、绝缘材料等。

（1）预充继电器与电阻　在充电初期，需闭合预充继电器再预充电，预充完成后断开预充继电器。预充继电容与电阻如图 3-1-6 所示。

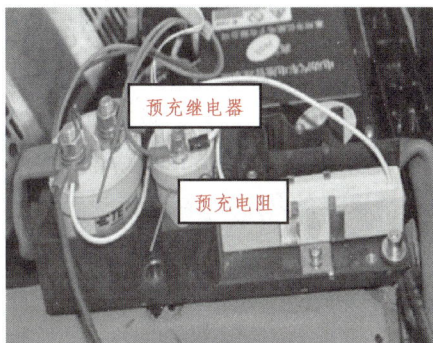

图 3-1-6　预充继电器与电阻

（2）电流传感器与熔断器　电流传感器的类型为无感分流器，如图 3-1-7 所示，在电阻的两端形成毫伏级的电压信号，用于监测母线充、放电电流的大小。熔断器主要用于防止能量回收时过电压、过电流，或放电时过电流，如图 3-1-8 所示。

图 3-1-7　电流传感器

图 3-1-8　熔断器

4. 动力电池箱

动力电池箱是支撑、固定、包围电池系统的组件，主要包含上盖和下托盘，还有辅助元件，如过渡件、护板、螺栓等，动力电池箱有承载及保护动力电池组及电气组件的作用。

（1）电池箱的技术要求　电池箱体用螺栓连接在车身底板下方，防护等级为 IP67，螺栓拧紧力矩为 80～100 N·m，如图 3-1-9 所示。整车维护时需观察电池箱体螺栓是否松动，电池箱体是否破损、严重变形，密封法兰是否完整，确保动力电池可以正常工作。

图 3-1-9　动力电池的箱体

(2) 外观要求　表面要求为银灰或黑色、亚光。电池箱体表面不得有划痕、尖角、毛刺、焊缝及残余油迹等外观缺陷,焊接处必须打磨圆滑。

问题 2　动力电池管理系统的功能是什么?

动力电池模组放置在密封、屏蔽的动力电池箱里面,通过可靠的高低压插接件与整车的用电设备和控制系统连接。电池系统内的电池管理系统(BMS)实时采集各单体的电压值、各温度传感器的温度值、电池系统的总电压值和总电流值、电池系统的绝缘电阻值等数据,并根据 BMS 中设定的阈值来判定电池工作是否正常,并实时监控故障。此外动力电池系统还通过 BMS 使用 CAN 总线与整车控制器(VCU)或充电机之间通信,进行充放电等综合管理。电池管理系统的作用是提高电池的利用率,防止电池过充电和过放电,延长电池的使用寿命,监控电池的状态。电池管理系统的主要功能有电池状态监测、电池状态分析、电池安全保护、能量控制管理、电池信息管理等,如图 3-1-10 所示。

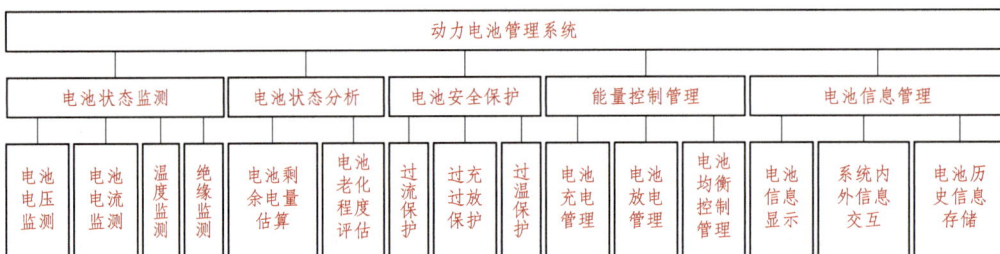

图 3-1-10　电池管理系统功能

(1) 电池状态监测　一般指对电压、电流、温度和绝缘 4 种物理量的监测。除了需要监测电池自身温度外,温度监测还需要监测环境温度、电池箱的温度,这对电池的剩余容量的评估、安全保护等方面具有重要意义。图 3-1-11 为动力电池温度显示。

(2) 电池状态分析　包括电池的剩余电量估算(SOC)及电池老化程度评估(SOH)两部分。电动汽车行驶过程中需要时刻了解剩余电量,从而估算出剩余行驶距离,以便于驾驶人及时充电,这就是电池管理系统剩余电量估算模块的功能,如图 3-1-12 所示。

电池的老化程度评估是相对于出厂时,电池所能装载的最大容量的比值,反映了电池的老化程度。SOH 受动力电池使用过程中的工作温度、放电电流的大小等因素的影响,需要不断评估和更新,确保驾驶人获得更为准确的信息。

(3) 电池安全保护　电池安全保护是电池管理系统的首要功能,过流保护、过充过放保护和过温保护是最为常见的电池安全保护内容。

过流保护也称为电流保护,指在充放电过程中,如果工作电流超过了安全值,则应该采取相应的安全保护措施,在仪表上也会有相应的警告标识,如图 3-1-13 所示。

过充保护是指电池的荷电状态为 100% 时,为了防止继续充电造成的电池损坏,而采取切断电池的充电回路的保护措施。过放保护是指电池的荷电状态为 10% 时,为了防止继续放电造成的电池损坏,而采取切断电池的放电回路的保护措施。实际操作中,过充过放保护可以设定充、放电的截止保护电压,即检测到的电池电压高于或低于所设定的门限电压值,则及时切断电流回路来保护电池。

图 3 - 1 - 11　电池温度显示　　图 3 - 1 - 12　剩余电量估算　图 3 - 1 - 13　动力电池故障警告灯

过温保护指当温度超过一定的限定值时,对动力电池采取保护性的措施,是为了保护电池在极端情况下不自燃。

（4）能量控制管理　包括电池的充电控制管理、电池的放电控制管理以及电池的均衡控制管理。在充放电过程中对电池的电压、电流等参数实时地优化控制,优化的目标包括充放电时长、充放电效率以及充电的饱满程度等。

电池的均衡管理是指采取一定的措施尽可能地降低电池不一致性的负面影响,以达到优化电池组整体放电效能,延长电池组整体寿命的效果。

（5）信息管理系统　电池运行过程中会产生大量的数据,这些数据有些需要在仪表显示,因此需要信息管理系统,内容包括电池的信息显示、系统内外信息的交互,以及电池历史信息存储。

电池管理系统在硬件上可以分为主控模块和从控模块两大块,主要由数据采集单元(采集模块)、中央处理单元(主控模块)、显示单元、均衡单元检测模块(电流传感器、电压传感器、温度传感器、漏电检测)、控制部件(熔断装置、继电器)等组成。中央处理单元由高压控制回路、主控板等组成,数据采集单元由温度采集模块、电压采集模块等组成。一般采用 CAN 总线技术实现相互间的信息通信。

问题 3　动力电池管理系统的工作原理是什么?

BMS 按性质可分为硬件和软件,按功能可分为数据采集单元和控制单元,其架构如图 3 - 1 - 14 所示。

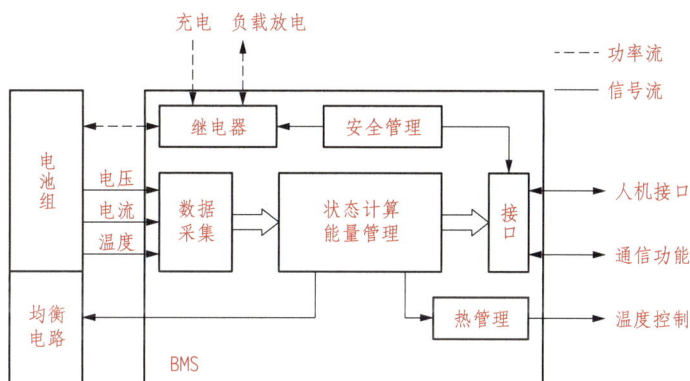

图 3 - 1 - 14　BMS 架构

数据采集单元采集动力电池状态信息数据后,由电子控制单元(ECU)处理和分析。然后,电池管理系统根据分析结果向系统内的相关功能模块发出控制指令,并向外界传递参数信息。

问题 4 对动力电池管理系统有哪些要求?

《电动汽车用电池管理系统技术条件》(QC/T897—2011)中规定了电池管理系统的一般要求和技术要求。

1. 电池管理系统的一般要求

(1)BMS 应能检测电池电和热相关的数据,至少应包括电池单体或电池模块的电压、电池组回路电流和电池包内部温度等参数。

(2)BMS 应能对动力电池的荷电状态(SOC)、最大充放电电流(或者功率)等状态参数进行实时估算。

(3)BMS 应能对电池系统进行故障诊断,并可以根据具体故障内容进行相应的故障处理,如故障码上报、实时警示和故障保护等。

(4)BMS 应有与车辆的其他控制器基于总线通信方式的信息交互功能。

(5)BMS 应用在具有可外接充电功能的电动汽车上时,应能通过与车载充电机或者非车载充电机的实时通信或者其他信号交互方式,实现对充电过程的控制和管理。

2. 电池管理系统的技术要求

(1)绝缘电阻 BMS 与动力电池相连的带电部件和其壳体之间的绝缘电阻值应不小于 $2M\Omega$。

(2)绝缘耐压性能 BMS 应能经受绝缘耐压性能试验,在试验过程中应无击穿或闪络等破坏放电现象。

(3)状态参数测量精度 电池管理系统所检测状态参数的测量精度要求见表 3-1-1。

表 3-1-1 状态参数的测量精度要求

参数	总电压值	电流值[①]	温度值	单体(模块)电压值
精度要求	≤±2%FS[②]	≤±3%FS	≤±2℃	≤±0.5%FS

注:① 应用在具有可外接充电功能的电动汽车上时,电流值精度同时应满足不大于±1.0 A(当电流值小于 30 A 时)。
② FS 即满载。

(4)SOC 估算精度 SOC 估算精度要求不大于 10%。

(5)过电压运行 BMS 应能在规定的电源电压下正常工作,且满足表 3-1-1 状态参数测量精度的要求。

(6)欠电压运行 BMS 应能在规定的电源电压下正常工作,且满足表 3-1-1 状态参数测量精度的要求。

任务实施

1. 拆卸 BMS

第一步:穿戴安全防护装备。

第二步:将动力电池箱体与车身分离。

第三步:将动力电池包上盖打开。

第四步:确认需要更换的 BMS 的位置,如图 3-1-15 所示。

第五步:将 BMS 周围固定线束的扎带剪断,确保插件处线束松弛不受限制,将剪断的扎带放置于指定的容器内,避免遗落在动力电池箱体内。

第六步:将 BMS 端口处插件拔出,如图 3-1-16 所示。

图 3-1-15　确定 BMS 位置

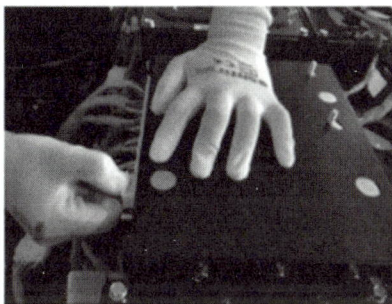

图 3-1-16　拔出 BMS 插件

注意　拆卸插件时需要一只手轻按住 BMS 外部铝壳,另一只手按住插件,缓缓将其拔出,禁止以提拉线束的方式拔出插件。

第七步:将拆卸后线束用绝缘胶带暂时固定在远离故障 BMS 的地方,如图 3-1-17 所示,避免操作过程中对线束造成意外伤害。

第八步:使用套筒扳手将 BMS 固定点螺母旋出,如图 3-1-18 所示,并将拆卸后的螺母、平垫、弹垫和绑线扣等零件置于指定容器内。

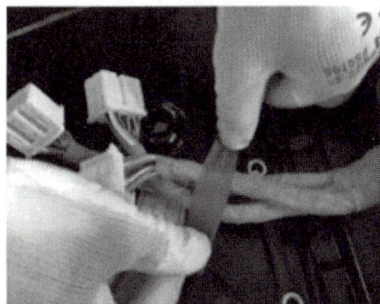

图 3-1-17　用绝缘胶带固定线束

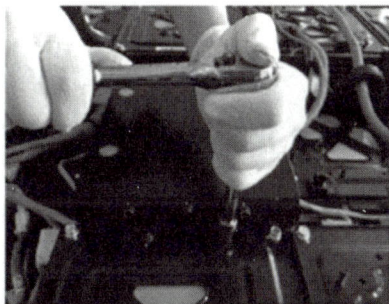

图 3-1-18　旋出 BMS 固定点螺母

第九步:将故障 BMS 拆下并置于 BMS 返修容器内。

2. 安装 BMS

第一步:将新的 BMS 摆放于安装板上,确保与安装板贴合紧密无间隙,插件口朝向正确无误。

第二步:手动将螺母旋入安装板铆螺柱上,需加装平垫、弹垫,原有安装绑线扣处重新安装绑线扣,旋入后螺母下表面应与安装板平行。在螺母旋至铆螺柱底部时,利用套筒扳手紧固螺母。紧固完成后应确保螺栓弹垫平整无翘起,螺母下表面与平垫及 BMS 固定孔上表面应贴合紧密无缝隙。

第三步:拆下暂时固定的胶带,置于指定的容器内,避免遗落在动力电池箱内。

第四步:按照线束标号将插件插入相应的 BMS 端口内。

注意 插件插接时,应按住插件两侧将插件插入端口插件处,不可错位防止插针损坏。

第五步:用上位机软件或诊断仪对 BMS 系统进行数据标定,标定 SOC、额定容量等。

第六步:整理、整顿、清扫、清洁。

3. 动力电池正负极继电器拆装

第一步:拆卸继电器集成器,如图 3-1-19 所示。

第二步:拆卸正负极继电器。

(1) 先将继电器上的线圈连接插头拔下,如图 3-1-20 所示。

(2) 用套筒扳手将接触器触点的螺母采样线和大线拆下(大线铜鼻子要做好绝缘防护)。然后,利用套筒扳手将固定在电气安装板上的继电器拆下,如图 3-1-21 所示。最后,将拆卸下来的继电器标明原因单独放置。

图 3-1-19 拆卸继电器集成器

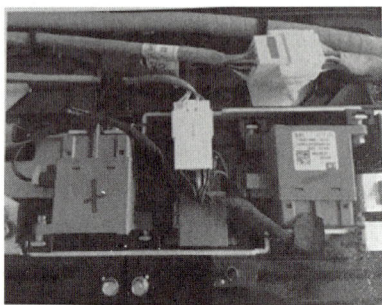

图 3-1-20 拔下继电器上线圈连接插头

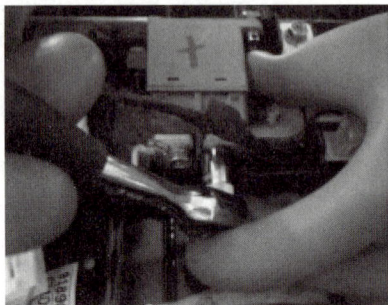

图 3-1-21 拆卸正极继电器

第三步:安装正负极继电器。

① 将电气性能和外观完好的继电器安放在电气安装板的铆螺钉上。然后,将平垫、弹垫安放在继电器上。最后,利用套筒扳手将螺母紧固在铆螺钉上。

② 按照该动力电池电气图样要求,将电池大线铜鼻子分别放在继电器的螺柱上。然后,将采样线、平垫、弹垫分别安放在继电器的螺柱上,并用套筒扳手将螺母紧固在螺柱上。最后,将内部线束接插在继电器的线圈上。

第四步:整理、整顿、清扫、清洁。

任务评价

1. 任务实施前请填写任务工单。

任务工单

班级		组号		指导教师	
组长		学号			
组员	姓名	学号		姓名	学号

任务分工

任务准备

工作步骤

总分：　　　　　分

2. 质量检验：

（1）动力电池的能量储存与输出都需要模块来进行管理，即动力电池能量管理模块，也称为动力电池管理系统，或动力电池能量管理系统，简称（　　　）。

A. BBC　　　　　　B. ABS　　　　　　C. BMS　　　　　　D. ESP

（2）不属于安全防护装备的是（　　　）。

A. 绝缘手套　　　　B. 绝缘工具　　　　C. 绝缘鞋　　　　　D. 非化纤类衣服

（3）（　　　）主要包括以电流、电压、温度、SOC 和 SOH 为输入进行充电过程控制，以SOC、SOH 和温度等参数为条件进行放电功率控制两个部分。

A. 能量管理　　　　B. 安全管理　　　　C. 热管理　　　　　D. 以上都不对

(4) 动力电池管理系统主控制功能主要包括数据采集、电池状态计算、能量管理、安全管理、热管理、均衡控制、通信功能和人机接口等。(　　)

(5) 动力电池管理系统的组成可分为硬件和软件。(　　)

(6) 电池低压管理系统用于监控动力电池的单体电压、电池组的温度。(　　)

(7) 在 BMS 的更换过程中,拆卸时注意紧固件与配件的拆卸,防止掉落模组引起内部短路事故。(　　)

(8) 在安装插接器时,要注意观察与插口是否对应,安装好插接器后,需要检查是否安装到位。(　　)

(9) 高压盒用于监控动力电池的总电压和充、放电流及绝缘性能。(　　)

(10) 接收电池管理系统反馈的实时温度和单体电压(并计算最大值和最小值)是高压盒的主要功能之一。(　　)

3. 更换动力电池管理系统及组件作业评价:

项目	评价内容	学生自评(30%)	小组互评(30%)	教师评价(40%)
素质评价(30%)	遵守纪律,遵守学习场所管理规定,服从安排(5分)			
	具有安全意识、责任意识、5S 管理意识,注重节约、节能与环保(5分)			
	学习态度积极主动,积极参加实习活动(5分)			
	具有团队合作意识,注重沟通,能自主学习及相互协作(10分)			
	仪容仪表符合活动要求(5分)			
技能评价(70%)	能按时按要求独立完成任务工单(40分)			
	工具、设备选择得当,使用符合技术要求(10分)			
	操作规范,符合要求(5分)			
	学习准备充分、齐全(10分)			
	注重工作效率与工作质量(5分)			
本次得分				
最终得分				
教师反馈		教师签名: 年　　　月　　　日		

知识补充

新能源汽车动力电池管理系统(BMS)设计差异分析

动力电池管理系统(Battery Management System，BMS)是新能源汽车的"大脑"，负责监控电池状态、优化充放电策略、保障安全性与寿命。不同车企在 BMS 设计上存在显著差异，其中特斯拉的集成式 BMS 与比亚迪的分布式 BMS 代表了两种典型技术路线。

一、架构设计差异：集成式 vs 分布式

1. 特斯拉：高度集成式架构

特斯拉的 BMS 采用主从架构设计，主控制器(BMU)负责高压控制、通信及全局决策，从控制器(BMB)分布于各电池模组，监测单体电压和温度。其核心特点包括：

(1) 模块化集成　以 4680 大圆柱电池为核心，通过 CTC(Cell-to-Chassis)技术将电芯直接集成至车身，省去传统电池包结构，减少 40％的零部件数量，提升能量密度与续航里程。

(2) 高效通信　主控制器通过 CAN 总线与整车系统交互，从控制器采用分布式布局，降低信号干扰风险。例如，Model S 的 7 000 余节电池单体通过分层串联设计实现高效管理。

(3) 热管理创新　采用液冷系统与四通阀设计，动态调节冷却液循环模式(串联/并联)，低温时利用电机余热为电池加热，高温时独立散热。

2. 比亚迪：分布式模块化架构

比亚迪的 BMS 以刀片电池为核心，采用分布式架构，强调模块化与全产业链协同。

(1) 刀片电池结构　通过 CTB(Cell-to-Body)技术将电池单体作为结构件嵌入车身，提升空间利用率与抗冲击能力。每个模组配备独立从控模块，就近采集数据，减少线束长度与信号延迟。

(2) 分区域管理　主控模块负责全局协调，从控模块分置于各电池区域，支持多电池包协同工作(如商用车场景)。例如，比亚迪 E6 的 BMS 管理约 100 个电池单体，通过高精度采集芯片实现快速均衡。

(3) 热管理策略　采用风冷与加热膜结合方案，通过模组级温度传感器动态调节散热强度，成本更低但散热效率略逊于液冷。

二、核心功能对比：安全性与效率的博弈

1. 电池状态估算

(1) 特斯拉　基于神经网络与卡尔曼滤波算法，实时估算 SOC(荷电状态)与 SOH(健康状态)。其 BMS 可同步监测数万个数据点，精度达±3％，并通过 OTA 持续优化算法。

(2) 比亚迪　采用安时积分法与开路电压校正结合，SOC 估算误差控制在±5％。依托全产业链优势，比亚迪通过海量电池数据训练模型，提升低温环境下的估算稳定性。

2. 均衡管理

(1) 特斯拉　以主动均衡为主，通过能量转移技术将高电量单体能量转移至低电量单体，均衡电流可达 2 A，效率较被动均衡提升 30％。

(2) 比亚迪　早期以被动均衡(电阻耗能)为主，近年逐步引入主动均衡技术。刀片电池因单体一致性高，均衡需求较低，成本优势显著。

3. 故障诊断与安全防护

（1）特斯拉　引入双 MCU 冗余设计，主控制器故障时副 MCU 可接管控制权。碰撞时自动切断高压回路，并通过光导纤维监测热失控信号，响应时间小于 50 ms。

（2）比亚迪　采用多级故障诊断机制，从电芯级（电压/温度异常）到系统级（绝缘失效）分层预警。刀片电池通过"针刺不起火"设计，通过结构创新降低热扩散风险。

三、技术创新路径：软件定义 vs 硬件革新

1. 特斯拉：软件驱动的集成化创新

（1）算法优化　通过 Dojo 超算平台训练 BMS 算法，实现充电策略自适应调整（如根据用户习惯优化快充曲线）。

（2）硬件协同　采用碳化硅（SiC）功率器件与扁线电机，提升电能转换效率，Model 3 的续航因 SiC 应用增加 5%～10%。

2. 比亚迪：全产业链驱动的硬件突破

（1）材料创新　研发磷酸铁锂刀片电池，通过叠片工艺提升能量密度（较传统 LFP 电池提高 50%），成本降低 30%。

（2）结构创新　CTB 技术将电池包体积利用率提升至 66%，整车扭转刚度增加 45%，兼顾安全性与空间效率。

四、行业影响与未来趋势

1. 技术路线分化

（1）集成式 BMS　推动行业向高度集成化、轻量化发展，但依赖高精度制造与算法能力，技术门槛较高。

（2）分布式 BMS　适合多场景应用（如商用车、换电模式），模块化设计降低维护成本，更适应多元化市场需求。

2. 标准化与法规驱动

中国《电动汽车用动力蓄电池安全要求》（GB 38031 - 2025）将"不起火、不爆炸"列为强制要求，倒逼 BMS 技术升级。特斯拉的液冷系统与比亚迪的结构防护均需适配新国标测试（如底部撞击、快充循环）。

3. 智能化与云端融合

特斯拉与比亚迪均在探索"车端＋云端"协同管理。例如，特斯拉通过 FSD 芯片实现 BMS 与自动驾驶数据联动；比亚迪与博世合作开发云端电池系统，延长寿命 20% 并优化充电策略。

特斯拉与比亚迪的 BMS 设计差异，本质上是技术创新路径与市场定位的体现。特斯拉以软件算法与高度集成为核心，追求极致性能；比亚迪依托全产业链与硬件创新，强调成本控制与可靠性。未来，随着固态电池与智能网联技术的突破，BMS 将向更高集成度、更强智能化方向发展，而两者的竞争与合作将持续推动行业进步。

任务 2 动力电池系统数据采集与分析

知识目标

1. 掌握动力电池系统数据采集的核心方法。
2. 理解温度传感器的类型与原理。
3. 熟悉电流检测技术的优缺点及适用场景。
4. 了解烟雾传感器的分类及在电池安全监测中的应用。

能力目标

1. 能够使用故障诊断仪读取动力电池数据流。
2. 熟练分析数据异常并定位故障模块。
3. 正确选择检测工具与方法。
4. 规范执行数据采集流程。

素质目标

1. 培养细致的数据敏感性,确保采集结果精确。
2. 强化安全意识,识别潜在风险。
3. 提升逻辑分析能力,通过数据关联判断故障根源。

思政目标

1. 践行"安全为本"理念,遵守《新能源汽车高压系统维修安全规范》,杜绝带电操作。
2. 倡导绿色技术应用,推动电池数据优化管理以延长寿命,减少资源浪费。
3. 弘扬工匠精神,追求数据采集与分析"零误差",保障用户行车安全。

任务描述

一辆帝豪 EV450 纯电动汽车的动力电池发生故障,你能读取动力电池系统的数据流并分析吗?

任务分析

完成此任务需要掌握故障诊断仪的使用方法,能读取动力电池的数据,具备分析数据的能力。

知识储备

问题 1 单体电压检测方法有哪些?

电池单体电压采集模块是动力电池管理系统中的重要一环,其性能或精度决定了系统对电池状态判断的准确程度,进一步影响后续的控制策略能否有效实施。

常用的单体电压检测方法有继电器阵列法、恒流源法、隔离运放采集法、压/频转换电路采集法和线性光电耦合放大电路采集法。其中,继电器阵列法用于电池单体电压较高且对精度要求也高的场合;恒流源法抗干扰能力强,测量精度高;隔离运放采集法采集精度高,可靠性强,但成本高,推广困难;压/频转换电路采集法具有良好的精度,可实现多路采集,但误差比较大;线性光电耦合放大电路采集法电路的稳定性与抗干扰能力强,可用于多路采集,但检测电路相对复杂,影响精度的因素较多。

问题 2 电池温度采集方法有几种?

电池的工作温度不仅影响电池的性能,而且直接关系到电动汽车使用的安全问题,因此准确采集温度参数显得尤为重要。采集温度并不难,关键是选择合适的温度传感器。目前,使用的温度传感器有很多,如热敏电阻、热电偶、热敏晶体管、集成温度传感器等。

热敏电阻采集法是把温度转化为电压信号,再通过模数转换得到温度的数字信息,这种方法成本低,但线性度不好,而且制造误差一般也比较大;热电偶采集法根据双金属体在不同温度下会产生不同热电动势的原理,采集电动势的值后可以通过查表得到温度值,这种方法准确度高,但电路比较复杂,一般用于高温的测量;集成温度传感器采集法所测精度可以媲美热电偶,而且直接输出数字量,适合在数字系统中使用。

问题 3 电池工作电流检测方式有几种?

常用的电流检测方式有分流器、互感器、霍尔组件电流传感器和光纤传感器 4 种,各种方法的特点见表 3-2-1。

表 3-2-1 各种电流检测方式的特点

项目	分流器	互感器	霍尔组件电流传感器	光纤传感器
插入损耗	有	无	无	无
布置形式	需插入主电路	开孔、导线传入	开孔、导线传入	—
测量对象	直流、交流、脉冲	交流	直流、交流、脉冲	直流、交流
电气隔离	无隔离	隔离	隔离	隔离
使用方便性	小信号放大,需隔离处理	使用较简单	使用简单	—
适用场合	小电流、控制测量	交流测量、电网监控	控制测量	高压测量,电力系统常用
价格	较低	低	较高	高
普及程度	普及	普及	较普及	未普及

其中,光纤传感器昂贵的价格影响了其在控制领域的应用;分流器成本低、频响应好,但使用麻烦,必须接入电流回路;互感器只能用于交流测量;霍尔组件电流传感器性能好,使用方便。目前在电动车辆动力电池管理系统电流采集与监测方面应用较多的是分流器和霍尔组件电流传感器。

问题 4 烟雾怎么采集?

在车辆行驶过程中,由于路况复杂及电池本身的工艺问题,可能由于过热、挤压和碰撞等原因而导致冒烟或着火等极端恶劣的事故,若不能及时发现并得到有效处理,势必导致事故的进一步扩大,对周围电池、车辆以及车上人员构成威胁,严重影响到车辆运行的安全性。为防患于未然,近年来烟雾监测被引入电池管理系统的监测中,并越来越受到重视。

烟雾传感器种类繁多,从检测原理上可以分为三大类:

① 利用物理化学性质的烟雾传感器,如半导体烟雾传感器、接触燃烧烟雾传感器等。

② 利用物理性质的烟雾传感器,如热导烟雾传感器、光干涉烟雾传感器、红外传感器等。

③ 利用电化学性质的烟雾传感器,如电流型烟雾传感器、电势型气体传感器等。

由于烟雾的种类繁多,一种类型的烟雾传感器不可能检测所有的气体,通常只能检测某一种或两种特定性质的烟雾。例如,氧化物半导体烟雾传感器主要检测各种还原性烟雾,如 CO、H_2、C_2H_5OH、CH_3OH 等;固体电解质烟雾传感器主要用于检测无机烟雾,如 O_2、CO_2、H_2、CL_2、SO_2 等。

在动力电池上应用,需要在了解烟雾构成的基础上,选择传感器。一般电池燃烧产生大量的 CO 和 CO_2,因此选择对这两种气体敏感的传感器。传感器的结构需要适应车辆长期应用的振动工况,防止路面灰尘、振动引起的传感器误动作。

其报警装置应安装于驾驶控制台,在接收到报警信号时,迅速发出声光报警和故障定位,保证驾驶人及时发现。

● **任务实施**

以帝豪 EV450 为例:

第一步:连接电动汽车故障诊断仪,如图 3-2-1 所示。

动力电池系统数据采集

图 3-2-1　连接故障诊断仪

第二步:车辆选择。选择与被测车型相符的菜单,如图 3-2-2 所示。

第三步:系统选择。选择动力电池系统,如图 3-2-3 所示。

第四步:选择所需的数据流项目,系统默认为全选,如图 3-2-4 所示。

图 3-2-2　选择车型

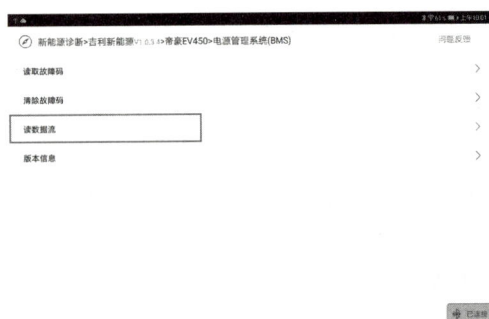

图 3-2-3　选择动力电池读取数据流

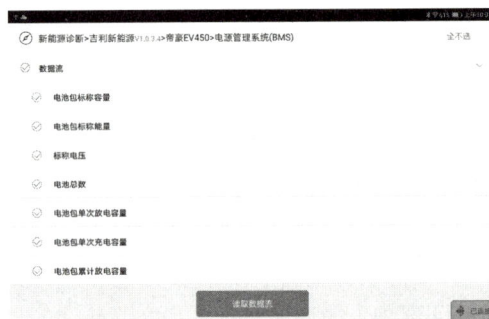

图 3-2-4　选择所需数据流

第五步:记录动力电池系统数据流(正常数据),如图 3-2-5 所示。

图 3-2-5　读取数据流

第六步:提取所需要的数据,记录并分析数据,见表 3-2-2。

第七步:整理、整顿、清扫、清洁。

表 3-2-2　动力电池系统数据

序号	动力电池系统数据流	当前值	分析
1	动力电池内部总电压		
2	动力电池充放电电流		

（续表）

序号	动力电池系统数据流	当前值	分析
3	动力电池负极继电器当前状态		
4	动力电池正极继电器当前状态		
5	动力电池 SOC		
6	动力电池可用容量		
7	电池单体最高电压		
8	电池单体最低电压		
9	电池单体最高温度		
10	电池单体最低温度		

任务评价

1. 任务实施前填写任务工单。

任务工单

班级		组号		指导教师	
组长		学号			
组员	姓名	学号		姓名	学号

任务分工

任务准备

工作步骤

总分： 分

2. 质量检验：

（1）电池工作电流检测时，（ ）必须接入电流回路。

A. 互感器 B. 光纤传感器 C. 霍尔组件电流传感器 D. 分流器

（2）（ ）只能用于交流测量。

A. 互感器 B. 光纤传感器 C. 霍尔组件电流传感器 D. 分流器

（3）继电器阵列法适用于所需要测量的电池单体电压较高且对精度要求较高的场合。（ ）

（4）隔离运算放大器是一种能够对模拟信号进行电气隔离的电子组件，广泛用作工业过程控制中的隔离器和各种电源设备中的隔离介质。（ ）

（5）线性光电耦合放大电路具有很强的隔离能力和抗干扰能力，还使模拟信号在传输过程中保持较好的线性度。（ ）

（6）热电偶一般都用于高温的测量。（ ）

(7) 目前在电动车辆动力电池管理系统电流采集与监测方面应用较多的是分流器和霍尔组件电流传感器。(　　)

(8) 氧化物半导体烟雾传感器主要检测各种还原性烟雾,如 CO、H_2、C_2H_5OH、CH_3OH。(　　)

(9) 固体电解质烟雾传感器主要用于检测无机烟雾,如 O_2、CO_2、H_2、CL_2、SO_2。(　　)

(10) 动力电池管理系统中烟雾报警的报警装置安装于驾驶控制台。(　　)

3. 动力电池系统数据流读取及分析作业评价:

项目	评价内容	学生自评(30%)	小组互评(30%)	教师评价(40%)
素质评价(30%)	遵守纪律,遵守学习场所管理规定,服从安排(5分)			
	具有安全意识、责任意识、5S管理意识,注重节约、节能与环保(5分)			
	学习态度积极主动,积极参加实习活动(5分)			
	具有团队合作意识,注重沟通,能自主学习及相互协作(10分)			
	仪容仪表符合活动要求(5分)			
技能评价(70%)	能按时按要求独立完成任务工单(40分)			
	工具、设备选择得当,使用符合技术要求(10分)			
	操作规范,符合要求(5分)			
	学习准备充分、齐全(10分)			
	注重工作效率与工作质量(5分)			
本次得分				
最终得分				
教师反馈		教师签名:　　　　　　　　　　　　年　　　月　　　日		

知识补充

新能源汽车数据流差异分析

在新能源汽车的智能化与电动化融合趋势下,数据流管理成为车辆性能优化与用户体验提升的核心。作为行业两大标杆企业,比亚迪与特斯拉在数据采集、传输、处理及应用上展现出截然不同的技术路径。

一、数据采集:多模态融合 vs 纯视觉优先

1. 特斯拉:纯视觉驱动的数据采集体系

特斯拉坚持"纯视觉"技术路线,通过车身搭载的 8 颗摄像头(覆盖 360°视野)实时采集道路环境信息,包括车辆、行人、交通标志等。其数据流特点包括:

(1)单一传感器主导　摒弃激光雷达与毫米波雷达,仅依赖摄像头＋超声波雷达组合,数据采集成本低,但依赖算法补偿。

(2)高分辨率与高帧率　摄像头以每秒 36 帧的速度捕捉视频数据,单日全球车队生成约 1.5 PB 原始数据。

(3)数据标注自动化　利用 Dojo 超算中心自动标注车道线、障碍物等关键信息,减少人工干预。

2. 比亚迪:多传感器融合的数据冗余设计

比亚迪采用"视觉＋激光雷达＋毫米波雷达＋高精地图"的多模态方案,强调数据冗余与安全性:

(1)分层传感器配置　高端车型(如仰望 U8)配备 3 颗激光雷达,中端车型(如腾势 N7)搭载 1 颗激光雷达,入门车型(如海鸥)仅依赖摄像头＋毫米波雷达。

(2)本土化数据优势　依托 440 万辆 L2＋级辅助驾驶车辆,每日新增 7 200 万公里训练里程,覆盖中国复杂路况(如非机动车混行、无标线乡村道路)。

(3)高精地图深度整合　与百度、四维图新合作,实现城市道路与农村区域的高精度覆盖,提升定位可靠性。

特斯拉通过算法简化硬件复杂度,比亚迪则通过硬件冗余增强环境感知鲁棒性,两者分别代表"软件定义"与"硬件先行"的技术哲学。

二、数据传输架构:集中式云端处理 vs 分布式边缘计算

1. 特斯拉:云端驱动的集中式处理

(1)数据预处理与上传　车辆端对原始视频数据进行结构化压缩(如关键帧提取、目标识别),通过蜂窝网络上传至 Dojo 超算中心,单辆车日均上传数据量约 5 GB。

(2)超算中心协同　Dojo 基于自研 D1 芯片构建,算力达 1.1 exaflops,支持海量数据并行训练,并通过 OTA 将优化后的模型下发至车辆。

(3)合规性挑战　受限于中国数据出境法规,特斯拉需在国内建设独立超算中心,但因 GPU(如 A100)出口管制,D1 芯片引入面临政治博弈。

2. 比亚迪:边缘计算与本地化闭环

(1)车端预处理强化　在车辆端完成 80％以上的数据清洗与特征提取,仅将关键信息(如异常工况、新场景片段)上传至云端,减少带宽压力。

(2)分布式数据节点　依托国内多地数据中心(如深圳、西安),构建区域化数据处理闭环,满足《数据安全法》要求,规避跨境传输风险。

(3)低成本传输策略　通过 4G 网络实现多数数据传输,仅高端车型支持 5G,降低用户使用成本。

特斯拉依赖全球化云端算力但受制于地缘政治,比亚迪通过本地化边缘计算实现合规与成本平衡。

三、数据处理算法:端到端 AI vs 模块化分层优化

1. 特斯拉:端到端神经网络架构

(1)Transformer 模型应用　采用类似 Chat GPT 的注意力机制,直接输入原始视频数据,输出车辆控制指令(如转向、加速),减少人工规则干预。

(2)仿真数据增强　利用合成数据模拟极端场景(如暴雨、逆光),弥补真实数据不足,提升算法泛化能力。

(3)实时性要求　算法需在 50 ms 内完成感知-决策-控制闭环,依赖车载 FSD 芯片的144TOPS 算力。

2. 比亚迪:模块化分层优化策略

感知-规划-执行分离:

(1)感知层　激光雷达点云与视觉数据融合,通过卡尔曼滤波消除传感器冲突。

(2)规划层　基于高精地图生成全局路径,结合实时交通信息动态调整。

(3)执行层　通过"云辇"底盘系统实现毫秒级车身控制,适应复杂路况。

(4)渐进式算法迭代　从 L2＋级辅助驾驶逐步升级至 L3,避免技术跃进带来的安全风险。

特斯拉追求全栈 AI 的颠覆性创新,比亚迪则通过渐进式优化平衡安全与性能。

四、数据应用场景:智能驾驶 vs 全生态协同

1. 特斯拉:FSD 为核心的商业模式

(1)软件订阅服务　FSD 以 6.4 万元(中国)或 7 500 欧元(欧洲)的选装费为主,贡献毛利率超 70％。

(2)数据货币化尝试　探索"类 SaaS"模式,通过 OTA 功能升级(如自动泊车优化)持续收费。

(3)局限性　受限于 L2 级功能与合规问题,高阶自动驾驶尚未落地,用户付费意愿逐渐疲软。

2. 比亚迪:数据驱动的全产业链协同

(1)电池管理优化　将行驶数据反馈至 BMS,动态调整 SOC 估算策略,延长电池寿命。

(2)制造效率提升　通过车辆故障数据反向优化供应链,如刀片电池良品率提升至 99.8％。

(3)车路协同探索　与华为合作开发 V2X 系统,将单车数据接入城市交通网络,优化全局通行效率。

特斯拉聚焦软件服务变现,比亚迪通过数据反哺制造与能源生态,构建更广泛的商业护城河。

五、行业影响与未来趋势

1. 技术路线分化

(1)特斯拉路径　依赖算法突破与全球化数据闭环,适合高法规包容性市场(如北美)。

（2）比亚迪路径　以硬件冗余与本地化合规见长，更适应新兴市场复杂需求。

2．标准化与合规挑战

（1）数据主权博弈　各国加强智能汽车数据监管（如中国《汽车数据安全管理规定》），迫使企业调整数据流架构。

（2）算力芯片自主化　比亚迪加速自研智驾芯片，特斯拉推动 D1 芯片国产化，减少对英伟达依赖。

3．智能化与电动化深度融合

（1）电池-智驾协同　比亚迪"天神之眼"与刀片电池热管理系统联动，实现能耗与安全的双重优化。

（2）超充网络数据化　特斯拉 V4 超充桩实时上传电池健康数据，为 BMS 提供外部环境参数。

比亚迪与特斯拉的数据流差异，本质上是全球化创新与本土化落地的碰撞。特斯拉以算法为中心构建数据闭环，比亚迪则通过硬件生态与垂直整合实现全链路协同。未来，随着固态电池、6G 通信等技术的突破，数据流管理将进一步向实时性、安全性、低能耗方向演进，而两者的竞争与合作将持续推动行业向更高阶的智能化阶段迈进。

任务3 动力电池管理核心技术分析

知识目标

1. 掌握动力电池均衡管理的核心方法及其应用场景。
2. 理解 SOC 估算的五大影响因素及精度提升策略。
3. 熟悉动力电池安全管理的关键功能及实现原理。
4. 了解电池管理系统(BMS)的通信架构。

能力目标

1. 能够使用均衡补电仪对成组电池进行补电均衡。
2. 熟练操作单体充放电仪,完成电池单体的充放电测试。
3. 规范使用万用表检测高压继电器参数,判断继电器工作状态。
4. 根据数据记录表,分析电池一致性,提出维修建议。

素质目标

1. 培养严谨操作习惯,确保设备连接可靠。
2. 强化风险预判能力,识别均衡过程中异常。
3. 提升团队协作意识,分工完成数据记录与设备操作。

思政目标

1. 践行"安全至上"理念,严格遵守《电动汽车用动力蓄电池安全要求》(GB 38031 - 2020),杜绝带电操作。
2. 倡导绿色维修技术,通过均衡管理延长电池寿命,减少资源浪费。
3. 弘扬工匠精神,追求"零误差"参数测量。

任务描述

一辆纯电动汽车的动力电池出现故障,经检测其中一块模组馈电。你能完成对动力电池的补电吗?

任务分析

完成此任务需要使用动力均衡补电仪和电池单体充放电仪,需采用万用表检测动力电池高压继电器。

知识储备

问题1 什么是动力电池电量管理?

电池电量管理(SOC 管理)是电池管理的核心内容之一,用于整个电池状态的控制、电动车辆续驶里程的预测和估计。由于动力电池荷电状态(SOC)的非线性,并且受到多种因素的影响,导致电池电量估计和预测方法复杂,准确估计 SOC 比较困难。

1. 电池荷电状态估算精度的影响因素

(1) 充放电电流　当充放电电流大于额定电流时,可充放电容量低于额定容量;反之,则大于额定容量。

(2) 温度　不同温度下电池组的容量不同,温度段的选择及校正因素直接影响电池性能和可用电量。

(3) 电池容量衰减　电池的容量在循环过程中会逐渐减少,因此电量的校准条件需要不断变化。

(4) 自放电　自放电电流主要与环境温度有关,具有不确定性,需要按实验数据修正。

(5) 一致性　电池组的电量是按照总体电池的电压来估算和校正的,电池单体差异较大将导致估算的精度误差很大。

2. 精确估计 SOC 的作用

(1) 保护动力电池　过充电和过放电都会对动力电池造成永久性的损害,严重缩短电池的使用寿命。因此准确控制电池 SOC 范围,可避免电池过充电和过放电。

(2) 提高整车性能　SOC 不准确,电池性能不能充分发挥,整车性能降低。

(3) 降低对动力电池的要求　准确估算 SOC,充分发挥电池性能,可降低对动力电池性能的要求。

(4) 提高经济性　选择较低容量的动力电池可以降低整车制造成本;由于提高了系统的可靠性,后期维护成本也会降低。

问题2　什么是动力电池均衡管理?

电池成组后,单体的不一致是引起耐久性、可靠性和安全性等问题的主要原因之一。由于新能源汽车类型和使用条件不同,对电池组功率、电压等级和额定容量的要求存在差别,而且电池类型不同,电池组中单体电池数量存在很大的差异。总体看来,单体数量越多,电池一致性差别越大,对电池组性能的影响也越明显。这种不一致严重影响电池组的使用效果,减少电池组的使用寿命。造成单体电池间差异的因素主要有以下 3 个方面:

(1) 电池制作工艺限制,即使同一批次的电池也不一致。

(2) 电池组中单体电池的自放电率不一致。

(3) 电池组使用过程中,温度、放电效率、保护电路对电池组的影响会导致差异的放大。

从电池集成和管理方面来看,主要可以从两个方面来缓解电池不一致带来的影响:成组前动力电池的分选,成组后基于电池组不一致产生的表现形式和参数的电池均衡技术。前者在保证电池组均衡能力方面是有限的,后者是保证电池组正常工作、延长电池寿命的必要模块和技术。

均衡系统是车载动力锂电池组管理系统的关键技术。均衡电路可以分为能量耗散型和非能量耗散型,或称为被动均衡和主动均衡。

能量耗散型均衡主要使能量较高的电池利用旁路电阻放电,损耗部分能量,达到电池组能量状态的一致。这种均衡结构以损耗电池组能量为代价,均衡电流不能过大,适用于小容量电池系统,以及能量能够及时补充的系统,如混合动力汽车。

非能量耗散型均衡本质上是利用储能组件和均衡旁路构建能量传递通道,将其从能量较高的电池直接或间接转移到能量较低的电池。

问题3 什么是动力电池安全管理?

电动汽车动力电池系统电压大大超过了安全电压,电气绝缘性能是电池安全管理的重要内容,绝缘性能的好坏不仅关系到电气设备和系统能否正常工作,更关系到人的生命财产安全。

动力电池安全管理系统主要有烟雾报警、绝缘检测、自动灭火、过电压和过电流控制、过放电控制、防止温度过高、发生碰撞关闭电源等功能。在极端工况下,通过电池安全管理系统应能实现动力电池的高压断电保护、过电流断开保护、过放电保护、过充电保护等功能。

问题4 动力电池通信管理涉及哪些部分之间的通信?

数据通信是电池管理系统的重要组成部分之一,主要涉及电池管理系统内部主控板与检测板之间的通信,电池管理系统与整车控制器、非车载充电机等设备间的通信。在有参数设定功能的电池管理系统上,还有电池管理系统主控板与上位机的通信。

● 任务实施

第一步:穿戴安全防护装备。

第二步:利用动力电池均衡补电仪进行成组电池补电均衡,如图3-3-1所示。

(1)充电准备阶段 设备在此阶级首先自检内部功能,完成后再检测外接电池状态。若设备无故障,进入充电阶段,否则进入故障阶段。

(2)充电阶段 设备进入充电阶段,控制内部充电模块开启,对电池恒流充电。同时判断每节电池是否充电完成,充电完成后停止对此节电池充电。直到所有电池完成充电后,系统进入充电完成阶段。

(3)充电完成阶段 设备停止所有电池充电,指示充电已完成。

(4)充电故障阶段 系统在其他阶段发生设备和电池故障时,进入故障阶段。当系统从故障恢复后,进入初始检测阶段重新开始充电。

(5)充电停止阶段 在显示控制器上点击"停止",设备停止输出,再点击"开启"时,累计充入电量从零开始记录。

(6)充电暂停阶段 在显示控制器上点击"暂停",设备停止输出,再点击"开启"时,累计充入电量从暂停前开始记录。

作业记录表

序号	作业项目	作业内容
1		
2		
3		
4		
5		

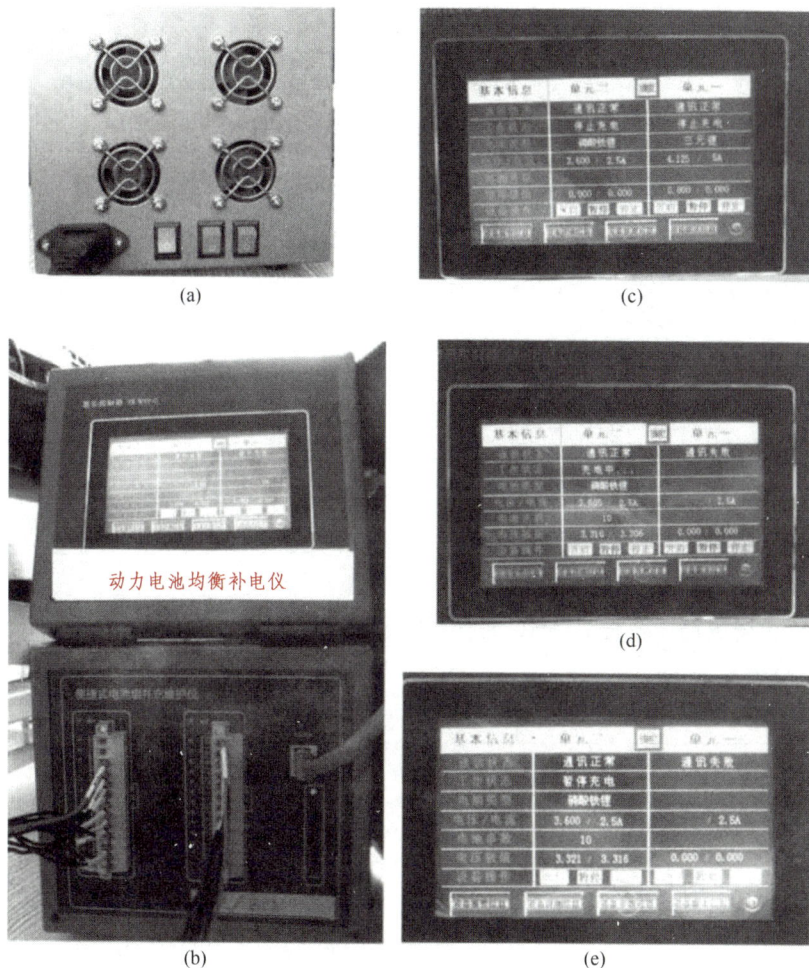

图 3-3-1 成组电池补电均衡的操作

第三步:利用电池单体充放电仪对电池单体进行充放电。

(1) 设备外观检查,接入交流电源。

(2) 旋紧航空插头,确保连接可靠。

(3) 连接电池单体,注意电池极性,红色鳄鱼夹接正极,黑色接负极,如图 3-3-2。

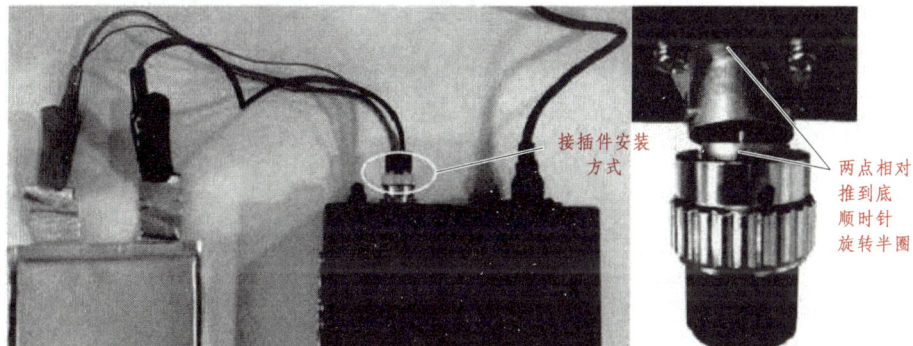

图 3-3-2 连接电池单体

（4）设备首先自检内部功能,完成后再检测外接电池状态,根据参数进入充电或放电模式,如图3-3-3所示。

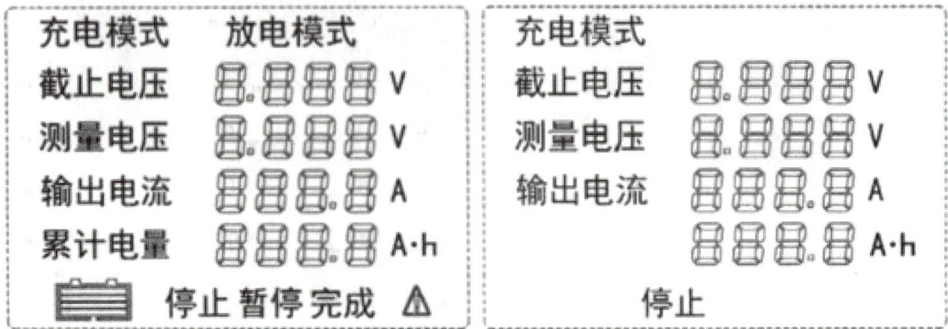

图3-3-3　充电、放电模式

（5）设备控制内部充电模块开启对电池恒流充电或恒流放电,工作完成后停止对此节电池充放电。

（6）按停止按键使设备停止工作,断开电源总开关,再解开鳄鱼夹,断开设备与电池单体的连接。

作业记录表

序号	作业项目	作业内容	
1	工作模式	充电:	放电:
2	截止电压	数值:	
3	累计电量	数值:	

第四步:采用数字万用表检测动力电池高压继电器,如图3-3-4所示。

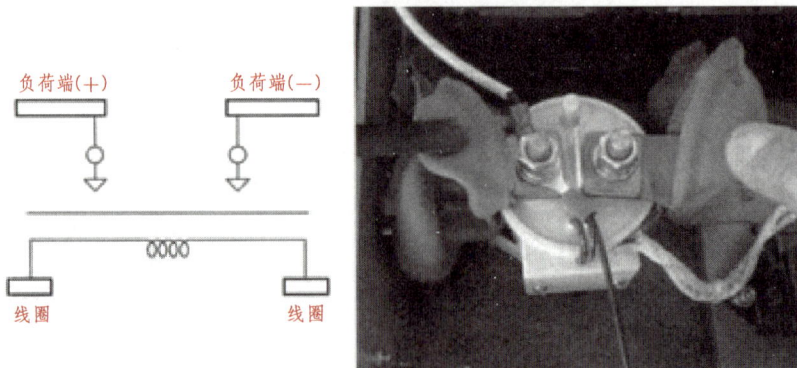

图3-3-4　检测动力电池高压继电器

（1）检查数字万用表功能。
（2）测量动力电池高压继电器线圈电阻。
（3）测量动力电池高压继电器线圈保持电流。
（4）测量动力电池高压继电器吸合电压。

（5）测量动力电池高压继电器释放电压。

作业记录表

序号	作业项目	作业内容
1	继电器线圈阻值	测量数值：
2	继电器线圈保持电流	测量数值：
3	继电器吸合电压	测量数值：
4	继电器释放电压	测量数值：

第五步：整理、整顿、清扫、清洁、安全。

任务评价

1. 任务实施前请填写任务工单。

任务工单

班级		组号		指导教师	
组长		学号			
组员	姓名	学号		姓名	学号

任务分工

任务准备

工作步骤

总分：　　　　　　分

2. 质量检验：

(1) 当充放电电流大于额定充放电电流时,可充放电容量低于额定容量。(　　　)

(2) 开路电压法是最简单的测量方法,主要是根据电池组开路电压来判断SOC的大小。(　　　)

(3) 电池内阻有交流内阻(常称交流阻抗)和直流内阻之分,它们都与SOC有密切关系,但交流阻抗是个复数变量,难以测量,所以一般是测量直流内阻。(　　　)

(4) 造成单体电池间差异的因素主要有(　　　)。

A. 电池制作工艺限制,即使同一批次的电池也会出现不一致

B. 电池组中单体电池的自放电率不一致

C. 电池组使用过程中,温度、放电效率、保护电路对电池组的影响会导致差异的放大

D. 以上都是

（5）能量耗散型均衡适用于小容量电池系统，以及能量能够及时得到补充的系统。（　　）

（6）均衡系统从两个方面来缓解电池不一致带来的影响：成组前动力电池的分选；成组后基于电池组不一致产生的表现形式和参数的电池均衡技术。（　　）

（7）非能量耗散式均衡本质上是利用储能组件和均衡旁路构建能量传递通道，将其从能量较高的电池直接或间接转移到能量较低的电池。（　　）

（8）在极端工况下，通过电池安全管理系统应能实现动力电池的（　　）功能。

A. 高压断电保护　　B. 过电流断开保护　C. 过放电保护　　　D. 过充电保护

（9）能量非正常释放的表现形式有两种：电能释放（电击）和化学能释放（燃烧与爆炸）。（　　）

（10）数据通信是电池管理系统的重要组成部分之一，主要涉及电池管理系统内部主控板与检测板之间的通信，电池管理系统与整车控制器、非车载充电机等设备间的通信。（　　）

3. 动力电池组参数识读作业评价：

项目	评价内容	学生自评（30%）	小组互评（30%）	教师评价（40%）
素质评价（30%）	遵守纪律，遵守学习场所管理规定，服从安排（5分）			
	具有安全意识、责任意识、5S管理意识，注重节约、节能与环保（5分）			
	学习态度积极主动，积极参加实习活动（5分）			
	具有团队合作意识，注重沟通，能自主学习及相互协作（10分）			
	仪容仪表符合活动要求（5分）			
技能评价（70%）	能按时按要求独立完成任务工单（40分）			
	工具、设备选择得当，使用符合技术要求（10分）			
	操作规范，符合要求（5分）			
	学习准备充分、齐全（10分）			
	注重工作效率与工作质量（5分）			
本次得分				
最终得分				
教师反馈		教师签名： 　　年　　月　　日		

◯ 知识补充

新能源汽车动力电池管理系统(BMS)均衡策略对比分析

动力电池管理系统(BMS)的均衡策略是保障电池组一致性、延长寿命及提升续航的核心技术。不同车企基于电池特性、成本控制和技术路线选择,形成了差异化的均衡方案。特斯拉以高一致性电池和高效热管理为基础,采用被动均衡技术;比亚迪则依托全产业链整合能力,通过优化被动均衡策略适配磷酸铁锂电池特性。

一、均衡技术原理与车企选择动因

1. 特斯拉:被动均衡的高效适配

特斯拉采用被动均衡技术,通过并联电阻对高电压电芯放电,以热量形式消耗多余能量。其技术路径的成功依赖两大核心条件:

(1)电池一致性优势　特斯拉早期搭载的松下 18650 三元锂电池,生产一致性极高,全生命周期内电芯差异扩幅较小,被动均衡即可满足需求。

(2)热管理协同　液冷系统与四通阀设计,确保电芯温度均匀,减少因温差导致的容量偏移,进一步降低均衡压力。例如,Model S 的 7 000 余节电池单体均衡电流仅 0.1 A,整体功耗不足汽车大灯功率,对续航影响微乎其微。

2. 比亚迪:被动均衡的精细化策略

比亚迪以刀片电池(磷酸铁锂)为核心,同样采用被动均衡,但针对其电压-电量曲线平缓的特性优化了触发逻辑:

(1)低电量触发机制　磷酸铁锂电池在低电量(<20%)时电压差异显著,BMS 通过强制放电至低电量后慢充,精准识别需均衡的电芯,并以 30 mA 小电流放电,单次均衡耗时可达 20 h。

(2)用户场景适配　要求用户定期完成"满充满放+持续插枪"操作,通过充电枪的 CC/CP 信号维持均衡状态。例如,比亚迪秦需保持充电枪连接 5 h 以上,方可完成单次有效均衡。

3. 技术选择动因对比

特斯拉通过"先天一致性+后天热管理"减少均衡需求,技术路线简洁高效;比亚迪因磷酸铁锂电池电压特性复杂,需通过策略优化+用户行为引导弥补被动均衡效率短板。

二、技术实现与性能影响

1. 均衡效率与能量损耗

(1)特斯拉　被动均衡电流 0.1 A,单次均衡能量损耗约几十瓦,但因电池组整体差异小,均衡频率低,综合能效较高。

(2)比亚迪　均衡电流仅 30 mA,单次均衡耗时长(约 20 h),且需多次循环(建议 3 次)才能显著改善压差。以秦为例,均衡后电池组顶端电荷压差可从 380 mV 降至 340 mV,但能量利用率仍低于主动均衡方案。

2. 成本与可靠性

(1)被动均衡成本优势　两者均采用电阻放电方案,硬件结构简单。例如,德州仪器 bq76PL455A 芯片支持被动均衡,单个器件可管理 16 节电池,成本较主动均衡芯片降低 30% 以上。

(2) 系统可靠性差异　特斯拉的集中式 BMS 架构与高精度算法(如卡尔曼滤波)降低了误均衡风险;比亚迪则通过分区域管理策略减少信号延迟,但用户操作不当易导致均衡失效。

3. 对电池寿命的影响

特斯拉的被动均衡因电池差异小,长期使用对寿命影响有限,Model S 电池组 8 年容量保持率可达 80% 以上。

比亚迪的被动均衡需频繁触发,若用户未按规范操作(如长期快充),可能导致局部电芯过放或过充,加速衰减。典型案例中,秦车主通过 OBD 监测发现,未均衡时顶端电荷压差达 380 mV,均衡后降至 340 mV,但仍需定期维护以延缓衰减。

三、用户场景与行业适应性

1. 用户使用习惯差异

(1) 特斯拉　无需用户干预,BMS 在静置时自动触发均衡,适配追求"无感管理"的高端用户。

(2) 比亚迪　依赖用户完成慢充、满充满放等操作,适合具备私人充电桩且、且时间充裕的车主。若长期快充或忽略均衡,易导致电池性能下降。

2. 技术路线与市场定位

(1) 特斯拉　代表"软件定义硬件"路径,通过算法优化弥补被动均衡局限,适配全球化高端市场。

(2) 比亚迪　依托垂直整合能力,以低成本被动均衡适配中端市场,并通过刀片电池结构创新(如 CTB 技术)提升空间利用率和安全性,弥补均衡效率短板。

3. 行业标准与法规影响

强制要求"不起火、不爆炸",推动比亚迪优化热失控防护策略,其被动均衡需与结构创新(如针刺不起火设计)协同。欧美市场对 BMS 功能安全标准(如 ISO26262)要求严格,特斯拉通过冗余设计(双 MCU)及高精度传感器满足 ASIL-D 等级,被动均衡方案在此框架下仍具竞争力。

四、未来趋势与技术创新

1. 智能化均衡策略

(1) 特斯拉　探索 Dojo 超算平台训练均衡算法,实现动态调整均衡阈值。例如,根据用户充电习惯优化均衡触发时机,减少无效能耗。

(2) 比亚迪　开发云端电池管理系统,通过历史数据预测电芯衰减趋势,指导用户精准执行均衡操作,提升策略有效性。

2. 硬件融合创新

(1) 主动均衡的局部应用　比亚迪在商用车领域试水主动均衡,采用电感式能量转移方案,均衡电流提升至 2 A,缩短耗时。

(2) 固态电池适配　未来固态电池的高一致性可能推动被动均衡进一步简化,但初期生产差异仍需主动均衡辅助,两者或呈互补态势。

3. 标准化与生态协同

特斯拉推动 V4 超充桩与 BMS 数据互通,实时上传电池健康参数,为均衡策略提供外部环境支持。比亚迪联合华为开发 V2X 系统,将单车均衡数据接入城市电网,优化充电桩资源分配,实现"车-桩-云"协同管理。

　　特斯拉与比亚迪的 BMS 均衡策略差异,本质上是技术路线与市场定位的双重映射。特斯拉以高一致性电池与算法优势,验证了被动均衡在高端市场的可行性;比亚迪则通过策略优化与用户教育,探索出低成本被动均衡的实用路径。未来,随着固态电池与智能网联技术的突破,BMS 均衡将向更高精度、更低能耗方向演进,而两者的技术竞争将持续推动行业向安全、高效、智能化迈进。

任务4 动力电池管理系统检测

知识目标

1. 掌握动力电池管理系统的 5 种工作模式及其触发条件与状态特征。
2. 理解 BMS 核心控制参数的原理与实现方式。
3. 熟悉动力电池故障级别分类及其对整车安全的影响,掌握故障响应策略。
4. 了解 BMS 低压线束端子的定义与电路图解读方法。

能力目标

1. 能够使用诊断仪读取 BMS 数据流,分析异常参数并定位故障模块。
2. 熟练检测 BMS 电源电路、CAN 线通路,排除断路或短路问题。
3. 规范执行高压系统中止流程。
4. 根据电路图快速修复低压线束连接器故障。

素质目标

1. 培养严谨细致的操作习惯,确保检测数据精确。
2. 强化风险预判能力,识别高压系统潜在危险。
3. 提升团队协作意识,分工完成数据记录与设备操作。

思政目标

1. 践行"生命至上"理念,严格遵守《电动汽车高压系统维修安全规范》(GB/T 18384),杜绝带电作业。
2. 倡导绿色维修技术,通过精准故障诊断延长电池寿命,减少资源浪费与环境污染。
3. 弘扬工匠精神,追求"零失误"维修标准。

任务描述

一辆纯电动汽车的动力电池故障指示灯显示红色,初步判断是电池管理系统方面的问题,要求你利用诊断仪器进一步诊断,你能完成这项任务吗?

任务分析

完成此项任务需要准确识读实训车型的电路图,并掌握 BMS 系统的线路检测方法。

知识储备

问题1 动力电池管理系统的工作模式有哪些?

电池管理系统有 5 种工作模式,即下电模式、准备模式、上电模式、充电模式及故障模式。

1. 下电模式

在下电模式下,整个系统的低压与高压部分处于不工作状态的模式。动力电池管理系统控制的所有高压继电器均处于断开状态;低压控制电源处于不供电的状态,只有动力电池内部控制器的低压常供电有静态维持电流。

2. 准备模式

系统所有的继电器均处于未吸合状态。系统接收到外界起动钥匙 ON 挡位信号,以及整车控制器、电机控制器、充电插头开关等部件发出的硬线信号,或收到 CAN 报文控制的低压信号后,动力电池管理系统控制初始化,自检完成后,电池管理系统进入下一步上电模式。

3. 上电模式

电池管理系统自检合格,检测到起动钥匙的高压上电信号后,系统将首先闭合负极继电器。由于驱动电机是感性负载,驱动电机控制器内部电路有大电容,为防止过大的电流冲击,负极继电器闭合后,先闭合与正极继电器并联的预充电阻和预充继电器,进入预充电状态;当电机控制器内电容两端电压达到母线电压的 90% 时,立即闭合正极继电器,延迟 10 ms 后,断开预充继电器进入放电模式。

4. 充电模式

电池管理系统检测到充电唤醒信号时,系统即进入充电模式。在该模式下正极、负极继电器闭合。为保证低压控制电源持续供电,DC/DC 变换器需处于工作状态。

在充电模式下,动力电池管理系统不响应起动钥匙发出的任何指令,充电插件发出的充电唤醒信号作为充电模式的判定依据。

磷酸铁锂电池在低温条件下的充电特性不好。从充电安全考虑,在进入充电模式之前,判别系统温度。当电池温度低于 0℃ 时,系统进入充电预热模式。接通电池内加热继电器,向铺设在电池箱内的加热毯供电,对电池模组预热。当电池内的温度高于 0℃ 时,系统可进入充电模式,即闭合正极、负极继电器。

5. 故障模式

由于动力电池具有高电压,关系到使用者和维修人员的人身安全,动力电池管理系统对于各种工作模式采取“安全第一”的原则。对于故障的响应还需根据故障等级而定。故障级别较低,系统可采取报错或发出轻微报警信号告知驾驶人;故障级别较高,甚至伴随有危险时,系统将采取断开高压继电器的控制策略。

问题 2　动力电池管理系统有哪些控制参数?

由电池管理系统(电池管理器)控制 SOC、蓄电池冷却风扇,检测绝缘异常(以普锐斯为例介绍)。

1. SOC 控制

SOC 指示动力电池的充电状况,即充电率。通常是依据电池组电压、电流和温度 3 个数据来计算的。SOC 以百分率数字表示,荷电量为 0 时表示电池组被完全放电,荷电量为 100% 则表示电池组处于电量慢充状态。电池组的控制系统必须确保电池组既不能过度充电也不能过度放电。

尽管不同车辆的荷电量范围有所不同,典型的传统(非插电式)混合动力汽车 SOC 的范围下限约为 40%,上限约 70%。带充电系统的新能源汽车,无论是插电式混合动力汽车还是插电式电动汽车,其下限为 $15\% \sim 25\%$,上限为 $85\% \sim 95\%$。这些数值可以通过适当的解码器来查看。有些数据流还会显示不同电池组 SOC 之间的差值或增量。这种差异的程度可以帮助技术人员辨认出电池组荷电量是否均衡。

动力电池组经过反复的充电/放电循环。在加速过程中放电,在减速过程中由再生制动充电。电池管理系统始终根据计算出的充电/放电级进行充电/放电控制,以使 SOC 保持接近目标水平。如图 3-4-1 所示,SOC 的控制目标值约为 60%。最大值约为 80%(通常控制上限约为 75%),最小值约为 20%(通常控制下限约为 30%),可以通过故障诊断仪查看。

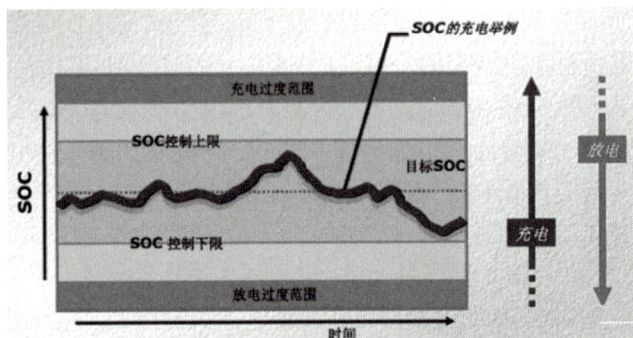

图 3-4-1 SOC 充电示例

(1) SOC 计算依据参数 根据动力电池组电流、电压和温度计算 SOC。

(2) 根据电池管理器计算 SOC 判断有无差异 电池管理系统可根据电池管理器(一个单元包含 2 个模块)计算 SOC,$\Delta SOC = SOC$ 差/SOC 值,如图 3-4-2 所示。各模组的电压和 ΔSOC 也可以通过故障诊断仪的 ECU 数据表查看。

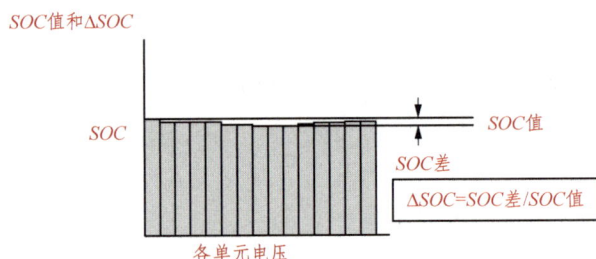

图 3-4-2 根据电池管理器计算 SOC

(3) SOC 显示(能源监视器) 很多混合动力汽车和纯电动汽车都设计了动力电池组荷电量信息显示界面。但这种显示界面为用户做了简化,其显示的荷电量数据并不一定很准确。除非汽车厂家维修手册另有说明,否则技术人员必须参考故障诊断仪的数据,来确定动力电池组的荷电量。SOC 显示根据车辆的不同而不同。

2. 动力电池组冷却风扇控制

电池管理器检查动力电池温度并在温度升高时适时控制冷却风扇,将动力电池温度控制在适当水平。车辆静止时冷却风扇高速运转将产生很大噪声。因此,电池管理器控制冷却风扇的转速,将噪声降低至最低级别。电池管理器适当控制冷却风扇转速,如图 3-4-3 所示,控制方式根据车型的不同而不同。

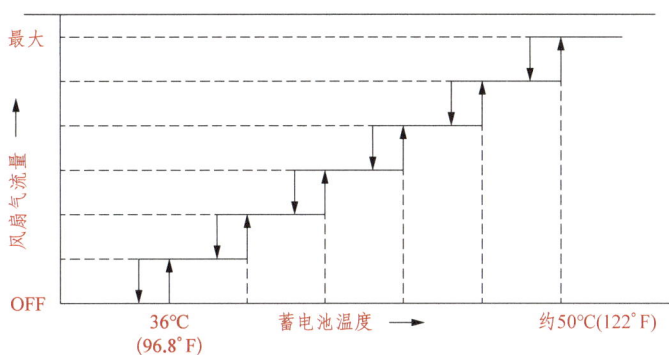

图 3 - 4 - 3 动力电池组冷却风扇控制

3.绝缘电阻监控

为安全起见,新能源车辆高压电路与车身接地绝缘。内置于电池管理器的漏电检测电路持续监视高压电路和车身接地之间的绝缘电阻是否保持不变。正对地绝缘阻值及负对地绝缘阻值均大于等于 $500\ \Omega/V$ 为合格,小于 $500\ \Omega/V$ 为不合格。

高压漏电检测电路通常位于混合动力汽车或电动汽车的电池管理器中。一个典型的漏电检测电路中基本包含一个交流电源、一只电压表和一个含有大电阻的电路,如图 3 - 4 - 4所示。

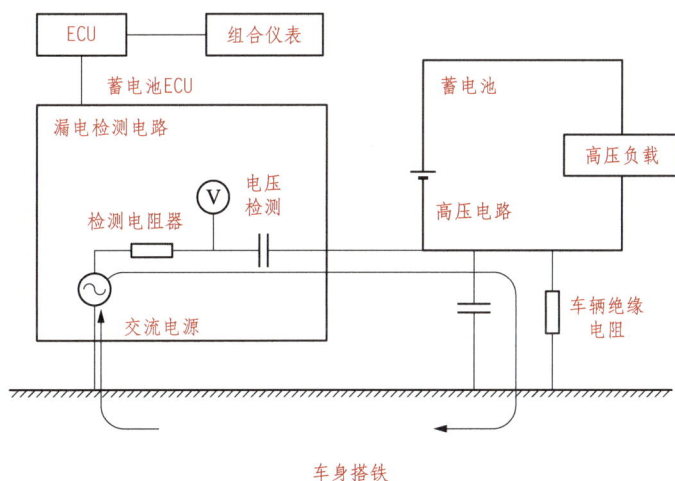

图 3 - 4 - 4 交流电源检测绝缘电阻

交流电流经检测电阻器、电容器,与车身接地。该大电阻电路需连接低压底盘接地和高压直流电路的最低点位点(负极端口)。电池管理器(蓄电池 ECU)漏电检测电路,监测该电路中的电阻变化并判断是否出现漏电故障。通常情况下,生成诊断故障码的电阻下限阈值大约是 $400\ k\Omega$。

有些混合动力汽车和电动汽车会一直监测高压电路可能出现的故障,而有的车辆却只在车辆上电(READY 为 ON)或下电(READY 为 OFF)时监控高压电路。有些车辆只用单个漏电检测电路来监控所有的高压电路,有的车辆则可能会使用一个以上的漏电检测电路。

问题 3　动力电池管理的系统故障级别如何分类？

根据故障对整车的影响，动力电池管理系统故障划分为 3 个等级：

（1）一级故障（非常严重）　动力电池上报该故障一段时间后，可能整车出现安全事故，如起火、爆炸、触电等。一旦上报该故障，表明动力电池处于严重滥用状态。

（2）二级故障（严重）　动力电池上报该故障会造成整车进入跛行、暂时停止能量回馈、停止充电。一旦上报该故障，表明动力电池某些硬件出现故障或动力电池处于非正常工作条件下。

（3）三级故障（轻微）　动力电池上报该故障对整车无影响或不同程度地造成整车进入限功率行驶状态。一旦上报该故障，表明动力电池处于极限环境温度下或单体电池一致性出现一定劣化等。

任务实施

第一步：根据电路图，掌握动力电池的低压控制插件各端子的含义，如图 3-4-5、表 3-4-1、图 3-4-6、表 3-4-2 所示。

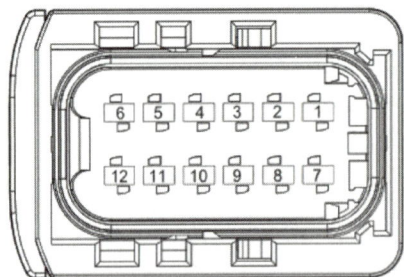

图 3-4-5　CA69 动力电池低压线束连接器 1　　图 3-4-6　CA70 动力电池低压线束连接器 2

表 3-4-1　**CA69 动力电池低压线束连接器 1 插接件端子的含义**

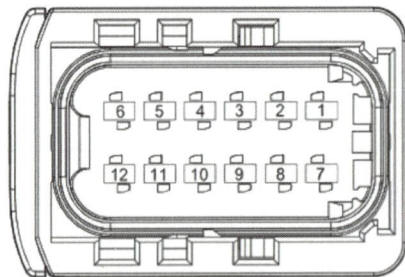

端子号	端子定义	颜色
1	常电 12 V	R/L
2	电源地 GND	B
3	整车 P CAN-H	Gr/O
4	整车 P CAN-L	L/B
5	—	—
6	Crash 信号	L/R
7	IG2	G/Y
8	—	—

（续表）

端子号	端子定义	颜色
9	快充插座正极柱温度＋	W/L
10	快充插座正极柱温度－	G/Y
11	诊断接口 CAN－H	L/W
12	诊断接口 CAN－L	Gr

表 3－4－2　CA70 动力电池低压线束连接器 2 插接件端子的含义

端子号	端子定义	颜色
1	快充 DC CAN－H	O/L
2	快充 DC CAN－L	O/G
3	快充 CC2	Br
4	快充 wake up	R
5	快充 wake up GND	B/R
6	—	—
7	—	—
8	—	—
9	—	—
10	—	—
11	快充插座正极柱温度＋	B/Y
12	快充插座正极柱温度－	B/W

第二步：穿戴安全防护装备。

第三步：检查 BMS 电源电路。

（1）测量蓄电池电压。

（2）操作启动开关，使电源模式至 ON 状态，测量 BMS 模块线束连接器 CA69 端子 1、7 对车身接地的电压，电压标准值为 11～14 V，如图 3－4－7 所示。

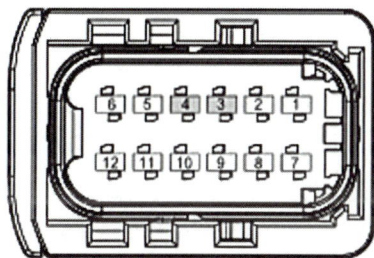

图 3－4－7　检查 BMS 电源电路的电压

（3）如无电压，则操作启动开关，使电源模式至 OFF 状态。检查前机舱熔丝盒 EF01（10A）、IF18（10A）熔丝是否烧坏，如烧坏则更换熔丝。

（4）如熔丝正常，则检测线束连接器 CA69 端子 1、7 与前机舱熔丝盒 EF01（10A）、IF18（10A）之间电路是否导通。

（5）如正极电路正常，则检查线束连接器 CA69 端子 2 与车身接地之间的电阻值，电阻标准值小于 1Ω。不符合标准值则检修负极电路。

第四步：CAN 线通路检查。

（1）操作启动开关使电源模式至 OFF 状态。

（2）断开蓄电池负极电缆并做好防护。

（3）开端 BMS 模块线束连接器 CA69，从 VCU 上断开线束连接器 CA66。

（4）测量 BMS 模块线束连接器 CA69 端子 3 与 VCU 模块线束连接器 CA66 端子 7 之间的电阻值，电阻标准值小于 1Ω，如果不符合标准则修理或更换线束。

第五步：测量 BMS 模块线束连接器 CA69 端子 4 与 VCU 模块线束连接器 CA66 端子 8 之间的电阻值，电阻标准值小于 1Ω，如不符合标准则修理或更换线束，检测方法如图 3-4-8 所示。

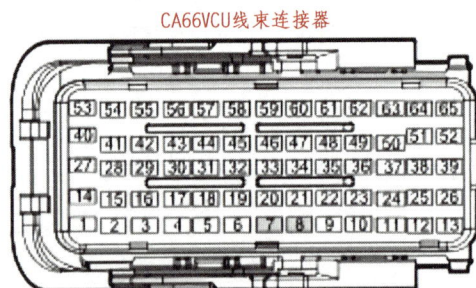

图 3-4-8　测量 BMS 模块与 VCU 模块之间是否导通

第六步：整理、整顿、清扫、清洁。

任务评价

1. 新能源实训车进入维修工位,请在更换车载充电机前填写任务工单。

任务工单

班级		组号		指导教师	
组长		学号			
组员	姓名	学号		姓名	学号

任务分工

任务准备

工作步骤

总分:　　　　　分

2. 质量检验:

(1) BMS一旦上报(　　)故障表明,动力电池处于极限环境温度下或单体电池一致性出现一定劣化等(　　)。

　　A. 一级故障　　　　B. 二级故障　　　　C. 三级故障

(2) 一个典型的漏电检测电路中基本需包含一个(　　)、一只(　　)和一个含有(　　)的电路。

　　A. 交流电源　　　　B. 电压表　　　　C. 大电阻

(3) 当电池管理系统自检合格后,检测到起动钥匙的高压上电信号后,系统将首先闭合(　　)。

　　A. 负极继电器　　　　　　　　B. 正极继电器

　　C. 预充继电器　　　　　　　　D. 以上都不是

(4) 电池管理系统有 5 种工作模式,即下电模式、准备模式、上电模式、充电模式及故障模式。(　　)

(5) 在下电模式下,动力电池内部控制器的低压常供电有静态维持电流。(　　)

(6) 在准备模式时,系统所有的继电器均处于吸合状态。(　　)

(7) 在充电模式下 DC/DC 变换器需处于工作状态。(　　)

(8) 电池管理器的漏电检测电路持续监视高压电路和车身接地之间的绝缘电阻是否保持不变。(　　)

(9) SOC 是依据电池组电压、电流和温度 3 个数据来计算的。(　　)

(10) 电池管理器通过检查动力电池温度并在温度升高时控制冷却风扇,将动力电池温度控制在适当水平。(　　)

3. 电池管理系统电路检查作业评价表:

项目	评价内容	学生自评(30%)	小组互评(30%)	教师评价(40%)
素质评价(30%)	遵守纪律,遵守学习场所管理规定,服从安排(5分)			
	具有安全意识、责任意识、5S 管理意识,注重节约、节能与环保(5分)			
	学习态度积极主动,积极参加实习活动(5分)			
	具有团队合作意识,注重沟通,能自主学习及相互协作(10分)			
	仪容仪表符合活动要求(5分)			
技能评价(70%)	能按时按要求独立完成任务工单(40分)			
	工具、设备选择得当,使用符合技术要求(10分)			
	操作规范,符合要求(5分)			
	学习准备充分,齐全(10分)			
	注重工作效率与工作质量(5分)			
本次得分				
最终得分				
教师反馈		教师签名:　　　　　　　　　　　　　年　　　月　　　日		

知识补充

新能源汽车动力电池无线 BMS(wBMS)技术解析

在新能源汽车驶向轻量化与智能化的航道上,无线电池管理系统(wBMS)如同一座崭新的灯塔,照亮了动力电池技术前行的方向。它以一种简洁而高效的方式,摆脱了传统 BMS 线束的束缚,为电池管理带来了一场变革。

一、wBMS 技术:解锁无线潜能

wBMS 的精髓在于用无线通信协议取代传统线束,搭建起电池模组与主控单元之间的"空中通道"。目前,有 4 种主流技术方案:

(1) ADI SmartMesh　基于 2.4 GHz 频段,凭借时间同步通道跳频(TSCH)技术与多路径冗余通信,如同在复杂电磁环境的"暴雨"中,仍能稳稳撑起可靠性达 99.999% 的"保护伞",为电池数据传输保驾护航。

(2) TI 专有协议　以低功耗蓝牙(BLE)为"地基"优化而来,支持星形网络配置,其延迟低于 2 ms,数据包错误率低至 10^{-7},宛如在高实时性场景需求的"快车道"上疾驰,能迅速捕捉电池状态的瞬息万变。

(3) UWB 技术　恩智浦(NXP)推出的超宽带方案,利用高带宽脉冲抗干扰,在反射壳体环境这座"迷宫"里,依然能实现稳定传输,有望为 wBMS 的性能提升打开新的大门。

(4) DDA 协议　盛路物联研发的国产化方案,凭借成本优势,能支持高密度数据采集与同步通信,如同为大型储能系统量身定制的"节拍器",让成本降低达 10%,有力推动了 wBMS 在储能领域的应用。

这些技术背后,是科研人员对挑战的逐一攻克:

(1) 抗干扰设计　ADI 的 SmartMesh 通过自适应跳频和冗余路径,如同在车水马龙的信息"十字路口"灵活变道,规避信号干扰;TI 的动态信道选择算法则是精准"导航",只为提升稳定性。这些手段让复杂车辆电子环境中的电池数据传输,也能像在安静书斋中翻阅书籍般精准无误。

(2) 低功耗优化　部分方案将路由节点功耗榨低至 50 μA,就像给电池静置状态下的监测装上了一副"节能眼镜",不必担心功耗过快消耗电池"体力",能时刻紧盯电池的细微变化,延长其使用寿命。

(3) 安全加密机制　采用 128 位端到端加密、消息完整性校验及设备身份认证,如同给电池系统铸就了一套无形的"盔甲",满足 ASIL-D 功能安全标准,让未经授权的访问和数据篡改无机可乘。

二、wBMS 的核心优势:多维度的跃迁

1. 提升能量密度与续航能力

wBMS 凭借减少线束 90% 以上,如同为电池包进行了一场"空间魔法",空间利用率提升 15%。每减少 3 m 线束,电池包重量减轻 1 kg。这意味着在同等体积下,车辆能驮着更多电量上路,或甩掉多余负担降低能耗。例如通用奥特能平台,借助 wBMS 实现 CTC(Cell-to-Chassis)集成,一举将续航里程拉升 5%～10%,让用户的出行半径大幅延伸。

2. 优化生产与维护效率

(1) 装配简化　上汽通用工厂引入无线质检,机械臂化身"数据使者",直接读取电池数据,繁杂插拔工序就此"下岗",生产效率提升30%,不仅省了成本,还让生产中的质量控制更上一层楼。

(2)模块化设计　电池包如同乐高积木,模组数量灵活可变,适配8/10/12不同车型配置,汽车制造商设计、生产规划如"行云流水",轻松应对市场多元需求。

(3)全生命周期管理　wBMS支持梯次利用与回收场景的无线监测,特斯拉电池退役后无缝衔接储能系统,无需重新布线,电池回收再利用变得前所未有的简洁,资源利用率拔节生长,全生命周期成本应声而落。

3. 成本与安全性突破

物料成本骤降30%～50%,维护成本因线束故障率下滑而减少20%,新能源汽车的制造、使用成本就此"瘦身",竞争力油然而生。与此同时,wBMS与热管理的"默契配合",通用奥特能电池包增加排气通道与安全阀,结合无线监测,热失控预警响应时间压缩至50 ms以内,为驾乘人员与车辆安全筑牢防线。

三、行业应用与典型案例:从萌芽到苗壮

(1)通用奥特能平台　全球首个量产wBMS平台。通用奥特能平台依仗ADI SmartMesh技术,电池包线束锐减90%,能量密度突破200 Wh/kg大关,在凯迪拉克LYRIQ等车型上成功落地,为行业商业应用树起标杆。

(2)盛路物联DDA方案　全球首个大型储能无线BMS系统花落盛路物联DDA方案,在发电侧与工商储能场景落地生根,单GWh储能成本狂降1.7亿元,千级节点同步管理信手拈来,储能领域的成本困局与管理难题迎刃而解。

(3)恩智浦UWB方案　2025年,恩智浦Trimension UWB技术崭露头角,其优越的抗反射性能,支持机械与电气设计分离,有望为车型平台开发按下"加速键",推动行业技术升级。

(4)华为与宁德时代的星闪技术　基于国产星闪协议,这股技术新势力支持百量级电芯独立监测,全面覆盖车载、储能场景,从模组到电芯级的数据闭环就此达成,为性能优化、安全运行注入强心剂。

四、挑战与未来发展趋势:破局与展望

1. 技术挑战

(1)通信稳定性　在复杂电磁环境这场"硬仗"中,要将延迟死死按在2 ms以内、丢包率控制小于0.001%,仍是技术优化的"攻坚阵地",这直接关乎电池数据的"生命线",决定了车辆能否安全驰骋。

(2)标准化缺失　不同厂商协议互操作性差,宛如一座"孤岛",限制了wBMS技术大规模推广。推动行业统一标准建立,如欧盟《新电池法》推动NFC技术标准化,已然迫在眉睫。

2. 法规与市场驱动

(1)欧盟《新电池法》　2027年起电池需具备"护照"功能,这股东风将推动NFC、UWB等低功耗技术在wBMS中广泛应用,企业技术创新、产品研发刻不容缓。

(2)中国《电动汽车用动力蓄电池安全要求》(GB38031－2025)　热失控防护标准的强化,倒逼wBMS与结构创新携手共进,为新能源汽车安全运行筑牢根基。

3. 未来技术融合方向

(1)AI与云端协同　华为"端＋云＋AI"BMS平台借助历史数据训练SOC估算模型,

精度精准到±2%,如同为电池管理配上"智囊团",精准预测、管理电池状态,优化其性能与寿命。

（2）智能地址分配　天合储能专利实现无线设备地址自动校准,人工干预误差就此"退场",运维成本降低,系统可靠性、稳定性稳步攀升。

（3）固态电池适配　未来高一致性固态电池有望给 wBMS 架构"瘦身",但初期仍需主动均衡技术"助力"。wBMS 与固态电池携手共进,动力电池技术新篇就此展开。

无线 BMS 技术正以其革新的力量,推动新能源汽车动力电池系统向轻量化、智能化大步迈进。未来,随着技术标准化、AI 融合、政策驱动不断深入,wBMS 必将稳稳占据新能源汽车产业链核心竞争力 C 位,源源不断地为行业可持续发展输送新动能,为用户开启更安全、高效、便捷的出行之门,助力新能源汽车产业蓬勃发展。

项目四

动力电池热管理系统检修

项目情境

　　动力电池热管理系统(battery thermal management system,BTMS)是电动汽车动力电池系统的重要组成部分,它不仅对动力电池性能、寿命、安全等有重要影响,而且是电动汽车整车热管理的重要组成部分。动力电动热管理系统的功能是在电池温度较高时有效散热,防止产生热失控;在电池温度较低时预热,提升电池温度,确保低温下的充、放电性能;减小电池组及内部的温度差异,抑制局部热区的形成,防止高温位置的电池性能衰减过快,提升电池组整体寿命。

```
                              ┌─ 1. 冷却系统的检查与冷却液加注
  动力电池热管 ─┤
  理系统检修      └─ 2. 冷却系统常见故障排除
```

任务1　冷却系统的检查与冷却液加注

知识目标

1. 理解电动汽车冷却系统与传统汽车冷却系统在热源、散热方式及功能上的区别。
2. 掌握动力电池发热的四大原因。
3. 熟悉动力电池热管理系统的功能。
4. 掌握冷却系统的常规检查步骤。
5. 了解冷却液的加注流程及注意事项。

能力目标

1. 能够独立完成冷却系统的常规检查。
2. 能够规范操作冷却液的排放、加注及循环测试。
3. 能根据车型选择适当的冷却方式(风冷、液冷、相变材料)并进行维护。

素质目标

1. 培养严谨的操作习惯和安全意识。
2. 提升环保意识。
3. 强化团队协作能力。

思政目标

1. 树立职业责任感。
2. 培养可持续发展理念。
3. 增强服务意识。

任务描述

一辆纯电动汽车按照保养手册要求,来店做保养,要求对冷却系统进行常规检查和保养。你能完成这个任务吗?

任务分析

完成此项任务需要掌握冷却系统的常规检查项目和冷却液加注要点。

知识储备

问题1　电动汽车冷却系统与传统汽车冷却系统有什么区别?

传统汽车中发动机工作时,汽缸内的温度高达2000℃,若不及时冷却,将造成发动机零部件温度过高。尤其是直接与高温气体接触的零件,会因受热膨胀,影响正常的配合间隙,导致运动部件受阻甚至卡死。而冷却系统可以在发动机工作时合理调节温度,带走发动机因燃烧所产生的热量,使发动机各部件保持在正常的工作温度。

电动汽车冷却系统的功能要求与传统汽车的基本相同。但是,由于两者的结构和原理的差异导致了热源及其散热方式的不同。纯电动汽车关键零部件,如电池、电机、电机控制器及充电机等,在能量转化过程中产生大量的热量。如果不能够及时地散发出去,将导致车辆功率下降甚至损坏零件。电动汽车冷却系统如图4-1-1所示,其功用是将电机、电机控制器及充电机产生的热量及时散发出去,保证其在要求的温度范围内高效稳定地工作。

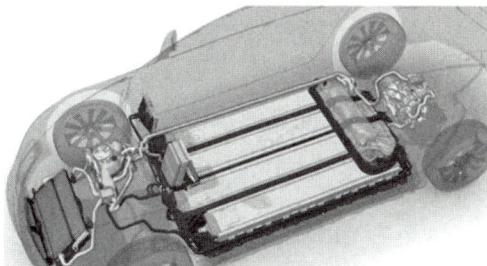

图4-1-1 电动汽车冷却系统

问题2 动力电池为什么会发热?

动力电池充电、做功时发热,一直阻碍着电动汽车的发展。动力电池的性能与电池温度密切相关。40~50℃以上的高温会明显加速电池的衰减,更高的温度(如120~150℃以上)则会引发电池热失控。

例如,镍氢电池电化学反应原理决定了镍氢电池在充放电过程中会产生热。生热原因主要有4个:电池化学反应生热、电池极化生热、过充电副反应生热以及内阻焦耳热。

如果把电池内部所有的物质如活性物质、正极和负极、隔板等假定为一个具有相同特性的整体,其内部的热传导性较好,使电池内部单元等温。由于电池壳体基本不产生热量,因而其温度与电池内部的温度非常接近。由表4-1-1可以看出,电池经过电流充放工况后,电池的最高温度和最低温度与电池平均温度之差在4.2℃左右,电池的最高温度在35.5℃左右。

表4-1-1 放电前后电池箱电池温度对照

工况	最高温度/℃	最低温度/℃	平均温度/℃
放电前	30.2	29.2	29.7
放电后	35.5	32.3	33.9

问题3 动力电池热管理系统有什么功能?

动力电池使用热管理系统保持电池温度在正常范围内。镍氢电池和锂离子电池最好保持在20~40℃温度区间内工作,这与人类感觉舒适的温度基本一致。电性能在冰点以下温度时变差。温度高于40℃会导致充电效率降低,加速各类失效模式的进程,减少寿命。过高的温度也会导致安全问题。图4-1-2为动力电池组的热管理系统示意图。

动力电池热管理系统主要有以下功能。
(1)电池温度的准确测量和监控。
(2)电池组温度过高时能有效散热和通风。
(3)低温环境下快速加热。
(4)有害气体产生时能有效通风。

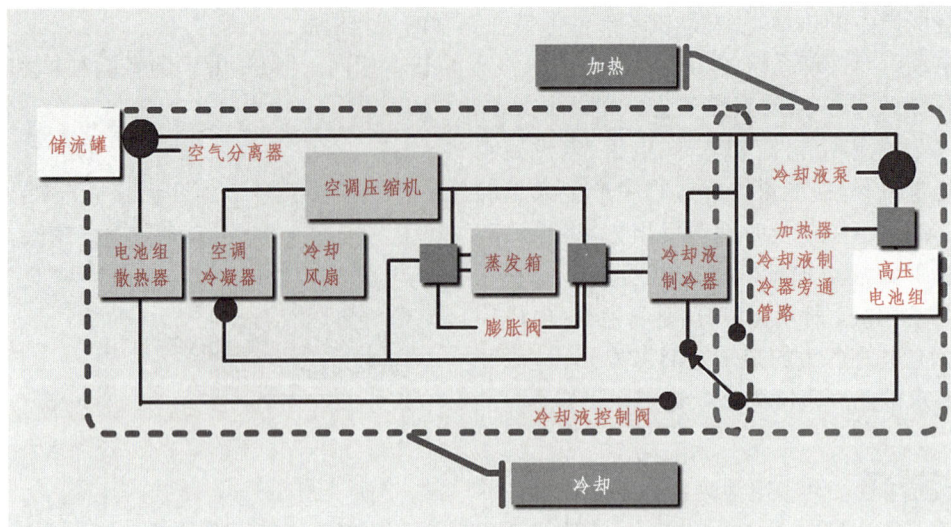

图4-1-2　动力电池组热管理系统组成示意

（5）保证电池组温度场均匀分布。

问题4　电池组内热传递有几种方式？

电池组内热传递方式主要有热传导、对流换热和辐射换热3种方式，电池和环境交流的热量也是通过这3种方式。

辐射换热主要发生在电池表面，与电池表面材料的性质相关。热传导指物质与物体直接接触而产生的热传递。电池内部的电极、电解液、集流体等都是热传导介质。对流换热是电池表面的热量通过环境介质（一般为液体）的流动交换热量，它和温差成正比，温差越大，交换的热量也越大。

在电池单体内部，热辐射和热对流的影响很小，热量的传递主要是由热传导决定的。电池自身吸热的大小与材料的比热有关，比热越大，散热越多，电池的温升越小。如果散热量大于或等于产生的热量，则电池温度不会升高；如果散热量小于所产生的热量，热量将会在电池体内产生热积累，电池温度升高。

问题5　动力电池组热管理系统类型都有哪些？

1. 按照是否有内部加热或制冷装置分类

电池组热管理系统可分为被动式和主动式两种。被动系统成本较低，采取的设施相对简单，主动系统相对复杂，并且需要更大的附加功率，但效果好，如图4-1-3所示。

在加热系统中，除了采用将热空气引入动力电池中的方式外，还可以采用由加热元件和电路组成的加热系统，其中加热元件是最重要的部分。常见的加热元件有可变电阻加热元件和恒定电阻加热元件，前者通常称为PTC(positive temperature coefficient)，后者通常是金属加热丝组成的加热膜，譬如硅胶加热膜、挠性电加热膜等，如图4-1-4~图4-1-6所示。目前，电动汽车上主要采用PTC的方式加热电池组。这种加热方式虽然结构简单，但是加热时间长，加热后会造成电池包内温度不均匀，而且能耗比较大。采用金属电热膜的加

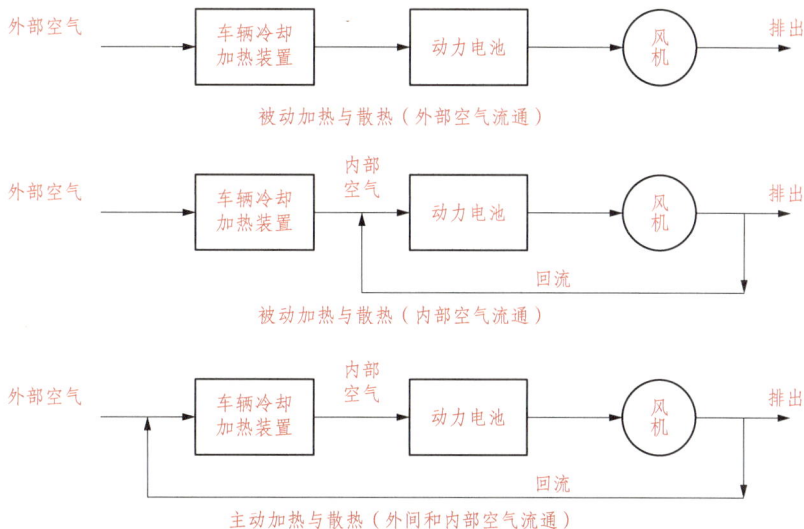

外部空气　→　车辆冷却加热装置　→　动力电池　→　风机　→　排出

被动加热与散热（外部空气流通）

外部空气　→　车辆冷却加热装置　→　内部空气　动力电池　→　风机　→　排出
回流

被动加热与散热（内部空气流通）

外部空气　→　车辆冷却加热装置　→　内部空气　动力电池　→　风机　→　排出
回流

主动加热与散热（外间和内部空气流通）

图 4 - 1 - 3　被动、主动加热与散热工作示意

热方式，可以缩短加热时间，使电池单体均匀受热。对于方形电池而言，采用加热膜加热会更理想，与加热套相比，加热膜结构简单，成本低，对电池散热影响小。

图 4 - 1 - 4　电动汽车专用 PTC 加热元件

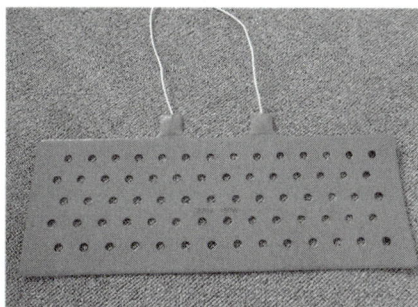

图 4 - 1 - 5　动力电池硅胶加热膜

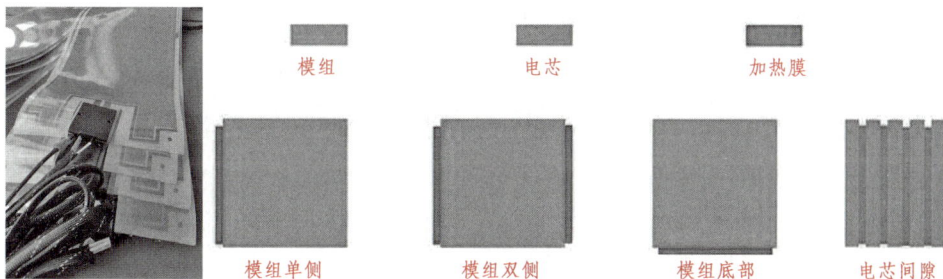

模组　　电芯　　加热膜

模组单侧　　模组双侧　　模组底部　　电芯间隙

图 4 - 1 - 6　金属电热膜加热元件

2. 按照传热介质分类

（1）风冷　风冷式散热系统也叫做空冷式散热系统。让空气流经电池表面带走其产生的热量，如图 4 - 1 - 7 所示。大多数传统的混合动力汽车采用的是风冷式电池组，插电式混合动力和纯电动汽车中只有部分使用的是风冷式电池组，其他基本使用液冷式电池组。

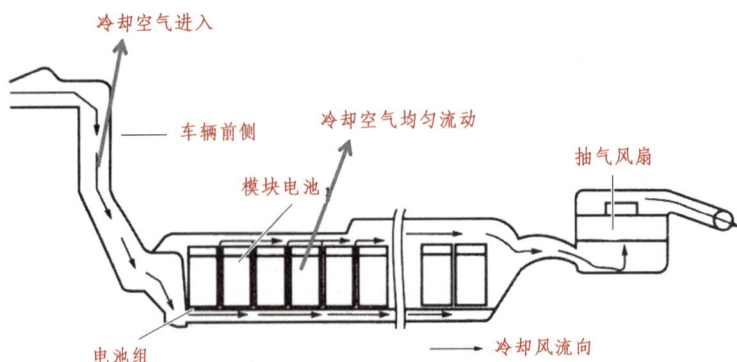

图 4-1-7　纯电动汽车电池组风冷系统结构

根据通风措施的不同,风冷式又有自然对流散热和强制通风散热两种方式。自然对流散热不依靠外部附加的强制通风措施,只是通过电池包内部因温度变化而产生的气流冷却散热。强制对流冷却散热系统是在自然对流散热系统的基础上加上了强制通风技术的散热系统。

根据冷却空气在动力电池模块中的流动方式不同,风冷式有串行通风方式和并行通风方式两种,如图 4-1-8 所示。

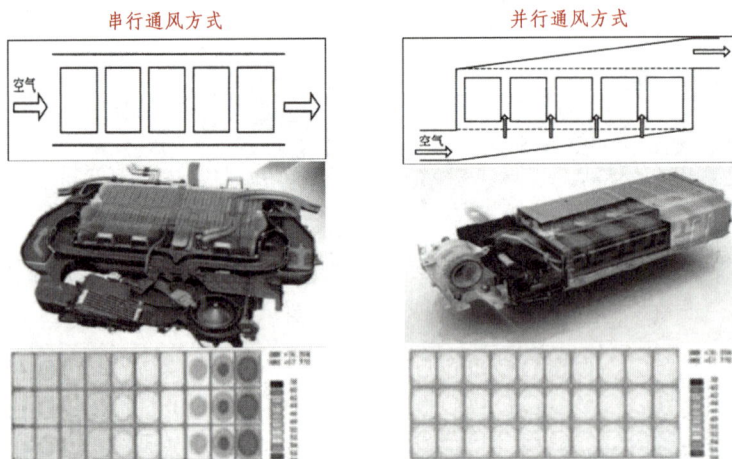

图 4-1-8　动力电池风冷散热方式

在串行通风系统中,气流会将先流过地方的热量带到后流过的地方,从而导致两处温度不一致,且温差较大。而在并行通风系统中,空气都是直立上升型气流,这样可更均匀地分配气流,从而保证电池包各处散热的一致性。

(2)液冷　俗称水冷,是制冷剂直接或间接地接触动力电池,通过液态流体的循环流动把电池包内产生的热量带走,如图 4-1-9 所示。液冷式冷却系统结构设计更加严苛,以防止液态制冷剂的泄漏,保证电池包内电池单体之间温度的均匀性。复杂结构使得整套散热系统变得十分笨重,不仅增加整车重量,整车的负担大大增加,而且由于其结构的复杂性及高密封性,使得液冷系统的维护和保养相对困难,维护成本也相应增加。

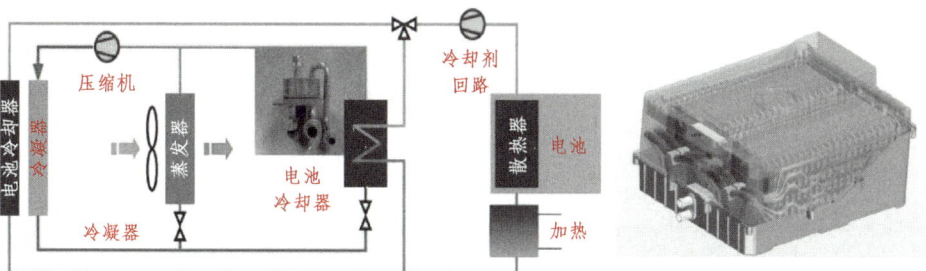

图 4-1-9　液冷式动力电池冷却系统

液冷散热主要分为直接接触和非直接接触两种方式。非直接接触式必须将套筒等换热设施与电池组整合设计才能达到冷却的效果,这在一定程度上降低了换热效率,增加了热管理系统设计和维护的复杂性。直接接触式通常采用不导电且换热系数较高的换热工质,如矿物油、乙二醇等;非直接接触式则采用水、防冻液等作为换热工质。如特斯拉电池就是采用水和乙二醇的混合物的液冷方式散热。

知识拓展　随着纳米技术的发展,以一定的方式和比例将纳米级金属或非金属氧化物粒子添加到流体中形成纳米流体,可显著提高液体的热导率,提高热交换系统的传热性能。纳米流体应用于电池热管理技术将会是一个新的研究方向,值得关注。

(3)相变材料冷却　相变材料冷却如图 4-1-10 所示,是采用相变材料作为传热介质,利用相变材料在发生相变时可以储能与释能的特性,达到对动力电池低温加热与高温散热的效果。但相变材料的热导率比较低,为了改变材料的固有缺陷,向相变材料中填充一些金属材料。例如,将很薄的铝板填充到相变材料中,提高热导率。还有人提出了向相变材料中填充碳纤维、碳纳米管等。

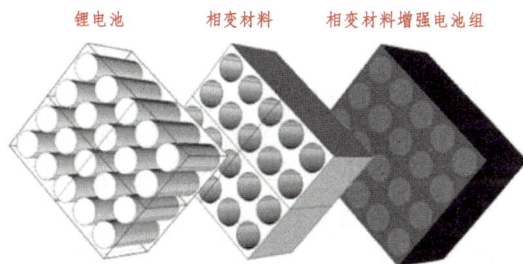

图 4-1-10　相变材料包裹电池结构

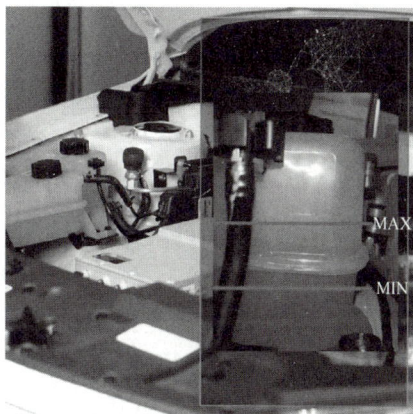

图 4-1-11　检查冷却液液位

任务实施

1.冷却系统常规检查

第一步:冷却液液位检查。纯电动汽车冷却液液位必须定期检查,如图 4-1-11 所示。应在电机降温后检查。在电机未完全冷却时,打开散热器盖,可能会导致冷却液喷出,造成严重烫伤。检查冷却液液位的方法与传统汽车无区别,目视检查。

注意 在打开散热器盖之前,必须确认电机、DC/DC、电机控制器以及散热器均已冷却。在冷却液处于冷却状态测量时,罐内的冷却液的高度应保持在两条标记线之间。

第二步:检查冷却系统有无泄漏现象。检查冷却系统各管路和各部件接口处有无泄漏现象。

注意 在检查发动机舱任何部件之前,整车需要断电,将点火开关关闭,断开低压蓄电池负极。

第三步:检查水泵电源导线,是否有老化、破皮、电源线铜芯外露等现象。

第四步:检查散热器盖有无泄漏,软管处有无泄漏,芯体是否老化、堵塞。清洗散热器散热片是良好传热效果所必需的,当散热器和空调散热片出现碎屑堆积时应清洗。在电机冷却后,在散热器后部(电机侧)使用压缩空气来冲走散热器或空调冷凝器的碎屑。

注意 严禁使用水枪对散热器散热片喷水清洗。

2. 冷却液排放

第一步:打开散热器密封盖。为防止热蒸汽溢出,要按规定戴好护目镜并穿上防护服,用抹布盖住该处密封盖并小心打开,以免烫伤眼睛和皮肤。

第二步:将收集盘置于车下,防止废液污染环境。

第三步:拧开散热器冷却液排放阀。

第四步:排放出冷却系统中的冷却液。

冷却液加注

注意 按照相关规定合理处置废弃冷却液。

3. 冷却液的加注

如果膨胀水箱中的冷却液液位位于或低于下限(MIN 或 LOW)刻度线,则应添加冷却液或者蒸馏水,使液位上升到上限(MAX 或 HIGH)刻度线。建议依据整车保养里程保养,冷却液每两年完全更换一次。

注意 只可添加原厂指定型号的防冻冷却液。若添加不同型号的冷却液,或直接加水,会使冷却系统发生锈蚀和产生沉淀物。切勿向冷却系统内添加任何防锈剂或其他添加物。因为添加物可能与冷却液或电机组件不相容。

第一步:关闭冷却液排放阀,给膨胀水箱内加注冷却液至最高限。

第二步:开启电动水泵,待水泵循环运行 2~3min 后,再补充冷却液。重复以上加注操作,直至达到冷却系统加注量要求,补充加注至上限位置。

第三步:待电机冷却后,检查膨胀水箱中冷却液液位应处在两条刻线之间。

第四步:如果更换了散热器、驱动电机等,不能重新使用已经用过的冷却液。

注意 冷却液有毒,有腐蚀性,如不慎溅到皮肤上应尽快用大量清水冲洗。在加注时,应避免泼溅到车身上损坏漆面。手工加注存在驱动电机和控制器中冷却液无法彻底排除问题,实际加注量可能低于标准值。冷却液高度明显的降低意味着冷却系统发生了泄漏,应检查泄漏点并排除。

第五步:整理、整顿、清扫、清洁。

任务评价

1. 对应实训室中的实训车,在进行任务实施前填写任务工单。

任务工单

班级		组号		指导教师	
组长		学号			
组员	姓名	学号		姓名	学号

任务分工

任务准备

工作步骤

总分：　　　　　　分

2. 质量检验:

(1) 除了极少数车型没有采用冷却系统外,目前应用在动力电池上的冷却方式有( )和( )。

A. 风冷　油冷　　　　　　　　B. 水冷　油冷

C. 风冷　水冷　　　　　　　　D. 以上都不正确

(2) 不属于液冷式动力电池冷却系统的主要部件的是( )。

A. 中冷器　　　　　　　　　　B. 电子水泵

C. 冷却管路　　　　　　　　　D. 冷却液控制阀

（3）镍氢电池电化学反应原理决定了镍氢电池在充、放电过程中的生热。生热原因主要有（　　）个。

A. 5 　　　　　　　　　　　　B. 4

C. 3 　　　　　　　　　　　　D. 2

（4）动力电池的性能与电池温度没有关系。（　　　）

（5）串行通风采用直立上升型气流,可更均匀地分配气流,保证电池包各处散热的一致性。（　　　）

（6）动力电池组热管理系统的作用是对动力电池组冷却或加热,保持动力电池组较佳的工作温度,以改善其运行效率并提高寿命。（　　　）

（7）风冷式动力电池的冷却方式有串行、并行通风等。（　　　）

（8）液冷动力电池冷却系统优点是电池平均能量效率高;电池模块结构紧凑;冷却效果优异;能集成电池加热组件,解决了在环境温度很低的情况下加热电池的问题。（　　　）

（9）冷却液有毒,有腐蚀性,如不慎溅到皮肤上应尽快用大量清水冲洗。（　　　）

（10）打开散热器盖之前,必须确认电机、DC/DC、电机控制器以及散热器均已冷却。（　　　）

3. 冷却系统的常规检查、冷却液加注作业评价：

项目	评价内容	学生自评（30%）	小组互评（30%）	教师评价（40%）
素质评价（30%）	遵守纪律,遵守学习场所管理规定,服从安排(5分)			
	具有安全意识、责任意识、5S管理意识,注重节约、节能与环保(5分)			
	学习态度积极主动,积极参加实习活动(5分)			
	具有团队合作意识,注重沟通,能自主学习及相互协作(10分)			
	仪容仪表符合活动要求(5分)			
技能评价（70%）	能按时按要求独立完成任务工单(40分)			
	工具、设备选择得当,使用符合技术要求(10分)			
	操作规范,符合要求(5分)			
	学习准备充分、齐全(10分)			
	注重工作效率与工作质量(5分)			
本次得分				
最终得分				
教师反馈		教师签名： 　　　年　　　月　　　日		

知识补充

纳米流体在新能源汽车动力电池冷却中的应用解析

新能源汽车动力电池在充放电过程中会产生大量热量。若这些热量无法及时散出，后果不堪设想：电池性能会会急剧衰减，寿命也会大幅缩短，更严重的是，可能引发热失控甚至爆炸。传统冷却技术，如风冷因散热不均匀而力不从心，液冷又因导热效率有限而难以满足高能量密度电池的散热需求。纳米流体（Nanofluid）这一新型冷却介质横空出世，它通过在基液（如水、乙二醇）中分散纳米级颗粒（如金属氧化物、碳材料），显著提升导热系数，为动力电池冷却开辟了新路径。

1. 强化传热机理

纳米颗粒，诸如碳化硅、石墨烯等，凭借其超高的比表面积和优异的导热性能，在基液中巧妙地构建起导热网络。例如碳纳米管，热导率高达 3 000 W/m·K，是水的 600 倍。当它分散于冷却液时，仿佛为热量的传递搭建起一条高速通道，能让热量迅速"逃离"电池，整体传热效率因此得到大幅提升。

2. 流动特性优化

纳米颗粒在流体中的布朗运动，宛如一个个微型"搅拌机"，不断搅动着流体，增强了湍流效应，成功破坏热边界层。实验数据直观地表明，纳米流体的对流换热系数较传统冷却液提升 30% 以上。这一提升意味着热量能更快地从电池热区传递到冷却系统，进而散发到环境中。

3. 稳定性保障

通过表面改性技术，像给纳米颗粒穿上一层"保护衣"（如添加聚乙烯吡咯烷酮），能让它们均匀地悬浮于基液中。就彻底避免了颗粒团聚沉淀的问题，确保纳米流体在电池整个生命周期内都保持优良的冷却性能，为电池稳定运行提供持久保障。

比亚迪率先将纳米流体技术应用于动力电池热管理。其研发的乙醇基碳化硅——多壁碳纳米管混合纳米流体，堪称一场技术革新。这是一个三回路系统，包含冷启动回路、散热回路和强化散热回路，能根据电池温度自动切换模式。在低温环境下，启动 PTC 加热器为电池快速升温；高温时，通过余弦曲线微通道强化散热，精准控温。内置离子交换树脂，持续吸附导电离子，确保纳米流体的绝缘性，从根源上杜绝短路风险。混合纳米流体使电池包温差精准控制在 4.2℃ 以内，远超传统水冷系统。比亚迪的刀片电池结合纳米流体技术，成功通过针刺、挤压等极端安全测试，实现行业瞩目的"零自燃"记录。

张家港迪克汽车化学品公司开发的石墨烯纳米流体冷却液，以改性石墨烯和碳纳米管为核心成分，热导率是传统冷却液的 2.5 倍。其专利配方通过球形氧化铝和气相二氧化硅增强稳定性，同时添加缓蚀剂延长管路寿命。该技术已成功量产，预计将在商用车和储能电池领域大展身手。

武汉济能推出的纳米流体冷却液在重卡实载测试中，交出平均节油率达 8.32%，满载高速场景节油率超 10% 的亮眼成绩单。其核心机理在于高沸点特性减少气阻，提升热平衡温度，优化燃烧效率；纳米颗粒碰撞加速热量交换，降低发动机热损。这一技术为新能源汽车动力电池在高负荷工况下的散热提供了极具价值的借鉴思路。

尽管特斯拉尚未明确公开纳米流体技术的应用细节，但其液冷系统已采用乙二醇基冷却液。行业推测,特斯拉很可能通过添加纳米颗粒(如氧化铝)对现有方案进行优化。此外,特斯拉与 SpaceX 合作的星舰项目已使用纳米流体解决极端环境下的散热问题,未来或许会这一成熟技术反哺汽车领域。

纳米流体在新能源汽车动力电池冷却领域展现出显著的技术优势与行业影响。在性能提升方面,其导热效率较传统冷却液提升 30%～50%,可将电池温差精准控制在 5℃ 以内,为电池创造稳定运行环境,并且有力支持了宁德时代神行超充电池等高能量密度电池的散热需求,推动新能源汽车续航和性能提升。在节能环保方面,纳米流体的高效散热性能降低了冷却系统能耗,延长了电池寿命,减少了使用成本,同时可降解纳米材料的应用降低了环境负担,契合绿色出行理念。在成本优化方面,比亚迪通过自研纳米流体,降低了对外部供应商的依赖,使 IGBT 芯片成本下降 40%,增强了新能源汽车的市场竞争力。

在新能源汽车动力电池冷却技术领域,目前面临技术瓶颈。一方面,纳米颗粒长期使用的稳定性不足,易因团聚影响冷却性能;另一方面,高浓度纳米流体易引发管路磨损,威胁系统可靠性和寿命。然而,未来该领域前景广阔。智能化温控结合 AI 技术预测电池热负荷,动态调节流量,实现精准节能冷却;多材料复合研发如石墨烯与碳化硅混合流体,提升导热性和抗腐蚀性。

任务2 冷却系统常见故障排除

知识目标

1. 理解动力电池冷却系统的控制逻辑及不同类型的工作原理。
2. 掌握冷却液循环路线及关键部件功能。
3. 熟悉冷却系统常见故障类型及其成因。
4. 了解新能源汽车冷却系统与空调系统的联动机制及热交换原理。

能力目标

1. 能够使用故障诊断仪读取故障码并分析故障原因。
2. 能够规范执行冷却系统关键部件的检测与更换操作。
3. 能够通过电压、电阻测量判断线路通断及部件工作状态。
4. 能够根据维修手册完成冷却系统故障的全面排除与功能验证。

素质目标

1. 培养细致严谨的故障排查习惯,避免因操作失误导致二次故障。
2. 提升环保意识,正确处理废弃冷却液及损坏部件。
3. 强化团队协作能力,在复杂故障场景中分工协作、高效沟通。

思政目标

1. 践行"安全第一"理念,严格遵守高压系统断电与防护规范。
2. 弘扬工匠精神,追求故障排除的精准性与维修效率的平衡。
3. 强化职业责任感,确保维修过程符合行业技术标准与环保要求。

任务描述

一辆纯电动汽车在行驶过程中,仪表突然显示电池过热故障。将点火开关关闭,故障现象消除,但行驶一段时间后故障再次出现。你能完成故障排除吗?

任务分析

完成此任务需要熟练掌握新能源汽车的基本维护操作,了解动力电池冷却系统控制逻辑和相应车型的冷却液循环路线。能根据维修手册,排除冷却系统故障。

知识储备

问题1 动力电池组空调循环式冷却系统是怎么工作的?

在部分电动汽车的动力电池内部,设有与空调系统连通的制冷剂循环管路。BMWX1xDrive25Le(F49PHEV)插电式混动车型动力电池冷却系统如图4-2-1所示。

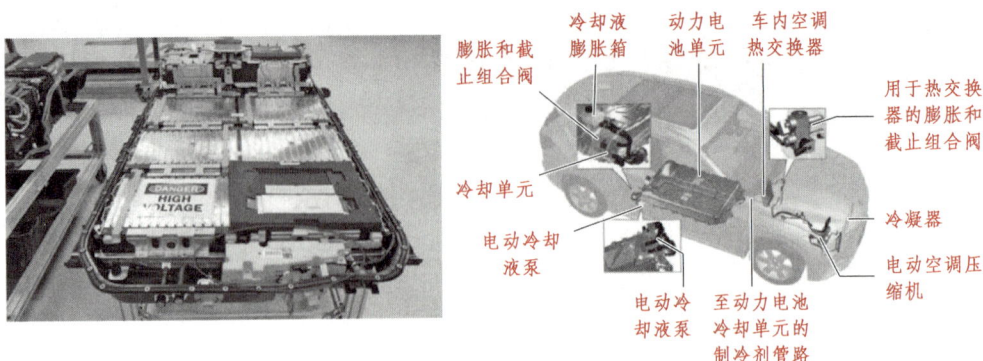

图4-2-1　BMWX1xDrive25Le动力电池冷却系统

　　动力电池单元直接通过冷却液冷却,冷却液循环回路与制冷剂循环回路通过冷却液制冷剂热交换器(即冷却单元)连接。因此,空调系统制冷剂循环回路由两个并联支路构成。一个用于冷却车内空间,另一个用于冷却动力电池单元。两个支路各有一个膨胀和截止组合阀,构成两个相互独立的冷却系统,如图4-2-2所示。

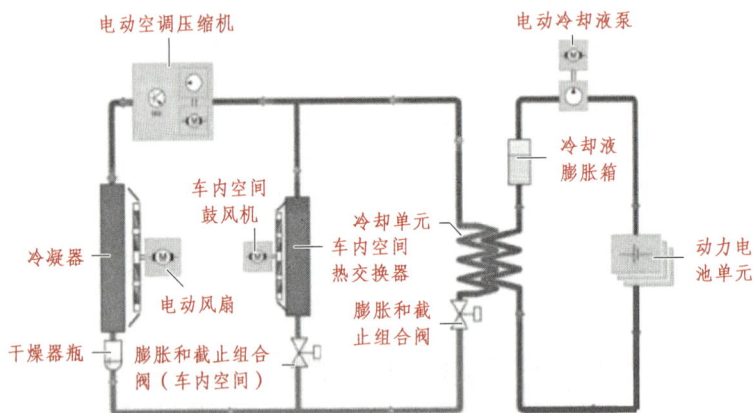

图4-2-2　BMWX冷却系统工作原理

　　电动冷却液泵通过冷却液循环回路输送冷却液。只要冷却液的温度低于电池模块,仅利用冷却液的循环流动便可冷却电池模块。冷却液温度上升,不足以使电池模块的温度保持在预期范围内。这时要降低冷却液的温度,需借助冷却液制冷剂热交换器(即冷却单元)。这是介于动力电池冷却液循环回路与空调系统制冷剂循环回路之间的接口。如冷却单元上的膨胀和截止组合阀使用电气方式启用并打开,液态制冷剂将流入冷却单元并蒸发。这样可吸收环境空气热量,这也是一种流经冷却液循环回路的冷却液。电动空调压缩机再次压缩制冷剂并输送至电容器,制冷剂在此重新变为液体状态,制冷剂可再次吸收热量。

　　为了确保冷却液通道排出电池模块热量,必须以均匀分布的作用力将冷却通道整个平面压到电池模块上。嵌入冷却液通道的弹簧条产生压紧力。针对电池模块几何形状和下半部分壳体,相应调节弹簧条。

　　热交换器的弹簧条支撑在高电压蓄电池单元的壳体下部,从而将冷却液通道压到电池模块上,如图4-2-3所示。

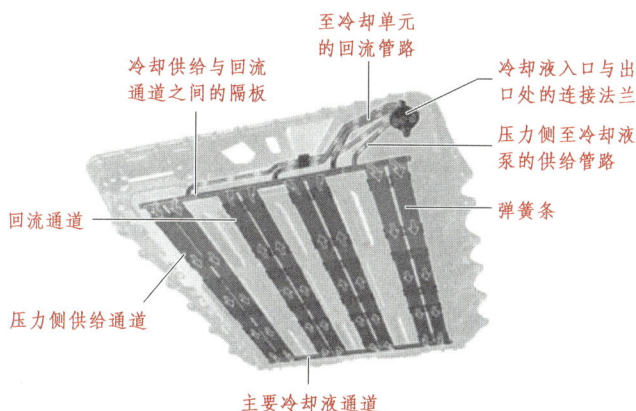

至冷却单元的回流管路

冷却供给与回流通道之间的隔板

冷却液入口与出口处的连接法兰

压力侧至冷却液泵的供给管路

回流通道

弹簧条

压力侧供给通道

主要冷却液通道

图 4 - 2 - 3　热交换器的结构

动力电池单元冷却液循环回路内的电动冷却液泵额定功率为 50 W。电动冷却液泵利用冷却单元上的支架固定,安装于动力电池的右后角,如图 4 - 2 - 4 所示。

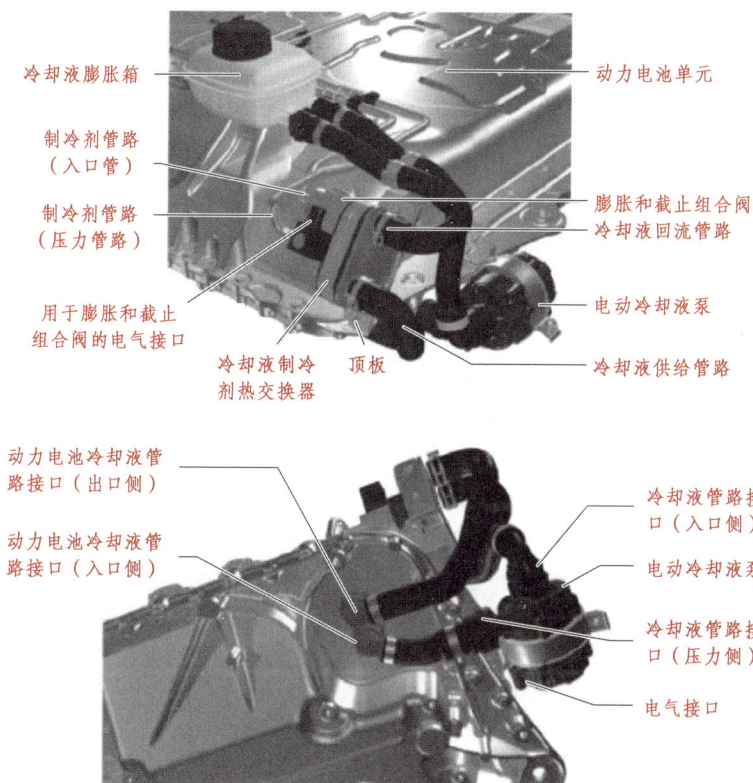

冷却液膨胀箱

动力电池单元

制冷剂管路（入口管）

膨胀和截止组合阀

制冷剂管路（压力管路）

冷却液回流管路

用于膨胀和截止组合阀的电气接口

电动冷却液泵

冷却液制冷剂热交换器

顶板

冷却液供给管路

动力电池冷却液管路接口（出口侧）

冷却液管路接口（入口侧）

动力电池冷却液管路接口（入口侧）

电动冷却液泵

冷却液管路接口（压力侧）

电气接口

图 4 - 2 - 4　冷却系统管路位置

问题2　动力电池组水冷式冷却系统是怎么工作的?

水冷式动力电池冷却系统使用特殊的冷却液在动力电池内部的冷却液管路中流动,将动力电池产生的热量传递给冷却液,从而降低动力电池的温度。荣威 E50 冷却系统分为两个独立的系统,分别是逆变器(PEB)/驱动电动机冷却系统、高压电池包冷却系统(ESS),结构如图 4-2-5 所示,主要由膨胀水箱、软管、冷却水泵、电池冷却器等组成。

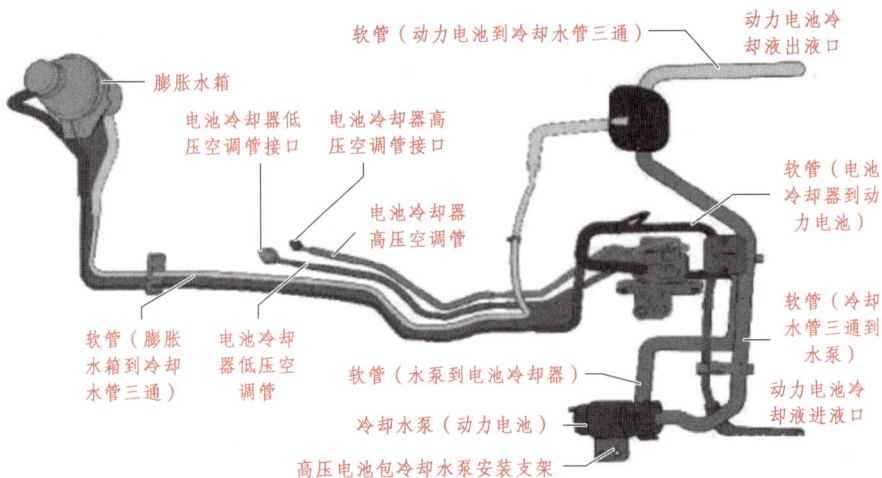

图 4-2-5 荣威 E50 动力电池冷却系统结构

冷却系统利用热传导的原理,通过冷却液在各个独立的冷却系统回路中循环,使驱动电动机、逆变器(PEB)和动力电池包保持在最佳的工作温度。冷却液是 50% 的水和 50% 的有机酸技术冷却液(OAT)的混合物。冷却液要定期更换才能保持其最佳效率和耐腐蚀性。

(1) 膨胀水箱 装有泄压阀,安装在逆变器(PEB)托盘上,溢流管连接到电池冷却器的出液管上,出液管连接在冷却水管三通上。膨胀水箱外部带有"MAX"和"MIN"刻度标识,便于观察冷却液液位。

(2) 软管 在各组件间传送冷却液,弹簧卡箍将软管固定到各组件上。动力电池冷却系统软管布置在前舱内和后地板总成下方。

(3) 冷却水泵 通过安装支架,由两个螺栓固定在车身底盘上,经由其运转来循环高压电池包冷却系统。

(4) 电池冷却器 电池冷却器(chiller)是动力电池冷却系统的一个关键部件,它负责将动力电池维持在一个适当的工作温度,使动力电池的放电性能处于最佳状态,主要由热交换器、带电磁阀的膨胀阀(TXV)、管路接口和支架组成。热交换器主要用于动力电池冷却液和制冷系统的制冷剂的热交换,将动力电池冷却液中的热量转移到制冷剂中。

问题 3 动力电池组风冷式冷却系统是怎么工作的?

风冷式动力电池冷却系统利用散热风扇将来自车厢内部的空气吸入动力电池箱,冷却动力电池以及动力电池的控制单元等部件。丰田普锐斯、凯美瑞双擎(混动版)、卡罗拉双擎、雷凌双擎采用风冷式动力电池冷却系统。部件组成如图 4-2-6 所示。

车厢内部的空气通过位于后窗台装饰板上的进气管流入,向下流经动力电池或 DC-DC 转换器(混合动力车辆转换器),以降低动力电池和 DC-DC 转换器(混合动力车辆转换器)的温度。空气通过排气管从车内排出。

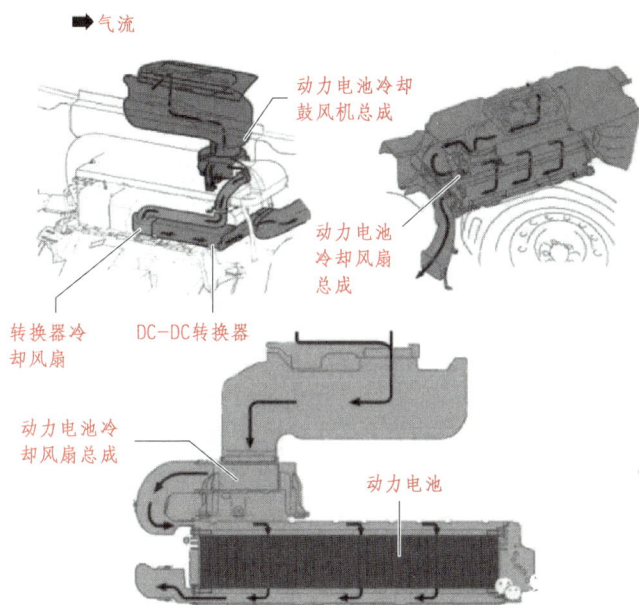

图 4-2-6 风冷系统部件组成

广汽传祺 AG 电动汽车同样采用风冷式动力电池冷却系统,其动力电池散热系统装配图如图 4-2-7 所示。

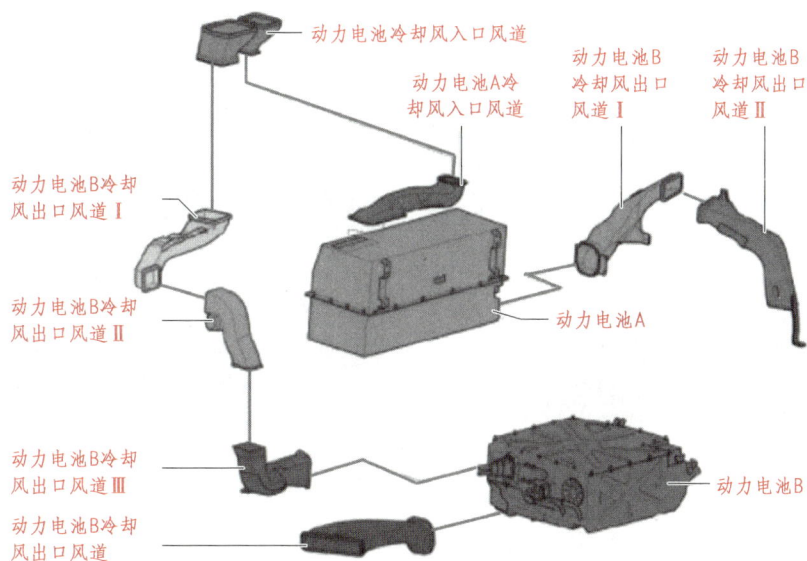

图 4-2-7 广汽传祺 AG 动力电池风冷式冷却系统

散热风扇为直流低电压风扇,配备独立的 DC-DC 转换器;当散热风扇工作时,电流从动力电池流出,经过 DC-DC 转换器将 350 V 直流高电压转换成 12～16 V 的直流低电压,提供给散热风扇。

两种冷却过程如图 4-2-8 所示。

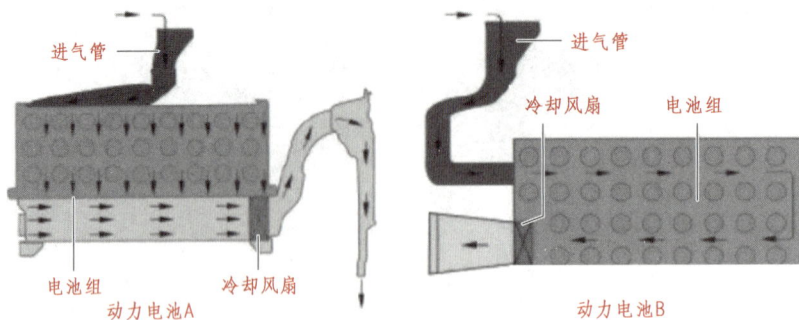

图 4-2-8 动力电池冷却路径

● 任务实施

初步诊断为水泵不工作故障。

第一步：读取故障码。

(1) 操作启动开关，使电源模式至 ON 状态。

(2) 连接故障诊断仪，读取系统故障代码，确认是否存在故障代码。

(3) 操作启动开关使电源模式至 OFF 状态。

第二步：取下水泵熔丝。

(1) 拆卸辅助电池负极并做好防护，如图 4-2-9 所示。

(2) 取下熔丝盒盖，如图 4-2-10 所示。

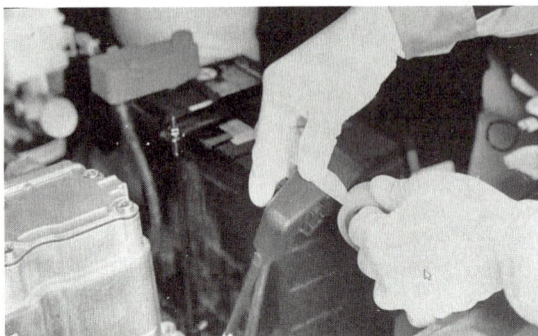

图 4-2-9 拆卸电池负极并做好防护

图 4-2-10 取下熔丝盒盖

(3) 取下水泵熔丝 EF13(10A)，取下整车控制器熔丝 EF09(10A)、SF08(40A)，如图 4-2-11 和图 4-2-12 所示。

第三步：检测熔丝。

(1) 打开万用表，使用万用表电阻挡。

(2) 红表笔与黑表笔对表，阻值为 0.1 Ω。

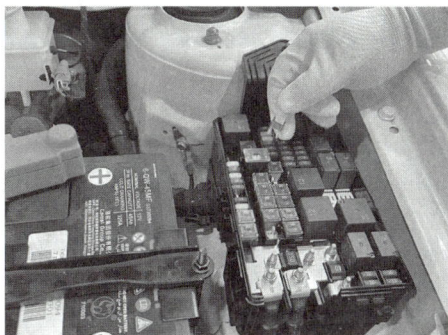

图 4 - 2 - 11　取下水泵熔丝

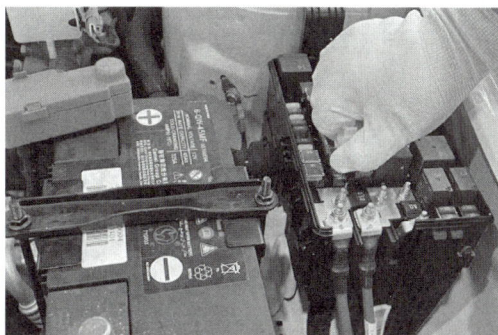

图 4 - 2 - 12　取下整车控制器熔丝

（3）红表笔和黑表笔分别连接熔丝端子,测量值为 0.5 Ω,说明熔丝正常无损坏,如图 4 - 2 - 13 所示。

（4）收起红表笔和黑表笔,关闭万用表。

注意　测量电阻前,万用表必须校零。

（5）安装熔丝和熔丝盒盖,如图 4 - 2 - 14 所示。

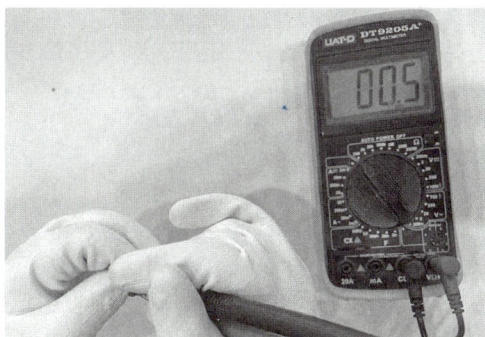

图 4 - 2 - 13　红表笔和黑表笔分别连接熔丝端子

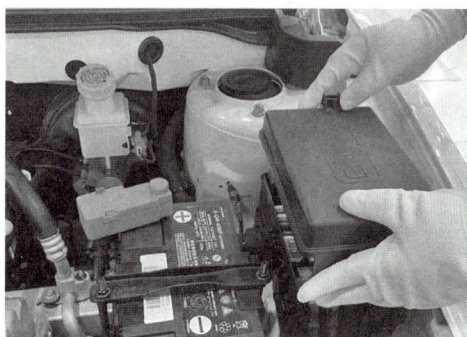

图 4 - 2 - 14　安装熔丝盒盖

第四步:检测水泵线路的通断。

（1）断开水泵线束连接器 CA72。

（2）用万用表测量水泵线束连接器 CA72 的 3 号端子与可靠接地之间的电压,如图 4 - 2 - 15 所示,电压标准值为 11～14 V。

（3）用万用表测量水泵线束连接器 CA72 的 1 号端子与可靠接地之间的电阻,如图 4 - 2 - 16 所示,标准值小于 1 Ω。

第五步:检测水泵与 A/C 空调控制器间线路的通断。

（1）断开 A/C 空调控制器线束连接器 IP80。

（2）连接蓄电池负极。

（3）操作启动开关使电源模式至 ON 状态。

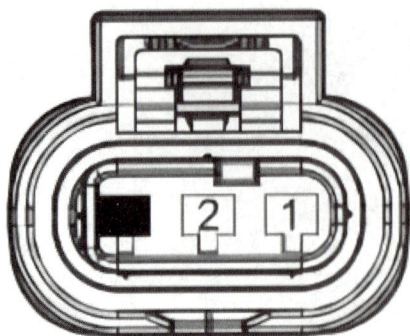

图 4 - 2 - 15　测量水泵线束连接器 3 号端子

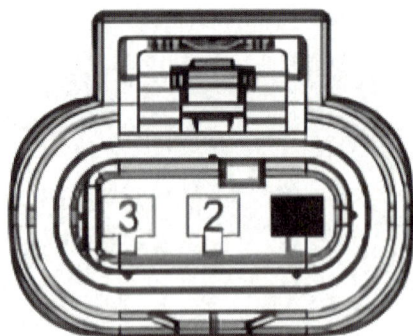

图 4 - 2 - 16　测量水泵线束连接器 1 号端子

（4）用引线将整车控制器线束连接器 CA72 的 2 号端子与 A/C 空调控制器线束连接器 IP80 的 8 号端子之间的电压，如图 4 - 2 - 17 所示，电压标准值为 11～14 V。

图 4 - 2 - 17　测量 CA72 的 2 号端子与 IP80 的 8 号端子之间的电压

（5）收起红表笔和黑表笔，关闭万用表。

第六步：更换水泵。

（1）操作启动开关使电源模式至 OFF 状态。

（2）断开蓄电池负极电缆。

（3）更换水泵，确认故障排除。

第七步：整理、整顿、清扫、清洁。

任务评价

1. 对应实训室中的实训车,在进行任务实施前填写任务工单。

任务工单

班级		组号		指导教师	
组长		学号			
组员	姓名	学号		姓名	学号

任务分工

任务准备

工作步骤

总分:　　　　　分

2. 质量检验:

(1) 用万用表检查自身的内阻,正常的内阻值应小于(　　　)Ω。

A. 0.1　　　　　　　B. 1　　　　　　　C. 3　　　　　　　D. 5

(2) 用万用表快速判断线路的通断,通常采用的挡位是(　　　)。

A. 电阻　　　　　　B. 电压　　　　　　C. 电流　　　　　　D. 蜂鸣

(3) 动力电池组空调循环式冷却系统的制冷剂循环回路由两个并联支路构成。一个用于冷却车内空间,另一个用于冷却动力电池单元。(　　　)

(4) 荣威 E50 冷却系统分为两个独立系统,分别是逆变器(PEB)/驱动电动机冷却系统、高压电池包冷却系统(ESS)。(　　　)

(5) 动力电池冷却系统主要由冷却液泵、膨胀水箱、散热器、电池冷却器组成。(　　　)

(6) 动力电池在温度较低时,利用乘客舱内空调产生的冷空气冷却电池组。(　　　)

（7）用万用表测量熔丝的端子，测量值电阻为无穷大，说明熔丝损坏。（　　　）

（8）冷却系统利用热传导的原理，通过冷却液在各个独立的冷却系统回路中循环，使驱动电动机、逆变器（PEB）和动力电池包保持在最佳的工作温度。冷却液是50％的水和50％的有机酸技术（OAT）的混合物。冷却液要定期更换才能保持其最佳效率和耐腐蚀性。（　　　）

（9）电池冷却器是动力电池冷却系统的一个关键部件，它负责将动力电池维持在一个适当的工作温度，使动力电池的放电性能处于最佳状态。（　　　）

（10）热交换器主要用于动力电池冷却液和制冷系统的制冷剂的热交换，将动力电池冷却液中的热量转移到制冷剂中。（　　　）

3. 水泵不工作故障排除作业评价：

项目	评价内容	学生自评（30％）	小组互评（30％）	教师评价（40％）
素质评价（30％）	遵守纪律，遵守学习场所管理规定，服从安排(5分)			
	具有安全意识、责任意识、5S管理意识，注重节约、节能与环保(5分)			
	学习态度积极主动，积极参加实习活动(5分)			
	具有团队合作意识，注重沟通，能自主学习及相互协作(10分)			
	仪容仪表符合活动要求(5分)			
技能评价（70％）	能按时按要求独立完成任务工单(40分)			
	工具、设备选择得当，使用符合技术要求(10分)			
	操作规范，符合要求(5分)			
	学习准备充分、齐全(10分)			
	注重工作效率与工作质量(5分)			
本次得分				
最终得分				
教师反馈		教师签名： 　　　年　　　月　　　日		

● 知识补充

新能源汽车动力电池冷却系统压力测试仪使用方法

新能源汽车动力电池的冷却系统是保障电池安全与性能的核心部件。电池在充放电过程中会产生大量热量,若冷却系统存在泄漏或压力异常,轻则导致电池性能衰减,重则引发热失控甚至火灾。作为检测冷却系统密封性和稳定性的关键工具,压力测试仪能够通过加压模拟系统运行状态,精准识别微小泄漏或结构缺陷,从而避免潜在风险。与传统燃油车不同,新能源汽车的冷却系统还需兼顾电机、电控等高压部件,且冷却介质多为水-乙二醇混合液或纳米流体,对测试仪器的适配性和精度要求更高。

一、冷却系统压力测试仪的功能与组成

1. 核心功能

(1) 泄漏检测　通过加压观察压力变化,判断管路、接口或散热器是否存在泄漏。

(2) 散热器盖性能测试　验证散热器盖的开启压力是否满足设计要求(通常为 120～140 kPa)。

(3) 系统稳定性评估　模拟极端工况下的压力波动,确保冷却系统长期可靠运行。

2. 设备组成

(1) 真空泵与压力表　用于加压和实时监测压力值。

(2) 适配器接头　根据车型接口选择不同规格,确保密封性。

(3) 泄压阀与安全装置　防止超压损坏系统部件。

二、压力测试仪操作流程

步骤 1:测试前准备

(1) 车辆状态确认　确保电池和冷却系统处于冷车状态(温度低于 40℃),避免高温开盖引发烫伤。

(2) 冷却液检查　目视确认膨胀水箱液位处于"MAX"与"MIN"之间,不足时需加注原厂指定冷却液。

(3) 适配器选择　根据车型散热器接口规格(如直径、螺纹类型)匹配合适的适配器,避免因接口不匹配导致泄漏或损坏。

步骤 2:连接与加压

(1) 安装适配器　拆下散热器盖,将适配器牢固安装至加注口。

(2) 连接压力泵　通过高压软管将测试仪与适配器连接,确保接头密封无松动。

(3) 手动加压　操作压力泵缓慢加压至目标值(通常为 120～140 kPa),观察压力表指针是否稳定。

注意　加压时需均匀施力,避免压力骤升损坏管路。

步骤 3:泄漏判定与故障分析

(1) 压力稳定(5 min 内无下降)　系统密封性良好,无泄漏风险。

(2) 压力缓慢下降　可能存在微小渗漏(如密封圈老化或接口松动),需使用氮气真空法或嗅探器进一步定位。

(3) 压力快速下降　表明存在严重泄漏(如管路破裂或散热器穿孔),需立即检修并更

换受损部件。

步骤4：散热器盖性能测试

（1）安装散热器盖至测试仪　使用专用适配器固定。

（2）加压至标称值　观察散热器盖是否在设定压力下正常开启，验证其泄压功能。

步骤5：泄压与设备复位

（1）操作泄压阀　测试完成后，先通过泄压阀缓慢释放系统压力，避免残余压力冲击管路。

（2）清理与收纳　用无纺布擦拭测试仪残留冷却液，并按规范存放适配器与软管。

三、注意事项与安全规范

1. 安全操作

（1）断电操作　测试前需断开车辆低压蓄电池负极，防止高压部件意外启动。

（2）防护装备　佩戴护目镜和防腐蚀手套，避免冷却液溅射伤害。

（3）禁止热车测试　高温状态下冷却系统内压极高，开盖可能导致蒸汽喷发。

2. 设备维护

（1）定期校准　每月使用标准压力源校验测试仪精度，误差超过1.5％需返厂调整。

（2）防腐蚀处理　测试后及时清理乙二醇基冷却液残留，避免腐蚀传感器与管路。

3. 环境适应性

（1）温度影响　极端低温可能导致密封圈脆化，建议在10～30℃环境下测试。

（2）介质兼容性　纳米流体或高黏度冷却液需选用耐腐蚀适配器，避免颗粒物堵塞传感器。

项目五

新能源汽车充电系统安装与调试

项目 情境

　　充电系统是纯电动汽车和插电式混合动力汽车主要的能源补给系统,为保障车辆持续行驶提供动力能源。根据动力电池的实时状态控制启动充电和停止充电,并根据动力电池的电量、温度,控制充电电流和动力电池加热。完成新能源汽车充电系统的安装与调试,必须掌握新能源汽车充电系统的结构原理、掌握新能源汽车充电的基本方法和特点,以及充电系统的常见故障排除。

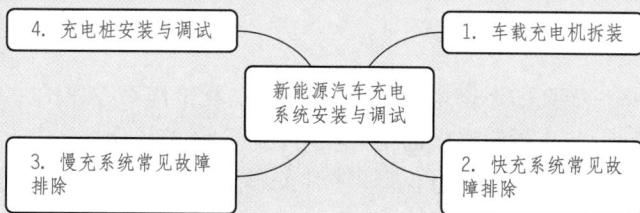

```
4. 充电桩安装与调试                          1. 车载充电机拆装

              新能源汽车充电
              系统安装与调试

3. 慢充系统常见故障                          2. 快充系统常见故
   排除                                        障排除
```

任务 1　车载充电机拆装

知识目标

1. 理解新能源汽车充电系统的组成及工作原理。
2. 掌握不同充电方式的特点及适用场景。
3. 熟悉车载充电机的类型、性能要求及拆装流程。
4. 了解动力电池充电模式的技术原理与优缺点。

能力目标

1. 能够规范执行车载充电机的拆装操作。
2. 能够使用万用表检测高压系统电压与线路通断,验证高电压禁用状态。
3. 能够按照维修手册完成充电系统功能验证。

素质目标

1. 培养严格的安全操作意识,确保高压系统断电与防护措施到位。
2. 提升环保意识,正确处理废弃冷却液及高压部件。
3. 强化团队协作能力,在复杂拆装任务中分工明确、高效沟通。

思政目标

1. 践行"安全第一"理念,严格遵守高压作业规范,杜绝侥幸心理。
2. 弘扬工匠精神,追求拆装操作的精准性与维修质量的可靠性。
3. 强化职业责任感,确保维修过程符合行业法规(如 GB/T 18487 充电接口标准)。

任务描述

一辆纯电动汽车在充电时系统提示车载充电机与充电桩连接故障,经检查需更换车载充电机。你能完成此项任务吗?

任务分析

完成此任务需要掌握新能源汽车充电系统的组成、充电方式及车载充电机的更换流程。

知识储备

问题 1　新能源汽车充电技术现状如何?

充电系统是新能源汽车主要的能源补给系统。新能源汽车,特别是纯电动汽车的充电技术,最关键的问题是如何高效率地快速充电。这关系到充电器的容量和性能、电网的承载能力和动力电池的承受能力等。随着动力电池充放电速度的不断提高,充电系统的性能也在不断地改进,以满足在各种应用情况下的快速充电需求。由于电力的储运和使用比汽油方便得多,充电设备的建造也呈现出多样性和灵活性,既可以是集中式充电站,也可以设置在马路边、停车场、购物中心等任何方便停车的地方。除了固定充电装置以外,电动汽车还带有车载充电器,可以在夜间从家里的市电插座充电,甚至还可以在用电高峰期,把电力逆变后返送回电网。根据不同的汽车动力电池电压和容量、充电速度要求,以及电网供电容量等因素,固定充电器的容量一般在 $15\sim100\,kW$,输出电压一般为 $50\sim500\,V$。车载充电器容量则在 $3\,kW$ 左右。

随着电动汽车技术的不断发展,对于充电系统的要求也越来越高,为了适应电动汽车的快速发展,充电系统需要向以下目标靠近。

(1)快速化　在目前动力电池比能量不能大幅度提高、续驶里程有限的情况下,提高充电速度,从某种意义上可以缓解电动汽车续驶里程短导致的使用不方便的问题。

(2)通用性　电动汽车应用的动力电池具有多样性,在同种类电池中由于材料、加工工艺的差异也存在各自的特点。为了节约充电设备投入,增加设备应用的方便性,就需要充电机具有充电适用的广泛性和通用性,能够针对不同种类的动力电池组充电。

(3)智能化　充电系统应该能够自动识别电池类型、充电方式、电池故障等信息,以降低操作人员的工作强度,提高充电安全性和充电工作效率。

(4)集成化　电动汽车充电系统是作为一个独立的辅助子系统而存在的。随着电动汽车技术的不断成熟,本着子系统小型化和多功能化的要求,充电系统将会和电动汽车能量管理系统以及其他子系统集成为一个整体,从而为电动汽车其余部件节约出布置空间并降低电动汽车的生产成本。

(5)网络化　在一些公共场合,如大型市场的停车场、公交车总站等,为了达到数量巨大的电动汽车的充电要求,就必须配备相当数量的充电器。如何协调管理这些充电器是一个不可忽视的问题。基于网络化的管理体制,可以使用中央控制主机来监控分散的充电器,从而实现集中管理,统一标准,降低使用和管理成本。

问题 2　新能源汽车充电系统由哪些部分组成?

新能源汽车充电系统主要由充电桩、充电线束、车载充电机、高压控制盒、动力电池、DC/DC 变换器、低压蓄电池以及各种高压线束和低压控制线束等组成,如图 5-1-1 所示。

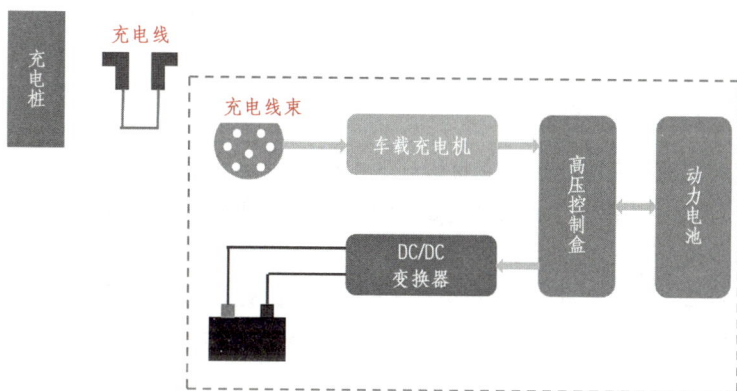

图 5-1-1　新能源汽车充电系统示意

1. 充电桩

充电桩有交流充电桩和直流充电桩两种。

(1) 交流充电桩　交流充电桩如图 5-1-2 所示,俗称为慢充。固定安装在电动汽车外,与交流电网连接,为电动汽车车载充电器提供交流电源。交流充电桩只提供电力输出,没有充电功能,需要连接车载充电机充电,相当于只起到控制电源的作用。

(2) 直流充电桩　直流充电桩如图 5-1-3 所示,俗称快充。固定安装在电动汽车外,与交流电网连接,可以为非车载电动汽车动力电池提供直流电源。直流充电桩的输入电压采用三相四线交流 380 V($\pm15\%$),频率为 50 Hz,输出为可调直流电,直接为电动汽车的动力电池充电。

2. 充电机

充电机是与交流电网连接,为动力电池等可充电的储能系统提供直流电能的设备。一般由功率单元、控制单元、计量单元、充电接口、供电接口及人机交互界面等部分组成。实现充电、计量等功能,并扩展具有反接、过载、短路、过热等多重保护功能及延时起动、软起动、断电记忆自起动等功能。

充电机技术主要涉及以下两个方面。

图 5-1-2　交流充电机　　　　图 5-1-3　直流充电桩

① 充电机的集成和控制技术:主要研究充电过程对电池使用寿命、温度、安全性等方面的影响,选择合理的拓扑结构,采取合适的充电方式,实现充电过程的动态优化及智能化控制,从而实现最优充电。

② 充电监控技术:主要是规范充电机和充电站监控系统之间的通信协议,实现对多台充电机状态和充电过程的实时监控,并达到和其他监控系统、运营收费系统通信的功能。

(1) 充电机的类型　电动车辆充电机根据不同的分类标准,可分成多种类型,见表 5-1-1。

表 5-1-1　电动车辆充电机类型

分类标准	充电机类型	
安装位置	车载充电机	地面充电机
输入电源	单相充电机	三相充电机
连接方式	传导式充电机	感应式充电机
功能	普通充电机	多功能充电机

① 车载充电机：也称为车载充电器，如图 5-1-4 所示。是充电系统的重要组成部分，安装于电动车辆上，通过插头和电缆与交流插座连接。将输入的 220 V 交流电转换成直流电输出，为动力电池充电，实现动力电池电量的补给；工作过程中需要与充电桩、BMS、VCU 等部件通信；根据动力电池需求调节输出功率；具有软关断功能（即为了保证在电源切断时避免立即断电对电器模块造成大电压的冲击，增加软关断控制器，给高压负载一个卸载时间，钥匙从 ON 挡关闭时，高压电源会延迟 3 s 断电）。车载充电机的优点是在蓄电池需要充电的任何时候，只要有可用的供电插座，就可以充电。其缺点是受车上安装空间和重量限制，功率较小，只能提供小电流慢速充电，充电时间一般较长。

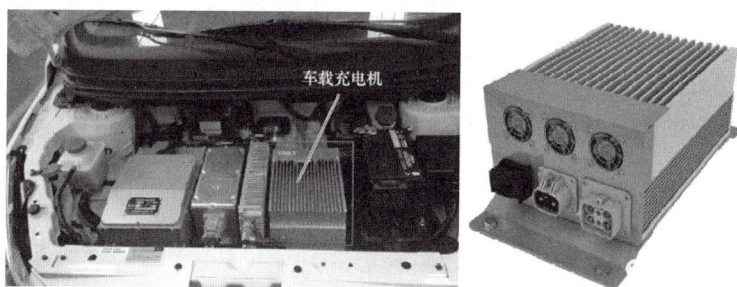

图 5-1-4　车载充电机

② 地面充电机：一般安装于固定的地点，与交流输入电源连接，直流输出端与需要充电的电动汽车充电接口相连接。地面充电机可以提供大功率电流输出，不受车辆安装空间的限制，可以满足电动车辆大功率快速充电的要求。

③ 传导式充电机：在充电时，电能通过导线直接连接输送到电动汽车上，两者之间存在实际的物理连接，电动汽车上不装备电力电子电路。

④ 感应式充电机：利用了电磁能量传递原理，如图 5-1-5 所示，以电磁感应耦合方式向电动汽车传输电能，供电部分和受电部分之间没有直接的机械连接，二者的能量传递只是依靠电磁能量的转换。这种充电方式结构设计比较复杂，受电部分安装在电动汽车上，受到车辆安装空间的限制，因此功率受到一定的限制，但由于不需要操作人员直接接触高压部件，其安全性高。

⑤ 普通充电机：只提供对动力电池的充电功能，当前实际运用的充电机基本上以交流电源作为输入电源，所以充电机的功率转换单元本质上是一个 AC/DC 变换器。而多功能充电机除了提供对动力电池的充电功能以外，还能够提供诸如对动力电池进行容量测试、对电网进行谐波抑制、无功功率补偿和负载平衡等功能。

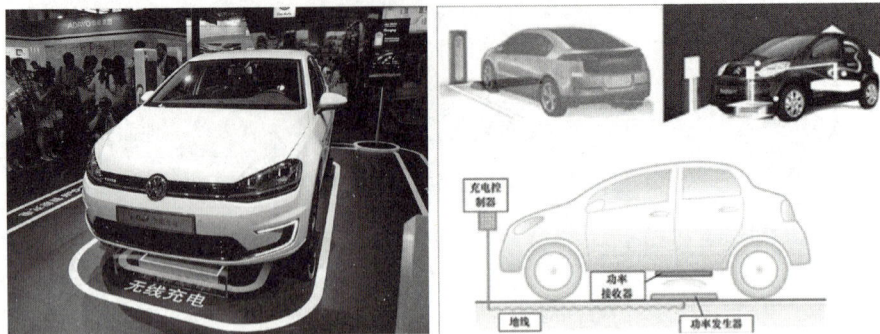

图 5 - 1 - 5　感应式充电机的工作原理

(2) 充电机的性能要求　为实现安全、可靠、高效的动力电池组充电,充电机需要达到如下的基本性能要求。

① 安全性:保证电动汽车充电时,操作人员的人身安全和蓄电池组的充电安全。

② 易用性:充电机要具有较高的智能性,不需要操作人员过多干预。

③ 经济性:充电机成本的降低,对降低整个电动汽车的使用成本,提高运行效益,促进电动汽车的商业化推广有重要的作用。

④ 高效性:保证充电机在充电全功率范围内高效率,在长期的使用中可以节约大量的电能。提高充电机能量转换效率对电动汽车全寿命经济性有重要作用。

⑤ 对电网的低污染性:由于充电机是一种高度非线性设备,在使用中会产生对电网及其他用电设备有害的谐波污染,需要采用相应的滤波措施降低充电过程对电网的污染。

[问题 3]　电动汽车动力电池有几种充电模式?

电动汽车蓄电池充电模式主要有恒流充电、恒压充电和恒流限压充电,现代智能型蓄电池充电机可设置不同的充电模式。

1. 恒流充电

恒流充电是指充电过程中使充电电流保持不变的模式。恒流充电具有较大的适应性,容易将蓄电池完全充足,有益于延长蓄电池的寿命。缺点是在充电过程中,需要根据逐渐升高的蓄电池电动势调节充电电压,以保持电流不变,充电时间也较长。

恒流充电是一种标准的充电模式,有 4 种方式。

(1) 涓流充电　即维持电池的满充电状态,恰好能抵消电池自放电的一种充电方法,对满充电的电池长期充电无害,但对完全放电的电池充电,电流太小。

(2) 最小电流充电　在能使尝试放电的电池有效恢复电池容量的前提下,把充电电流尽可能地调整到最小的方法。

(3) 标准充电　采用标准速率充电,充电时间为 10 h。

(4) 高速率(快速)充电　即在 3 h 内就给蓄电池充满电的方法,这种充电方法需要自动控制电路,以保护电池不损坏。

2. 恒压充电

恒压充电是指充电过程中保持充电电压不变的充电方法,充电电流随蓄电池电动势的升高而减小。合理的充电电压应在蓄电池即将充足时使其充电电流趋于 0,如果电压过高会造成充电初期充电电流过大和过充电,如果电压过低则会使蓄电池充电不足。充电初期若充电电流过大,则应适当调低充电电压,待蓄电池电动势升高后再将充电电压调整到规定值。

恒压充电的优点是充电时间短,充电过程无需调整电压,较适合于补充充电。缺点是不容易将蓄电池完全充足,充电初期大电流对极板会有不利影响。

3. 恒流限压充电

先以恒流方式进行充电,当蓄电池组端电压上升到限压值时,充电机自动转换为恒压充电,直到充电完毕。

问题4 电动汽车动力电池充电方式有哪些?

电动汽车充电方式主要有常规充电(交流慢充)、快速充电(直流快充)、电池更换方式、无线充电方式及未来其他前沿技术等。

1. 常规充电方式

常规充电方式采用恒压、恒流的传统充电方法给电动汽车充电,充电机的工作和安装成本相对比较低,电动汽车家用充电设施(车载充电机)和小型充电站多采用这种充电方式。

车载充电机是电动汽车的一种最基本的充电设备,如图 5-1-6 所示。充电机作为标准配置固定在车上或放在后备厢里。由于只需将车载充电机的插头插到停车场或家中的电源插座上即可充电,因此充电过程一般由客户自己独立完成,直接从低压照明电路取电,充电功率较小,由 220 V/16 A 规格的标准电网电源供电。典型的充电时间为 8~10 h(SOC 值达到 95% 以上)。这种充电方式对电网没有特殊要求,只要能够满足照明要求的供电质量就能够使用。由于在家中充电通常是晚上或在用电低谷期,有利于电能的有效利用。

小型充电站是电动汽车的一种最重要的充电方式,如图 5-1-7 所示。充电桩设置在街边、超市、办公楼、停车场等处。采用常规充电电流充电,电动汽车驾驶员只需将车停靠在充电站指定的位置上,接上电线即可开始充电。计费方式是投币或刷卡,充电功率一般为 5~10 kW,采用三相四线制 380 V 供电或单相 220 V 供电。补充充电时间为 1~2 h,充满为 5~8 h(SOC 值达到 95% 以上)。

图 5-1-6 车载充电机充电方式 　　图 5-1-7 小型充电站充电方式

常规充电的技术成熟,技术门槛低,使用方便,容易推广普及;充电设施配置简单,占地较小,投资少;电池充电过程缓和,电池能够深度充满;充电时电池发热温和,不易发生高温

短路或爆炸危险,安全性较高;接口和相关标准较低;充电功率相对低,对配电网要求较低,基础设施配套需求小,一般选择夜间充电可避开傍晚用电高峰期,节能效果较好。

常规充电方式主要缺点是:充电时间长,续驶里程有限,使用受到限制;用于有慢速充电需求的停车场所,如住宅小区停车场、社会公共停车场等。

2. 快速充电方式

快速充电方式以150~400 A的高充电电流在短时间内为蓄电池充电,与常规充电方式相比安装成本相对较高。快速充电也称为迅速充电或应急充电,其目的是在短时间内给电动汽车充满电,大型充电站(机)多采用这种充电方式。

大型充电站(机)的快速充电方式如图5-1-8所示。它主要针对长距离旅行或需要快速补充电能的情况下充电,充电机功率很大,一般都大于30 kW,采用三相四线380 V供电。其典型的充电时间是10~30 min。这种充电方式对电池寿命有一定的影响,特别是普通蓄电池不能快速充电,因为在短时间内接受大量的电量会导致蓄电池过热。快速充电站的关键是非车载快速充电组件,它能够输出35 kW甚至更高的功率。由于功率和电流的额定值都很高,因此这种充电方式对电网有较高的要求,一般应靠近10 kV变电站附近或在监测站和服务中心中使用。

图5-1-8　大型充电站

快速充电方式的主要优点是技术较为成熟,接口标准要求较低,充电速度快,增加电动汽车长途续航能力,是一种有效的补充方案。

快速充电方式的主要缺点是充电功率较大,接口和用电安全性要求提高,电池散热成为重要因素;电池不能深度充电,一般为电池容量的80%左右,容易损害电池寿命,需要承担更多的电池折旧成本;短时用电消耗大,对配电网要求较高,基础设施配套需求巨大。

3. 电池更换方式

采用更换电池的方式迅速补充车辆电能,电池更换可在10 min以内完成,理论上可无限提升车辆续驶里程。

电池更换方式的主要优点是客户感受接近传统的加油站加油;用户只需购买裸车,电池采用租赁的方式,大幅降低了车辆价格;采用适合的充电方式保证电池的健康以及电池效能的发挥,电池集中管理便于集中回收和维护,减小环境污染;选择夜间用电低谷时段慢速充电,降低服务机构运行成本,对电网起到错峰填谷作用。

电池更换方式的主要缺点是基础设施建设成本较高,占用场地大,电网配套要求高;需解决电动汽车更换电池方便性问题,如电池设计安装位置、电池拆卸难易程度等;需要电动汽车行业众多标准的严格统一,包括电池本身外形和各项参数的标准化,电池和电动汽车接口的标准化,电池和外置充电设备接口的标准化等;电池更换容易导致电池接口接触不良等问题,对电池及车辆接口的安全可靠性要求提高;电池租赁带来的资产管理、物流配送、计价收费等一系列问题,运作复杂性和成本提高。

4. 无线充电方式

无线充电方式包括电磁感应式、磁场共振式、无线电波式 3 种方式。电动汽车非接触充电方式的研究目前主要集中在感应式充电方式,不需要接触即可实现充电。其原理是采用了在供电线圈和受电线圈之间可提供电力的电磁感应方式,即将一个受电线圈装置安装在汽车的底盘上,将另一个供电线圈装置安装在地面,当电动汽车驶到供电线圈装置上,受电线圈即可接收到供电线圈的电流,从而对电池进行充电。

相对电动汽车的有线充电而言,无线充电具有使用方便、安全、可靠,没有电火花和触电危险,无积尘和接触损耗,无机械磨损,没有相应的维护问题,可以适应雨、雪等恶劣的天气和环境等优点。无线充电技术用于电动汽车充电可以降低人力成本,节省空间,不影响交通视线等。有了无线充电技术,公路上行驶的电动汽车或双能源汽车可通过安装在电线杆或其他高层建筑上的发射器快速补充电能。

问题 5　电动汽车动力电池充电注意事项有哪些?

混合动力车辆插有充电电缆时不要加油,与易燃物品保持充足安全距离,否则未按规定插入或拔出充电电缆时存在因燃油燃烧等导致人员受伤或物品损坏的危险。

通过家用插座为高电压动力电池充电会导致插座上出现较高持续负荷。因此必须遵守以下要求:

(1) 不要使用适配器或延长电缆。

(2) 充电结束后,首先拔出车上的充电插头,然后再拔出墙上的充电插头。

(3) 避免绊倒危险以及充电电缆和插座机械负荷。

(4) 不要使用已经损坏的充电电缆。

(5) 为动力电池充电时,充电插头和充电电缆可能会变热。如果已经过热,则可能因为充电插座不适用或充电电缆已损坏,应立即中止充电并让电气专业人员检查。

(6) 充电期间,不允许自动洗车。

(7) 在不熟悉的基础设施/插座上充电时,遵守用户手册内的特殊说明。在车上将充电电流设置为"较低"。

● 任务实施

第一步:穿戴安全防护装备。

车载充电机拆装

第二步:操作启动开关使电源模式至 OFF 状态。

第三步:断开蓄电池负极线束,并做好防护,如图 5-1-9 所示。

图 5-1-9　断开蓄电池负极线束并防护

第四步:按照标准流程排放车载充电机冷却液,如图 5-1-10 所示。

第五步:举升车辆,断开动力电池包母线插接件,如图 5-1-11 所示。

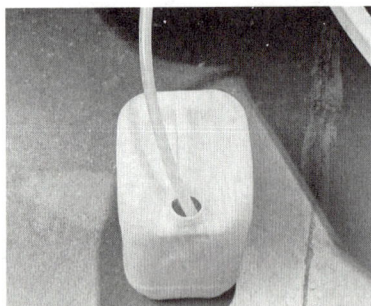

图 5-1-10　排放车载充电机冷却液

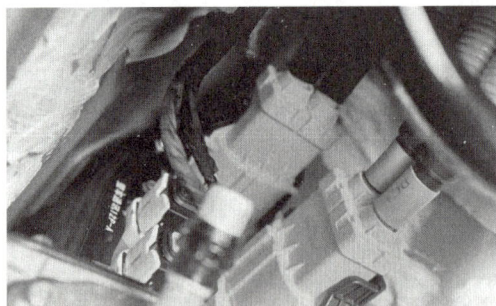

图 5-1-11　断开动力电池包母线插接件

第六步:选择万用表电压挡,测量动力电池包输出侧电压,标准电压为 0 V,如图 5-1-12 所示。

第七步:测量母线插头电压,标准电压 0 V,如图 5-1-13 所示。

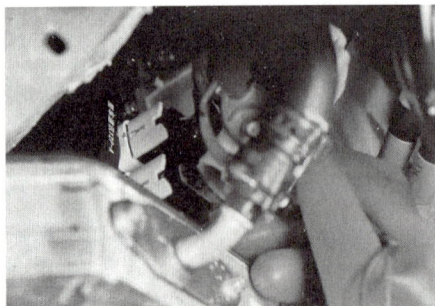

图 5-1-12　测量动力电池包输出侧电压

图 5-1-13　测量母线插头电压

第八步:放下车辆,拆下低压线束插接件及水管,如图 5-1-14 所示。

第九步:拔下所有高压线束并做好防护,如图 5-1-15 所示。

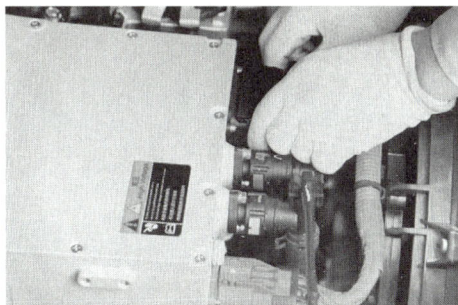

图 5-1-14 拆下低压线束插接件及水管

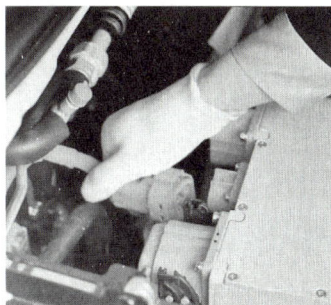

图 5-1-15 拔下所有高压线束

第十步:用 10 号棘轮扳手拆下车载充电机周围的 4 颗固定螺栓,如图 5-1-16 所示。

第十一步:拆下车载充电机,如图 5-1-17 所示。

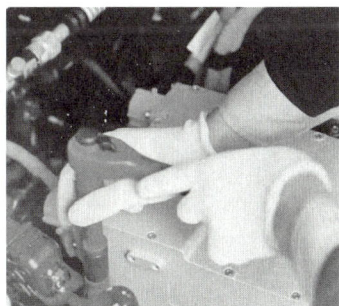

图 5-1-16 拆下车载充电机周围固定螺栓

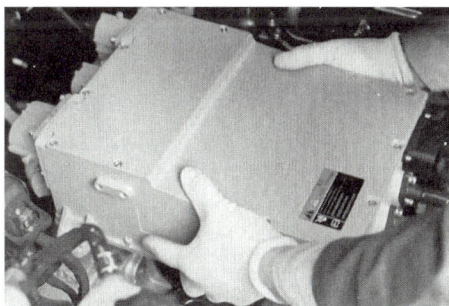

图 5-1-17 拆下车载充电机

第十二步:按拆卸的相反顺序装复车载充电机。

第十三步:接上蓄电池负极线束。

第十四步:将点火开关打到 ON 位置,如果更换正确,仪表盘上显示"READY"。

第十五步:整理、整顿、清扫、清洁。

● 任务评价

1. 新能源实训车进入维修工位,请在更换车载充电机前填写任务工单。

任务工单

班级		组号		指导教师	
组长		学号			
组员	姓名	学号		姓名	学号

任务分工

_____

任务准备

_____

工作步骤

_____

总分:　　　　　　分

2. 质量检验:

(1) 新能源汽车充电系统主要组成部分是(　　　)。

A. 充电桩、车载充电机　　　　　B. 充电桩、DC/DC

C. 车载充电机、DC/DC　　　　　D. DC/DC 高压共轨

(2) 无线充电方式包括(　　　)。

A. 电磁感应式　　B. 磁场共振式　　C. 无线电波式　　D. 以上都是

(3) 新能源汽车,特别是纯电动汽车的充电技术,最关键的问题是如何能实现高效率的快速充电。(　　　)

(4) 新能源汽车主电系统主要由充电桩、充电线束、车载充电机、高压控制盒、动力电池、DC/DC 变换器、低压蓄电池以及各种高压线束和低压控制线束等组成。(　　　)

(5) 充电桩作为新能源汽车充电系统的配套设施,有交流充电桩和直流充电桩两种,其中交流充电桩,俗称"慢充",直流充电桩,俗称"快充"。(　　　)

(6) 充电结束后首先拔出车上的充电插头,然后再拔出墙上的充电插头(　　　)。

(7) 充电时不允许自动洗车。(　　　)

（8）充电时不要使用适配器或延长电缆。（　　）

（9）车载充电机提供小电流慢速充电，充电时间一般较长。（　　）

（10）在不了解的基础设施/插座上充电时，遵守用户手册内的特殊说明。在车上将充电电流设置为"较高"。（　　）

3. 车载充电机拆装作业评价：

项目	评价内容	学生自评（30%）	小组互评（30%）	教师评价（40%）
素质评价（30%）	遵守纪律，遵守学习场所管理规定，服从安排(5分)			
	具有安全意识、责任意识、5S管理意识，注重节约、节能与环保(5分)			
	学习态度积极主动，积极参加实习活动(5分)			
	具有团队合作意识，注重沟通，能自主学习及相互协作(10分)			
	仪容仪表符合活动要求(5分)			
技能评价（70%）	能按时按要求独立完成任务工单(40分)			
	工具、设备选择得当，使用符合技术要求(10分)			
	操作规范，符合要求(5分)			
	学习准备充分、齐全(10分)			
	注重工作效率与工作质量(5分)			
本次得分				
最终得分				
教师反馈		教师签名： 　　　年　　　月　　　日		

任务 2　快充系统常见故障排除

知识目标

1. 理解快充系统的组成及功能。
2. 掌握快充系统工作原理。
3. 熟悉快充系统的充电条件。
4. 了解高压互锁信号线路的作用及常见故障类型。

能力目标

1. 能够使用万用表检测快充插口端子电压、电阻。
2. 能够规范执行高压系统中止操作。
3. 能够排查快充系统通信故障。
4. 能够根据故障现象定位故障点。

素质目标

1. 培养严谨的安全操作习惯,严格遵守高压系统断电与防护流程。
2. 提升环保意识,规范处理废弃高压部件。
3. 强化逻辑思维与系统分析能力,确保故障排查全面性与准确性。

思政目标

1. 践行"安全至上"理念,杜绝带电操作,保障人身与设备安全。
2. 弘扬工匠精神,追求故障诊断的精准性与维修效率的统一。
3. 强化职业责任感,确保操作符合国家标准(如 GB/T 27930 充电通信协议)。

任务描述

一辆纯电动汽车到就近的充电站进行快充,结果快充桩与车辆无法通信,车主又重复操作了几次均出现同样的问题,你能查找出故障原因并排除吗?

任务分析

完成此任务中需要掌握快充系统的工作原理,并且能够正确识读电路图。

知识储备

问题1　快充系统结构组成是什么?

快充系统一般使用工业 380 V 三相电,通过功率变换后,直接将高压大电流通过动力电池高压线束给动力电池充电。快充系统主要部件有供电设备(快充桩)、快充插口、快充线束、高压控制盒、动力电池高压线束、动力电池等。快充系统充电流程如图 5 - 2 - 1 所示。

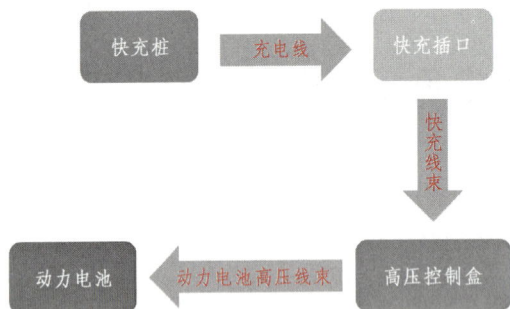

图 5-2-1　快充系统充电流程

1. 供电设备——快充桩

　　这种充电桩功能类似于加油站里的加油机，可以固定在地面或墙壁，有分体式、便携式、壁挂式和一体式等几种形式，安装于公共建筑（公共楼宇、商场、公共停车场等）和居民小区停车场或充电站内，根据不同的电压等级为各种型号的电动汽车充电。充电桩的输入端与交流电网直接连接，输出端都装有充电插头用于为电动汽车充电。充电桩提供人机交互操作界面，进行相应的充电方式、充电时间、费用数据打印等设置，充电桩显示屏能显示充电量、费用、充电时间等数据。图 5-2-2 为纯电动汽车快充桩。

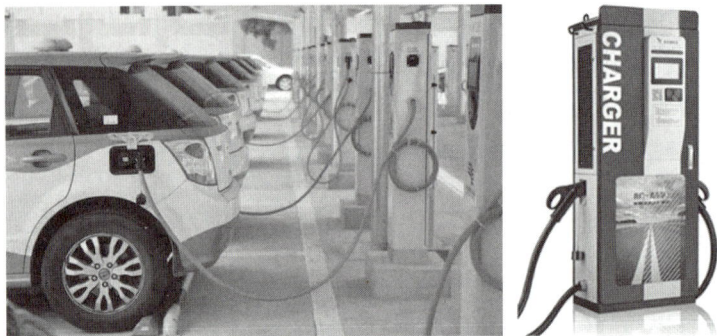

图 5-2-2　纯电动汽车快充桩

2. 快充插口

　　快充插口用于与充电线连接，如图 5-2-3 所示，车型不同所处位置不同。用充电插口的大小与孔数判断快充与慢充，快充插口一般都比慢充插口要大上一圈，孔数要多一些。当快充插口盖板打开时，仪表充电指示灯 S^f 常亮；关闭快充插口盖板，仪表充电指示灯 S^f 熄灭。如果快充插口盖板出现故障，车辆无法正常启动。

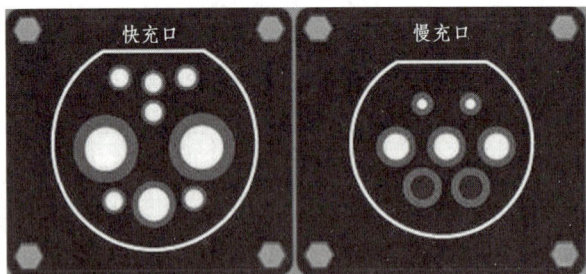

图 5-2-3　充电插口

3. 快充线束

　　快充线束是连接快充插口到高压控制盒之间的线束。快充线束一端连接车辆的快充插口，另一端分成 3 支线束，分别接高压控制盒的高压线束、整车低压线束，以及车身搭铁点的搭铁线束。快充线束如图 5-2-4 所示。

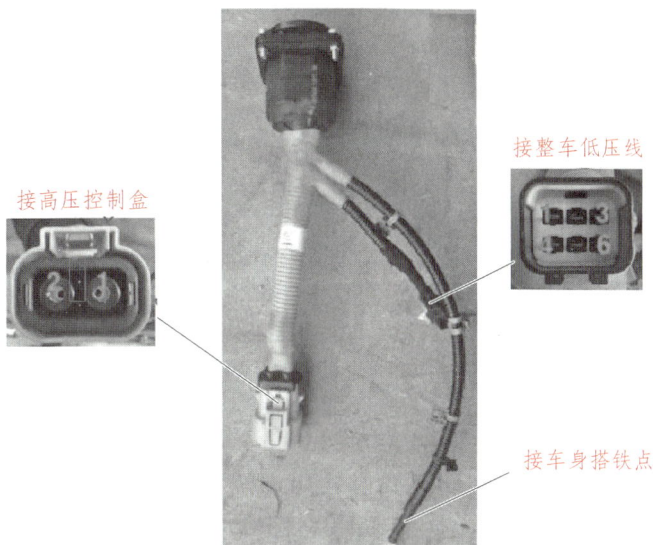

图 5-2-4　快充线束

（1）接高压控制盒　1 脚：高压输出负极 DC－；2 脚：高压输出正级 DC＋；中间为互锁端子。

（2）接整车低压线束插件　1 脚：低压辅助电源负极 A－；2 脚：低压辅助电源正极 A＋；3 脚：快充连接确认线 CC_2；4 脚：快充 CAN-H 信号 S＋；5 脚：快充 CAN-L 信号 S－；6 脚：空。

（3）快充线束快充口端子定义　如图 5-2-5 所示，快充线束快充口端子定义如下：

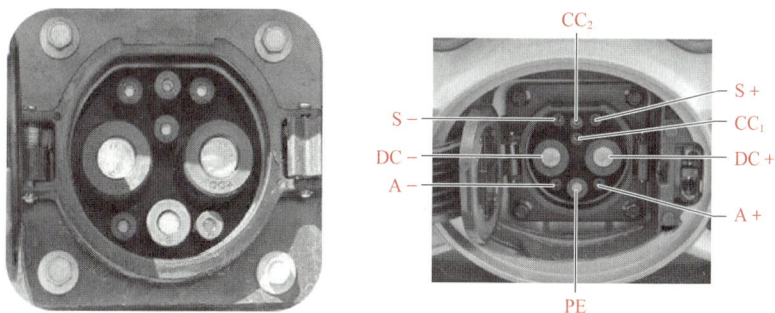

图 5-2-5　快充线束快充插口端子

DC－：高压输出负极，经过高压控制盒快充负继电器，输出到动力电池高压负极。

DC＋：高压输出正极，经过高压控制盒快充正继电器，输出到动力电池高压正极。

PE（GND）：车身搭铁，接蓄电池负极。

A－：低压辅助电源负极，接蓄电池负极。

A＋：低压辅助电源正极，为 12V 快充唤醒信号，经过熔丝 FB27。

CC_1：快充连接确认线，属内部电路，CC_1 与 PE 之间有一个 1 000 Ω 的电阻。

CC_2：快充连接确认线，接整车控制器 T121/17 脚。

S+:快充CAN-H,与动力BMS及数据采集终端通信。

S—:快充CAN-L,与动力BMS及数据采集终端通信。

BMS与数据采集快充的CAN-H与CAN-L之间分别串联了一个120 Ω的电阻,如图5-2-6所示。从快充插口测量S+与S—之间的阻值应为两个120 Ω电阻的并联值,即60 Ω。

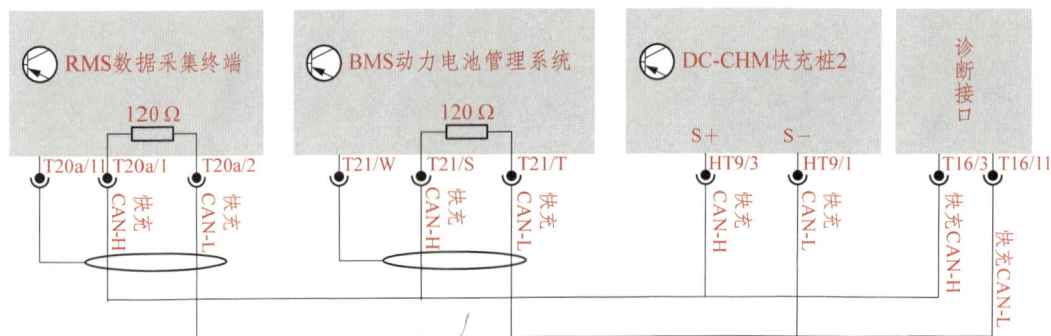

图5-2-6　快充电阻

如整车处于ON挡,有高压时,需先高压断电后再充电。快充时,12 V充电唤醒信号给充电桩、整车控制器、数据采集终端、仪表等,整车控制器唤醒BMS。在充电过程中,整车控制器实时监控充电过程,对异常情况进行紧急充电停止,以及部分信息的仪表显示、监控平台信息上传。

4. 高压控制盒

高压控制盒是完成动力电池电源的输出及分配,实现对支路用电器的保护及切断。高压控制盒在实车上的位置如图5-2-7所示,外观如图5-2-8所示。

图5-2-7　高压控制盒位置

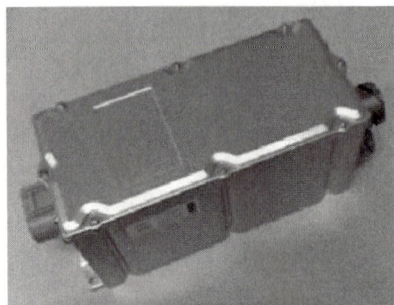

图5-2-8　高压控制盒外观

(1) 外部接口　高压控制盒的前后有多个插件,分别表示不同的含义,连接不同的线束。

① 快充线束插件:快充线束插件连接快充线束,其端口定义如图5-2-9所示:

1脚:高压输出负极;2脚:高压输出正极;

3、4脚:到盒盖开关,为互锁信号线。

② 低压控制端插件:其端口定义如图5-2-9所示:

1脚:快充继电器线圈正极;2脚:快充负极继电器线圈控制端;

3 脚:快充正极继电器线圈控制端;4 脚:空调继电器线圈正极;

5 脚:空调继电器线圈控制端;6 脚:PTC 控制器 GND;

7 脚:PTC 控制器 CAN－L;8 脚:PTC 控制器 CAN－H;

9 脚:PTC 温度传感器负极;10 脚:PTC 温度传感器正极;

11 脚:互锁信号线,接车载充电机;12 脚:空。

③ 高压附件线束插件(俗称 8 芯):连接高压附件线束,连接高压盒到 DC/DC、车载充电机、空调压缩机、空调 PTC 等,其端口定义如图 5－2－10 所示。

A 脚:DC/DC 电源正极;B 脚:PTC 电源正极;

C 脚:压缩机电源正极;D 脚:PTC－A 组负极;

E 脚:充电机电源正极;F 脚:充电机电源负极;

G 脚:DC/DC 电源负极;H 脚:压缩机电源负极;

J 脚:PTC－B 组负极;L 脚:互锁信号线;K 脚:空引脚。

④ 动力电池线束插件:动力电池线束插接连接动力电池高压线束,其端口如图 5－2－11 所示:

图 5－2－9　快充线束插件端口定义

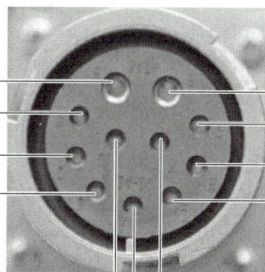

图 5－2－10　高压附件线束插件端口定义

A 脚:高压输出负极;B 脚:高压输出正极;C、D 脚:互锁信号线。

⑤ 电机控制器线束插件:电动机控制器线束插件连接电机控制器高压线束,其端口如图 5－2－12 所示:

图 5－2－11　动力电池线束插件端口

图 5－2－12　电动机控制器线束插件端口

A 脚:高压输出负极;B 脚:高压输出正极;C、D 脚:互锁信号线。

(2)高压控制盒内部结构　高压控制盒内有 PTC 控制板、PTC 熔断器、空调压缩机熔断器、DC/DC 熔断器、车载充电机熔断器和快充继电器等。若熔断器烧断,则无电流输出,快充继电器不闭合,则无法快充,起到保护高压附件的作用。高压控制盒内部结构如图 5-2-13 所示。

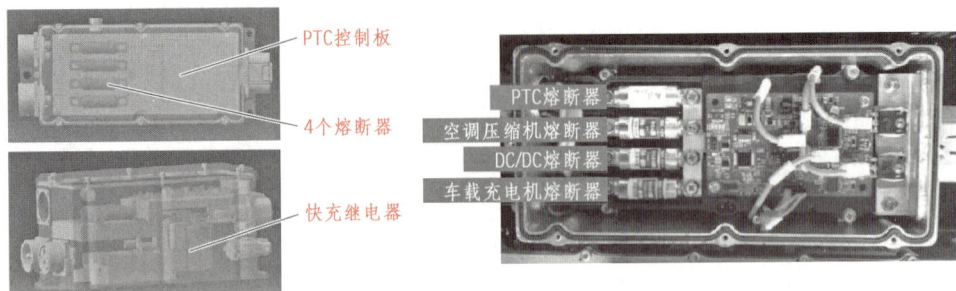

图 5-2-13　高压控制盒内部结构

高压控制盒内的快充继电器有两个,即快充正极继电器和快充负极继电器。当点火开关打到 ON 挡时,ON 挡继电器闭合,12 V 电源经 SB01 和 FB02 熔丝到达快充正极继电器和快充负极继电器线圈的一端,整车控制器控制线圈另一端搭铁,继电器闭合,高压直流电经快充继电器由高压控制盒的动力电池线束插件输出到动力电池。

注意　纯电动汽车上的高压线束为橘黄色,低压线束为黑色,操作时禁止随意触碰高压线束。部件各端口定义中的针脚标识如 S+、S-、A+、A- 等在线束及插件上都有标注。

5. 高压互锁信号线路

互锁电路的作用是监测高压线束的连接情况,若某个高压插件未插到位,动力电池会切断高压电源。图 5-2-14 所示为高低压互锁元件图。

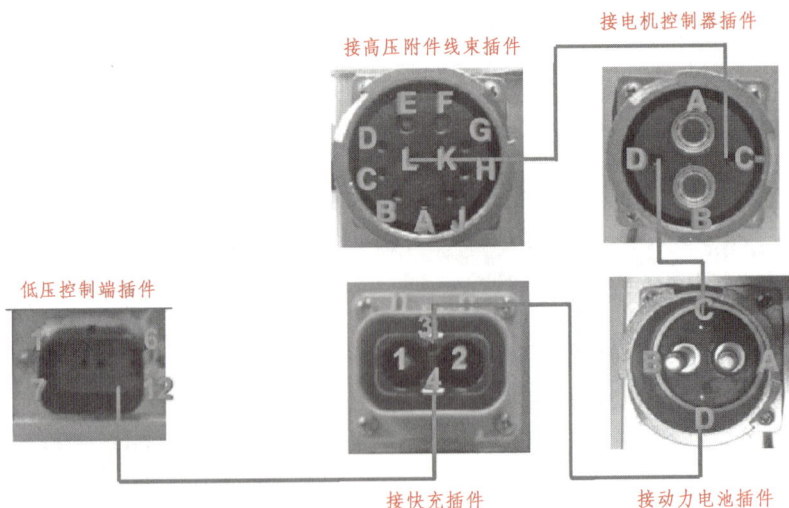

图 5-2-14　高低压互锁元件图

（1）整车在高压供电前，需确保整个高压系统的完整性，使高压系统处于一个封闭的环境下工作，提高安全性。

（2）当整车在运行过程中高压系统回路断开或完整性受到破坏时，需要启动安全防护。

（3）防止带电插拔高压插件给高压端子造成的拉弧损坏。

高低压互锁常见问题有某个高低压插件互锁端子缺失或退针、未插或未插到位。

问题 2 快充系统的工作原理是什么？

快充模式充电系统结构及原理如图 5-2-15 所示。整车控制器是快速充电功能的主控模块。将快速充电接口由充电桩连接至车辆快充插口以后，整车控制器通过 CC 线判断充电插口已经正确连接，并启用唤醒线路唤醒车辆内部充电系统电路及部件。整车控制器通过输出高压接触器接通指令至高压控制盒，实现快速充电桩与动力电池之间高压电路的接通。在接通并实现充电时，整车控制器向仪表输出正在充电显示信息。充电电流主要与温度和单体电压有关，温度越低或者越高，充电电流越小；单体电压越高，充电电流越小。

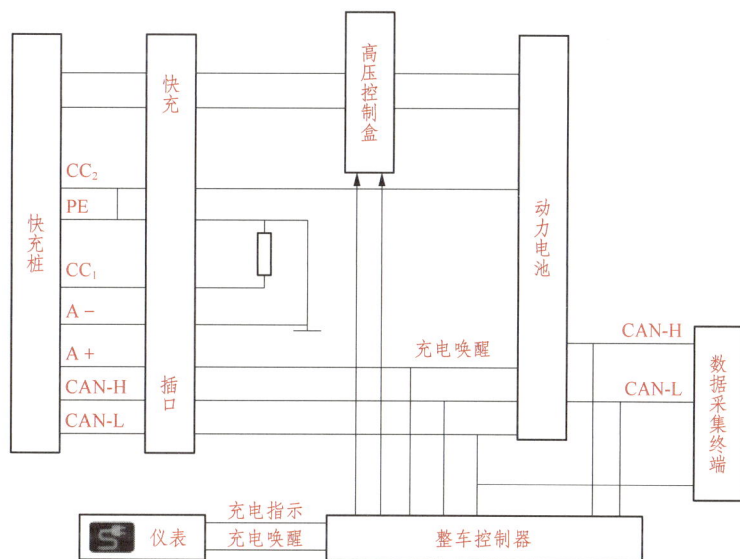

图 5-2-15 快充模式充电系统结构及工作原理

问题 3 快充系统的充电条件是什么？

（1）充电线连接确认信号 CC_1、CC_2 正常。

（2）BMS 供电电源正常（12 V）。

（3）充电唤醒信号输出正常（12 V）。

（4）充电桩、VCU、BMS 之间通信正常（主继电器闭合、发送电流强度需求）。

（5）动力电池电芯温度低于 45 ℃，高于 5 ℃。

（6）单体电池最高电压与最低电压差小于 0.3 V（300 mV）。

（7）单体电池最高温度与最低温度差小于 15 ℃。

（8）绝缘性能大于 500 Ω/1 V。

(9) 实际单体最高电压不大于额定单体电压 0.4 V。

(10) 高、低压电路连接正常(远程开关关闭状态)。

任务实施

第一步:分析快充系统常见故障原因。

(1) 快充桩与车辆无法通信　快充桩与车辆无法通信的主要原因有唤醒线路熔丝损坏,搭铁点搭铁不良,快充枪、快充插口、快充线束、低压电器盒、整车控制器、动力电池低压控制插件等部件的低压辅助电源针脚、连接确认针脚、快充 CAN 针脚等损坏,如退针、烧蚀、锈蚀,动力电池盒数据采集终端快充 CAN 总线间的电阻不合适。

(2) 快充桩与车辆通信正常但无充电电流　快充桩与车辆通信正常但无充电电流的主要原因有高压控制盒快充继电器线路熔丝损坏、主熔丝损坏、低压电器盒损坏、高压控制盒损坏、快充线束损坏、动力电池 BMS 快充唤醒失常。

第二步:建立故障排除思路。

(1) 排除快充桩与车辆无法通信故障　首先检查线路连接情况,然后检查快充系统各部件低压辅助电源、连接确认信号、快充 CAN 线路等的针脚情况以及电压、电阻等是否符合要求。

(2) 排除快充桩与车辆通信正常但无充电电流故障　显然没有了低压通信的问题。应检查高压供电线路的熔丝、线束、继电器等有无问题;检查动力电池与高压控制盒连接插件的电压;检查动力电池 BMS 快充唤醒信号是否正常;检查高压控制盒快充连接端子电压是否正常,有电压则联系动力电池厂家售后对动力电池检测,无电压则更换高压控制盒。

第三步:完成诊断并排除故障。

(1) 检查快充桩与快充插口连接是否良好　检查车辆快充插口各连接端子有无损坏;快充插口和快充枪有无烧蚀和锈蚀现象;快充口 PE 端与车身搭铁是否导通,标准阻值是 0.5 Ω 以下;快充插口 CC_1 与 PE 之间的阻值是否符合要求,阻值应为 1000 ± 50 Ω。

(2) 检测充电唤醒信号是否正常　如未唤醒可能是唤醒线路熔丝损坏、快充口及快充线束损坏、低压电器盒损坏,应逐步检查熔丝电阻、12 V 熔丝电压;快充插口 A+ 与快充线束 A+、低压电器盒是否导通,如不导通,更换或维修。

(3) 检查车辆端连接确认信号是否正常　如快充唤醒信号及相关线束都正常,车辆仍旧不能通信连接,则对车辆端连接确认信号进行检测。可能是快充插口及快充线束损坏、整车控制器针脚损坏、动力电池低压控制插件损坏,应逐步检查快充插口 CC_2 与快充线束 CC_2、整车控制器插件对应端子是否导通;检查快充插口 S- 与快充线束整车低压线束插件 S- 是否导通;检查快充插口 S+ 与快充线束整车低压线束插件 S+ 是否导通,如不导通,更换或维修;检查快充线束 S+ 与 S- 之间的阻值应为 60 ± 5 Ω;检查快充线束整车低压线束插件 S- 与动力电池低压插件对应端子及数据采集终端插件对应端子是否导通,阻值应小于 0.5 Ω;检查快充线束整车低压线束插件 S+ 与动力电池低压插件对应端子及数据采集终端插件对应端子是否导通,阻值应<0.5 Ω;断开快充线束与数据终端和动力电池低压插件,检查快充线束整车低压线束插件 S+ 与 S- 之间的阻值应为无穷大,分别检查动力电池和数据采集终端快充 CAN 总线间的电阻,应该都为 120 Ω,若不是,应更换或维修;检查快充线束整车低压线束插件 A- 与车身搭铁是否导通,若不导通,应更换或维修。

第四步:整理、整顿、清扫、清洁。

● **任务评价**

1. 在任务实施前填写任务工单。

任务工单

班级		组号		指导教师	
组长		学号			
组员	姓名	学号		姓名	学号

任务分工

任务准备

工作步骤

总分：　　　　分

2. 质量检验：

(1) 快速充电是以较大直流电流短时间在电动汽车停车的(　　)内,为其提供短时间充电服务,一般充电电流为(　　)。

A. 10～20 min,150～400 A　　　　　　B. 20 min～2 h,150～400 A

C. 20 min～2 h,250～400 A　　　　　　D. 10～20 min,2 500～400 A

(2) 纯电动汽车上的高压线束为(　　),低压线束为(　　)。

A. 橘黄色、黑色　　B. 橘黄色、棕色　　C. 红色、棕色　　D. 红色、黑色

(3) 单体电池最高电压与最低电压差就小于(　　)。

A. 1 V　　　　　　B. 0.3 V　　　　　　C. 0.5 V　　　　　　D. 0.6 V

(4) BMS 供电电源为(　　)V。

A. 6 V　　　　　　B. 5 V　　　　　　C. 9 V　　　　　　D. 12 V

(5) 快充系统一般使用工业 380 V 三相电,通过功率变换后,直接将高压大电流通过动力电池高压线束给动力电池充电。( )

(6) 我们一般用充电插口的大小与孔数判断快充与慢充,快充插口一般都比慢充插口要大上一圈,孔数要多一些。( )

(7) 快充线束一端连接车辆的快充插口,另一端分成 3 支线束,分别接高压控制盒的高压线束、整车低压线束以及接车身搭铁点的搭铁线束。( )

(8) 高压控制盒用于完成动力电池电源的输出及分配,实现对支路用电器的保护及切断。( )。

(9) 高压控制盒内的快充继电器有两个,即快充正极继电器和快充负极继电器。( )

(10) 互锁电路的作用是监测低压线束的连接情况,当某个高压插件未插到位,动力电池则切断高压电源。( )

3. 快充系统常见故障排除作业评价。

项目	评价内容	学生自评(30%)	小组互评(30%)	教师评价(40%)
素质评价(30%)	遵守纪律,遵守学习场所管理规定,服从安排(5分)			
	具有安全意识、责任意识、5S管理意识,注重节约、节能与环保(5分)			
	学习态度积极主动,积极参加实习活动(5分)			
	具有团队合作意识,注重沟通,能自主学习及相互协作(10分)			
	仪容仪表符合活动要求(5分)			
技能评价(70%)	能按时按要求独立完成任务工单(40分)			
	工具、设备选择得当,使用符合技术要求(10分)			
	操作规范,符合要求(5分)			
	学习准备充分、齐全(10分)			
	注重工作效率与工作质量(5分)			
本次得分				
最终得分				
教师反馈		教师签名:		
		年 月 日		

任务3　慢充系统常见故障排除

知识目标

1. 理解慢充系统的组成及工作原理。
2. 掌握慢充系统的充电条件。
3. 熟悉慢充系统常见故障类型。
4. 了解车载充电机的功能及状态指示。

能力目标

1. 能够规范执行慢充系统连接状态检测。
2. 能够使用万用表排查低压供电及唤醒信号故障。
3. 能够通过故障诊断仪读取车载充电机与BMS数据流,分析充电中断原因。
4. 能够完成车载充电机更换及系统功能验证。

素质目标

1. 培养细致入微的操作习惯,确保充电插口连接可靠、线束无虚接。
2. 提升环保意识,规范处理废弃充电线、熔断器及绝缘材料。
3. 强化团队协作能力,在复杂故障场景中分工明确、高效沟通。

思政目标

1. 践行"安全第一"理念,严格执行高压系统中止与验电流程,杜绝带电操作。
2. 弘扬工匠精神,追求故障诊断的精准性与维修质量的可靠性。
3. 强化职业责任感,确保操作符合国家标准(如 GB/T 18487.1 充电接口规范)。

任务描述

一辆纯电动汽车欲充电,系统提示车载充电机与充电桩连接故障,车主又重复操作了几次均出现同样的问题。你能查找出故障原因并排除吗?

任务分析

完成此项任务需要掌握慢充系统的工作原理,并且能够正确识读电路图。

知识储备

问题1　慢充系统由哪些部件构成?

慢充系统使用交流 220 V 单相民用电,通过车载充电机整流变换,将交流电变换为高压直流电给动力电池供电。慢充系统主要由供电设备(充电桩)、慢充插口、车载充电机、高压控制盒、动力电池、高压线束和低压控制线束等组成,如图 5-3-1 所示。

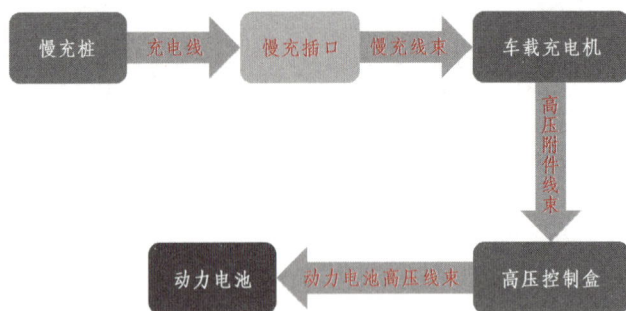

图 5 - 3 - 1　慢充系统充电流程

1. 供电设备

慢充系统的供电设备主要有慢充桩-充电线、家用交流慢速充电线(充电宝)、直接供电等几种形式,因直接供电无安全保护装置,故一般不采用。

(1)充电线　2014 年及以后生产的纯电动车辆随车配备双弯头充电线部件。此类型充电线分为 16 A 和 32 A 两种,如图 5 - 3 - 2 所示。

(2)充电宝　三相端接家用三相插座,另一端接车辆慢充插口,如图 5 - 3 - 3 所示。

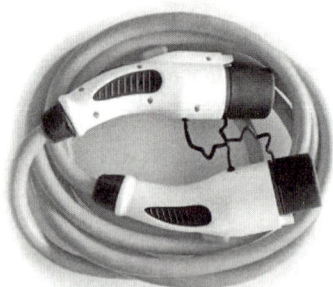

图 5 - 3 - 2　充电线

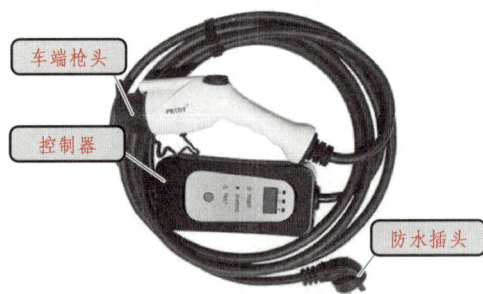

图 5 - 3 - 3　充电宝

2. 慢充插口

新能源车辆的慢充插口如图 5 - 3 - 4 所示,用于连接慢充桩-充电线。

图 5 - 3 - 4　荣威 Ei5 慢充插口

再次提醒　除特斯拉外,所有中国在售的电动汽车慢充插口的型号是统一的。也就是说不管什么牌子什么型号的电动汽车,它们的充电插口都长得一模一样。眼睛大一些,略显惊讶的外星人,是快充插口。像一朵小梅花的插口是慢充插口,如图5-3-5所示。

图5-3-5　快充插口与慢充插口区别

3.慢充线束

连接慢充插口与车载充电机之间的线束,其作用为将慢充桩输入的220 V交流电输送到车载充电机。慢充线束一端接车载充电机交流输入端,其端口定义如图5-3-6所示:

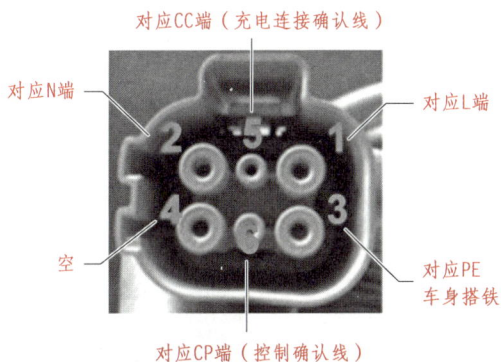

图5-3-6　慢充线束接车载充电机端子

1脚:交流电源L;2脚:交流电源N;3脚:PE车身搭铁;

4脚:空;5脚:慢充连接确认线CC;6脚:慢充控制确认线CP。

慢充线束的另一端为慢充插口,其端口定义如图5-3-7所示。

CP:慢充控制确认线;CC:慢充连接确认线;N:交流电源;

L:交流电源;PE:车身搭铁;NC_1、NC_2:备用端子。

4.车载充电机

车载充电机的作用是将输入的220 V交流电转换为动力电池所需的290～420 V高压直流电,实现电池电量的补给,在工作过程中需要协调充电桩、BMS等部件。车载充电机有风冷和水冷两种冷却形式,相对于传统工业电源,车载充电机具有效率高、体积小、耐受恶劣工作环境等特点。车载充电机外观如图5-3-8所示。

图5-3-7 慢充线束慢充口端口

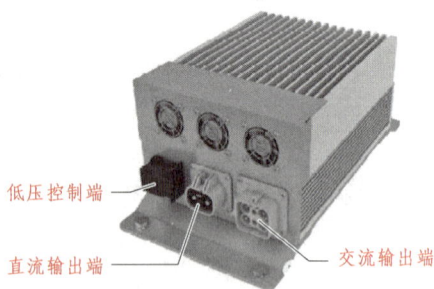

图5-3-8 车载充电机外观图

(1) 交流输入端 连接慢充的一端,将220 V交流电通过线束输入车载充电机,各脚定义见慢充线束。

(2) 直流输出端 通过高压附件线束将转换后的动力电池所需的290～420 V高压直流电送往高压控制盒,其端口如图5-3-9所示。

A脚:高压输出负极;B脚:高压输出正极。

(3) 低压控制端 如图5-3-10所示:

1脚:新能源CAN-L;2脚:新能源CAN-GND;

5脚:高低压互锁信号,接空调压缩机控制器T6k/3针脚;

8脚:蓄电池负极GND;9脚:新能源CAN-H;

11脚:CC信号输出,接整车控制器T121/36针脚;

13脚:高低压互锁信号,接高压控制盒T12/11针脚;

15脚:12 V慢充唤醒信号;16脚:12 V常电,经由FB02熔丝供电;其他脚:空。

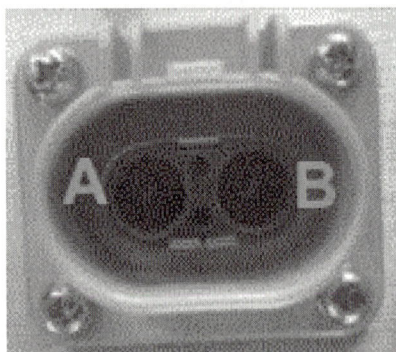

图5-3-9 车载充电机直流输出端

图5-3-10 车载充电机低压控制端

(4) 车载充电机工作状态 车载充电机共有3个指示灯,如图5-3-11所示。充电时,应查看指示灯是否正常。

POWER灯:电源指示灯,当接通交流电后该指示灯亮。

RUN灯:充电指示灯,当充电机接通电池进入充电状态后该指示灯亮。

FAULT 灯:报警指示灯,当充电机内部有故障时该指示灯亮。

当充电正常时,POWER 灯和 RUN 灯点亮;当启动半分钟后仍只有 POWER 灯亮时,有可能为电池无充电请求或已充满;当 FAULT 灯点亮时,则说明充电系统出现异常;当 3 个灯都不亮时,检查充电桩以及充电线束及插接件。

图 5 - 3 - 11　车载充电机指示灯

问题 2　慢充系统工作过程是什么?

如图 5 - 3 - 12 所示,充电枪连接,通过充电机反馈到整车控制器,再唤醒仪表显示连接状态(负触发);充电机同时唤醒整车控制器和动力电池 BMS(正触发),整车控制器唤醒仪表启动显示充电状态(负触发);动力电池正、负主继电器由整车控制器发出指令由 BMS 控制闭合。

慢充系统启动,充电桩提供交流供电,电池低压唤醒整车控制系统,动力电池 BMS 检测充电需求并给车载充电机发送工作指令,动力电池继电器闭合,车载充电机开始工作。当动力电池检测充电完成后,BMS 给车载充电机发送停止指令,车载充电机停止工作,动力电池继电器断开,充电结束。

整个充电过程分为 6 个阶段:物理连接完成、低压辅助供电、充电握手阶段、充电参数配置阶段、充电阶段和充电结束阶段,如图 5 - 3 - 13 所示。在各个阶段,充电机和 BMS 如果在规定的时间内没有收到对方报文或没有收到正确报文,即判定为超时,超时时间为 5 s。出现超时后,BMS 或充电机发送错误报文,并进入错误处理状态。在对故障处理的过程中,根据故障的类别,分别进行不同的处理。在充电结束阶段中,如果出现了故障,直接结束充电流程。

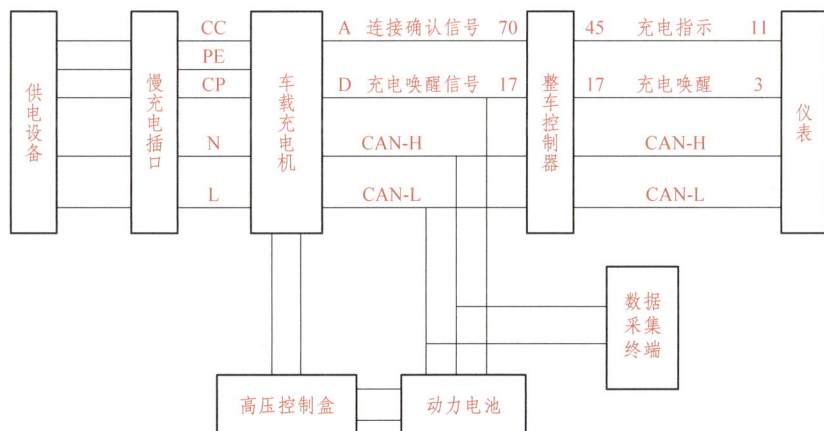

图 5 - 3 - 12　慢充系统工作过程

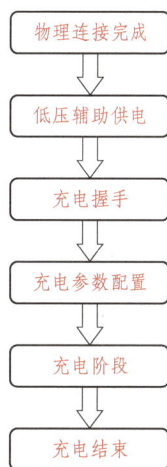

图 5 - 3 - 13　充电流程

问题 3　慢充系统充电条件是什么?

(1) 充电线连接确认信号正常。

(2) 充电机供电电源正常(含 220 V 和 12 V),充电机工作正常。

（3）充电唤醒信号输出正常（12 V）。

（4）充电机、整车控制器、BMS之间通信正常，主继电器闭合，发送电流强度需求。

（5）动力电池电芯温度高于 0 ℃，低于 45 ℃。

（6）单体电池最高电压与最低电压差＜0.3 V（300 mV）。

（7）单体电池最高温度与最低温度差小于 15 ℃。

（8）绝缘性能大于 500 Ω/1 V。

（9）实际单体最高电压不大于额定单体电压 0.4 V。

（10）高、低压电路连接正常，远程控制开关关闭。

● 任务实施

第一步：分析慢充系统常见故障原因。

（1）充电桩显示车辆未连接　主要原因有充电枪安装不到位，车辆与充电桩两端反接。

（2）动力电池继电器未闭合　主要检查插接件是否正常连接，车载充电机输出唤醒是否正常。

（3）动力电池继电器正常闭合，但充电机无输出电流　检查车端充电枪是否连接到位，高压熔断丝是否熔断，高压插接器及线缆是否正确连接。

第二步：建立故障排除思路。

1. 线路连接情况

先检查慢充桩与充电线、慢充插口、慢充线束、车载充电机、高压控制盒、动力电池之间的线路连接是否良好。

2. 检查低压供电及唤醒信号是否正常

（1）检查车载充电机指示灯状态，如 3 个灯都不亮，表示没有电源输入，分别检查线路熔丝、充电线、慢充插口、慢充线束是否正常，若正常，更换车载充电机。

（2）检查车载充电机的 12 V 电源及慢充唤醒信号是否正常，高压控制盒内的车载充电机熔断器是否损坏，动力电池 12 V 唤醒信号是否正常，整车控制器、动力电池等部件的新能源 CAN 总线是否正常。

（3）动力电池低压控制端搭铁及整车控制器控制搭铁是否正常。

3. 检查高压电路是否正常

如果低压电路正常，充电仍无法完成，逐步检查充电线、慢充线束、车载充电机、高压控制盒、动力电池之间的高压电是否正常，是线束故障还是部件故障。

4. 使用故障诊断仪检查

使用故障诊断仪分别检查动力电池及车载充电机的工作状态，分析数据，找出故障原因。

第三步：完成诊断并排除。

1. 检查慢充桩与慢充插口连接是否良好

（1）检查车载充电机，如果发现 3 个指示灯都不亮，分别测量充电线桩端充电枪的 N、L、PE、CP、CC 脚和车辆端的 N、L、PE、CP、PE 脚是否导通，如不导通，则修复或更换充电线总成。

（2）测量充电线车辆端充电枪的 CC 脚和 PE 脚的阻值，16 A 充电线阻值应为 680×

$(1\pm3\%)\Omega$，32 A 充电线阻值应为 $220\times(1\pm3\%)\Omega$，若阻值与标准值不符，则修复或更换充电线总成。

2. 检查慢充插口与车载充电机连接是否良好

排除慢充桩与充电线问题后，启动充电流程；车载充电机指示灯仍旧都不亮的，则检查慢充线束及车载充电机。

（1）检查插件端子有无烧蚀、虚接现象，分别测量充电插口 L、N、PE、CC、CP 脚与充电线束充电机插件相应端子是否导通。如不导通，则修复或更换慢充线束总成。

（2）慢充线束检查完毕，恢复后进行充电测试。如果车载充电机的指示灯还都不亮，则更换车载充电机。若该车更换车载充电机后，充电正常，则故障排除。

第四步：整理、整顿、清扫、清洁。

● **任务评价**

1. 在任务实施前填写任务工单。

任务工单

班级		组号		指导教师	
组长		学号			
组员	姓名	学号		姓名	学号

任务分工

任务准备

工作步骤

总分：　　　　　分

2. 质量检验：

(1) 常规充电电流相当低,约为(　　　)。

A. 10 A　　　　　　B. 15 A　　　　　　C. 20 A　　　　　　D. 5 A

(2) 2014 年及以后生产的纯电动车辆随车配备双弯头充电线部件。此类型充电线分为(　　　)和(　　　)两种。

A. 10 A,20 A　　　B. 16 A,32 A　　　C. 16 A,36 A　　　D. 12 A,48 A

(3) 车载充电机有(　　　)指示灯。

A. POWER 灯　　　B. RUN 灯　　　　C. FAULT 灯　　　D. 以上都是

（4）常规蓄电池的充电方法都采用小电流的恒压或恒流充电。（　　）

（5）常规充电方式是利用车载充电机,接 220 V 交流电即可。（　　）

（6）慢充线束是连接慢充插口与车载充电机之间的线束。（　　）。

（7）车载充电机的作用是将输入的 220 V 交流电转换为动力电池所需的 290～420 V 高压直流电。（　　）

（8）慢速充电过程分为 6 个阶段:物理连接完成、低压辅助供电、充电握手阶段、充电参数配置阶段、充电阶段和充电结束阶段。（　　）

（9）充电枪连接,通过充电机反馈到整车控制器,再唤醒仪表显示连接状态(正触发)。（　　）

（10）在充电结束阶段,如果出现了故障,系统会直接结束充电。（　　）

3. 慢充系统常见故障排除作业评价:

项目	评价内容	学生自评（30%）	小组互评（30%）	教师评价（40%）
素质评价（30%）	遵守纪律,遵守学习场所管理规定,服从安排(5分)			
	具有安全意识、责任意识、5S管理意识,注重节约、节能与环保(5分)			
	学习态度积极主动,积极参加实习活动(5分)			
	具有团队合作意识,注重沟通,能自主学习及相互协作(10分)			
	仪容仪表符合活动要求(5分)			
技能评价（70%）	能按时按要求独立完成任务工单(40分)			
	工具、设备选择得当,使用符合技术要求(10分)			
	操作规范,符合要求(5分)			
	学习准备充分、齐全(10分)			
	注重工作效率与工作质量(5分)			
本次得分				
最终得分				
教师反馈		教师签名：　　　　　　　　　　　　　年　　　月　　　日		

任务4　充电桩安装与调试

知识目标

1. 理解新能源汽车充电桩的类型及安装方式。
2. 掌握充电桩的核心功能及工作原理。
3. 熟悉充电桩的接线规范及安全标准。
4. 了解充电桩的智能化发展趋势。

能力目标

1. 能够规范执行充电桩的安装步骤。
2. 能够使用万用表完成线路检查。
3. 能够配置充电桩系统参数。
4. 能够排查常见安装故障。

素质目标

1. 培养严谨的安全操作意识,确保安装过程中高压断电与防护措施到位。
2. 提升环保意识,规范处理安装废弃物。
3. 强化团队协作能力,在复杂安装任务中分工明确、高效沟通。

思政目标

1. 践行"绿色能源"理念,推动新能源汽车基础设施建设的可持续发展。
2. 弘扬工匠精神,追求安装工艺的精准性与系统调试的可靠性。
3. 强化职业责任感,遵守国家标准和行业安全守则。

任务描述

新能源汽车维修站需要安装充电桩,选择充电桩的类型并安装调试。你能完成这个任务吗?

任务分析

完成此任务需要掌握新能源汽车充电桩的工作过程和使用流程。

知识储备

问题1　新能源汽车充电桩的作用是什么?

充电桩可以固定于地面或墙壁,安装于公共建筑(公共楼宇、商场、公共停车场等)和居民小区停车场或充电站内,可以根据不同的电压等级为各种型号的电动汽车充电。充电桩的输入端与交流电网直接连接,输出端都装有充电插头用于为电动汽车充电。汽车充电桩一般提供常规充电(交流慢充)和快速充电(直流快充)两种充电方式。可以使用特定的充电卡在充电桩提供的人机交互操作界面上刷卡使用,进行相应的充电方式、充电时间、费用数据打印等操作,充电桩显示屏能显示充电量、费用、充电时间等数据。

问题 2 新能源汽车充电桩有哪些类型?

1. 按安装方式分

可分为落地式充电桩、挂壁式充电桩。落地式充电桩适合安装在不靠近墙体的停车位,如图 5-4-1 所示停车位桩体式充电桩。挂壁式充电桩适合安装在靠近墙体的停车位,如图 5-4-2 所示家用车库壁挂式充电桩。

图 5-4-1 停车位桩体式充电桩

图 5-4-2 家用车库壁挂式充电桩

2. 按安装地点分

按照安装地点,可分为公共充电桩、专用充电桩和自用充电桩。公共充电桩是建设在公共停车场(库)结合停车泊位,为社会车辆提供公共充电服务的充电桩。专用充电桩是建设单位(企业)自有停车场(库),为单位(企业)内部人员使用的充电桩。自用充电桩是建设在个人自有车位(库),为私人用户提供充电的充电桩。充电桩一般结合停车场(库)的停车位建设。安装在户外的充电桩防护等级应不低于 IP54,安装在户内的充电桩防护等级应不低于 IP32。如图 5-4-3 所示为公共充电桩。

图 5-4-3 公共充电桩

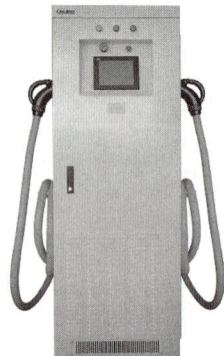

图 5-4-4 多用充电桩

3.按充电接口数分

可分为一桩一充和一桩多充,如图 5-4-4 所示为多用充电桩。

4.按充电方式分

可分为直流充电桩、交流充电桩和交直流一体充电桩。

(1)直流充电桩特点　直流充电桩的输入电压采用三相四线交流 380 V(±15%),频率为 50 Hz,输出为可调直流电,直接为电动汽车的动力电池充电。可以提供足够的功率,输出的电压和电流调整范围大,可以实现快充的要求。

① 采用分体式结构,主要由整流柜、充电桩,以及整流柜和充电桩之间的连接电缆、充电桩和电动汽车之间的连接电缆及充电连接器等部分组成。整流柜由整流模块和充电主控系统组成,由充电桩完成与用户之间的人机交互功能,并实现对电动车充电的管理、计费和相应的电池状态检测等功能。

② 具备通过 CAN 网络与 BMS 通信的功能,用于判断电池类型,获得动力电池系统参数、充电前和充电过程中动力电池的状态参数。与充电站后台监控系统通信,上传充电器和动力电池的工作状态、工作参数、故障报警等信息,并接受监控系统的控制命令,执行遥控动作。

③ 能够判断充电连接器、充电电缆是否正确连接。当充电连接器与电动汽车电池系统正确连接后,充电器才允许启动充电过程;当充电器检测到与电动汽车电池系统的连接不正常时,能立即停止充电,并发出警告信息。

④ 能够为电动汽车提供低压辅助电源,在充电过程中为电动汽车 BMS 供电。

⑤ 具有高效、可靠、便于维护、灵活扩容、节能环保等优点。

⑥ 采用数字化均流技术,均流性能稳定,脱离管理模块也能稳定工作并自主均流。

⑦ 采用模块化架构,可适应 10~200 kW 的不同功率需求。

⑧ 动态优化的功率模块管理,在各种功率输出状态下获得最大效率输出。

⑨ 具有输出电压、电流调节范围宽的特点,满足不同类型蓄电池组端电压的充电要求。

⑩ 具有电源过温,输入侧过压、欠压,输出侧过流、过压保护等安全防护功能。

⑪ 整流模块采用 ARM 作为控制核心,具有很高的灵活性和一致性。

⑫ 采用高频变压器,体积小,功率密度高。

⑬ 采用 IGBT 配套最新的驱动技术,稳定性高。

⑭ 具备宽电压输入范围,以及宽工作温度范围。

⑮ 友好的人机界面,动态显示电压、电流以及故障信息。

(2)交流充电桩特点　交流充电桩只提供电力输出,没有充电功能,需连接车载充电机为电动汽车充电。交流充电桩设计要求的特点如下。

① 可以提供交流 220 V/7 kW 供电能力。交流充电桩的电源要求:输入电压为单相交流 220 V(±10%),输出频率为 50 Hz(±2%),输出为交流 220 V/7 kW。

② 具备漏电、短路、过压、欠压、过流等保护功能,确保充电桩安全可靠运行。

③ 具备显示、操作等必需的人机接口。

④ 交流充电计量。

⑤ 设置刷卡接口,支持 RFID 卡、IC 卡等常见的刷卡方式,并可配置打印机,提供票据打印功能。

⑥ 具备充电接口的连接状态判断、控制导引等完善的安全保护控制逻辑。

问题3 中国充电桩发展趋势是什么?

1. 无线充电技术

无线充电技术主要依靠安置在地下的充电板发射电磁波,由电动汽车上的感应线圈接受电磁波,利用电磁转换原理为车载电池充电,具有安全性高、使用便捷、易于安装等优势。2017年,德国大陆公司(Continental)就推出了电动汽车无线充电网络系统和lICharge智能系统,效率高达90%,每充电20 min可行驶20 km。

2. 5G技术

5G技术的发展将是充电桩行业技术升级的关键,不仅会提高充电桩网络的建设效率,还会提升充电桩充电服务的用户体验,增加充电桩的应用场景。

3. 共享经济

共享经济的核心是提升资产利用率,降低折旧成本。而目前私人用户充电桩的配建因难以进入小区等阻力,在一二线城市的中心城区的比例较低。加之电动汽车通常是日常上班通勤车辆,因此大部分私人用户充电车位在白天基本上是闲置的。共享私人充电桩可以满足大部分电动车主的充电需求。截至2020年底,中国随车配建(私人)充电设施约有87.4万台,假设有1/4实现共享,将有近万座公共充电站(假设一个充电站提供15个桩位)。因此,电动汽车随车配建充电桩具有成为共享经济行业中又一新兴业务的潜能。

● 任务实施

以全国职业院校技能大赛新能源汽车检测与维修竞赛项中"新能源汽车充电设备装配与调试"竞赛模块为例,如图5-4-5所示。

充电桩装配与调试

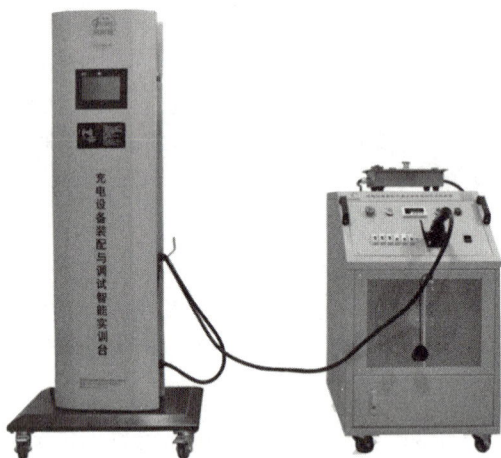

图5-4-5 赛项设备

1. 设备安装

第一步:安装显示屏,旋紧卡扣,如图5-4-6所示。

第二步:安装LED灯板,旋紧螺丝,如图5-4-7所示。

第三步:在固定支架上安装读卡器,如图5-4-8所示。

第四步:安装急停开关,如图5-4-9所示。

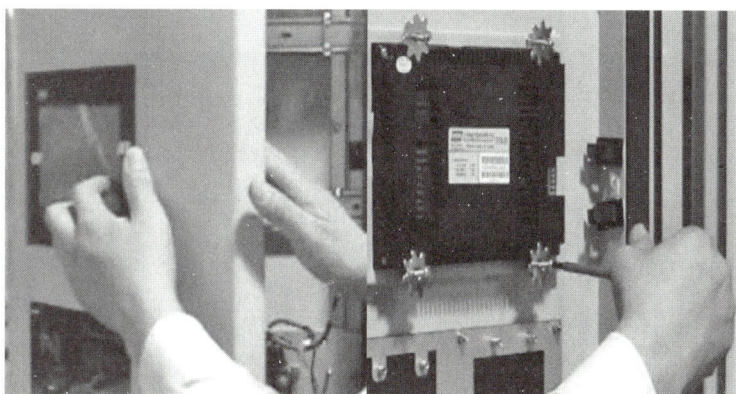

图 5 - 4 - 6　安装显示屏

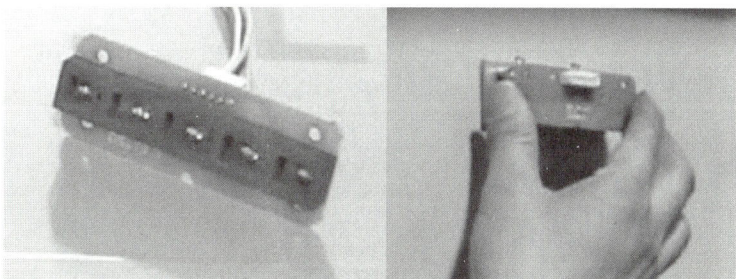

图 5 - 4 - 7　安装 LED 灯板

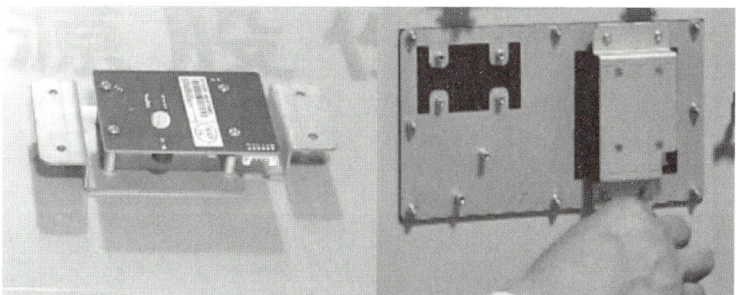

图 5 - 4 - 8　安装读卡器

图 5 - 4 - 9　安装急停开关

第五步：安装门禁开关，图 5 - 4 - 10 所示。

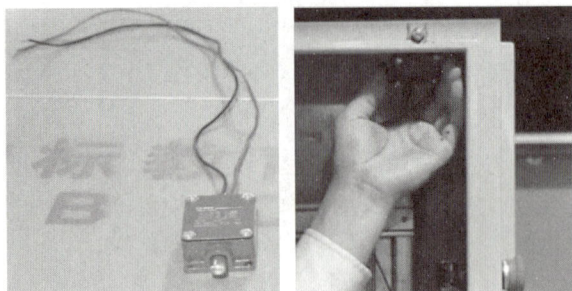

图 5 - 4 - 10　安装门禁开关

第六步：安装限位卡和线排。将限位卡安装在配件固定轨道上，将线排安装在配件固定轨道上，图 5 - 4 - 11 所示。

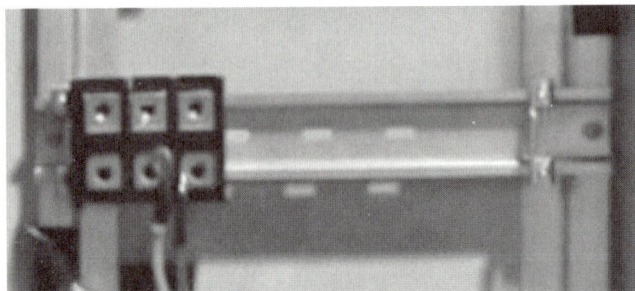

图 5 - 4 - 11　安装限位卡和线排

第七步：将辅助电源模块、主控模块、辅助继电器模块、单相断路器模块、浪涌防护器模块、智能电表模块、交流接触器模块安装在固定支架上。向上推动固定卡锁止，并检查锁止状态，如图 5 - 4 - 12 ～图 5 - 4 - 18 所示。

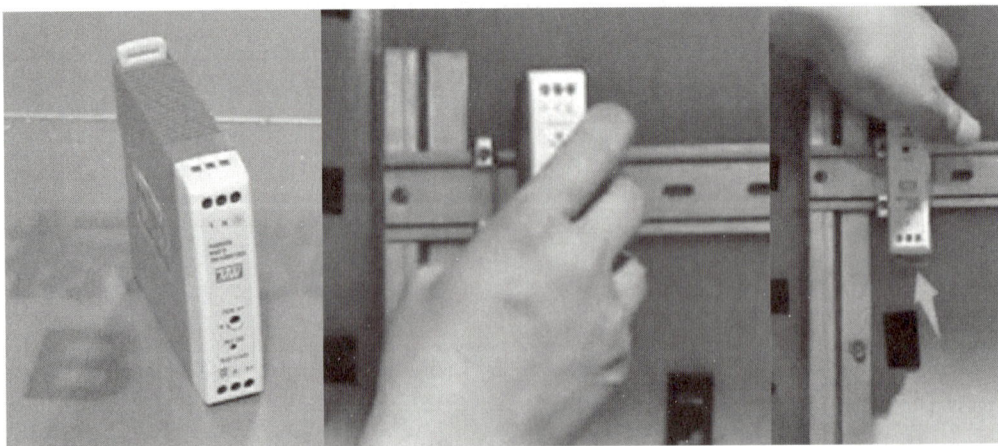

图 5 - 4 - 12　安装辅助电源模块

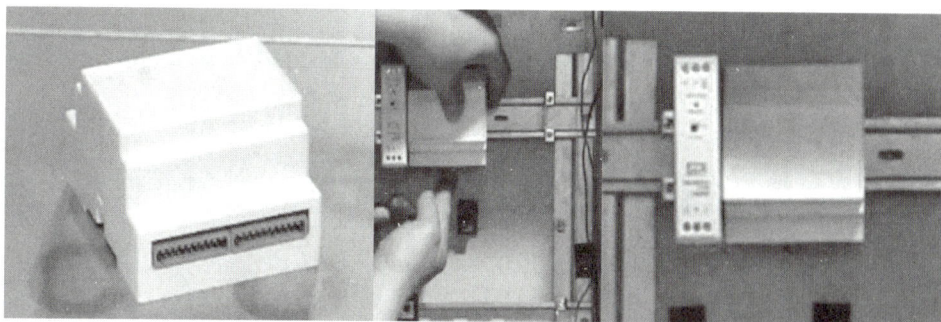

图 5‐4‐13　安装主控模块

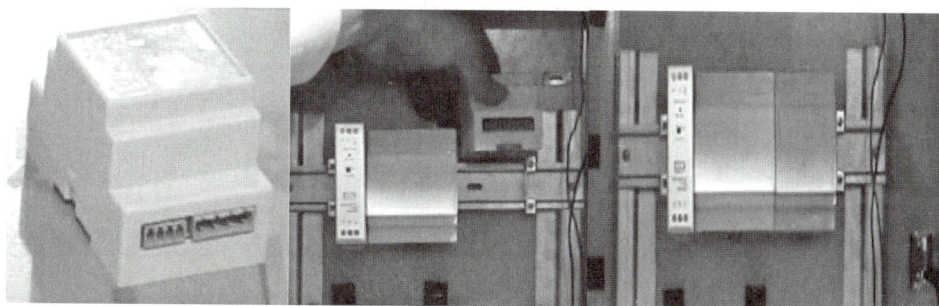

图 5‐4‐14　安装辅助继电器

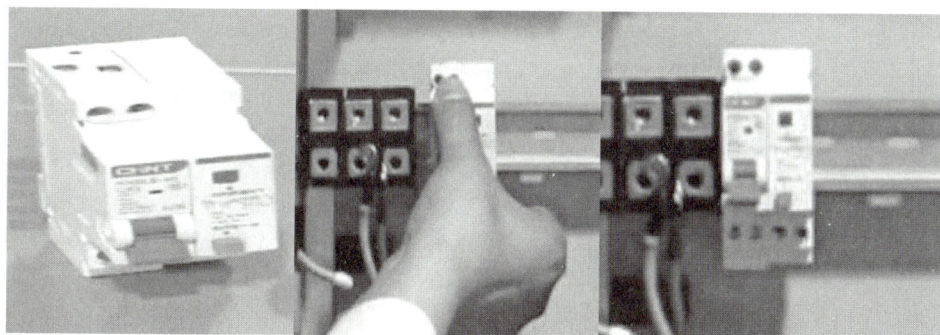

图 5‐4‐15　安装单相断路器模块

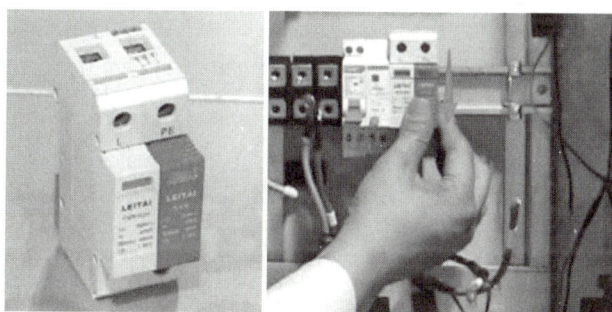

图 5‐4‐16　安装浪涌防护器模块

图 5-4-17 安装智能电表模块

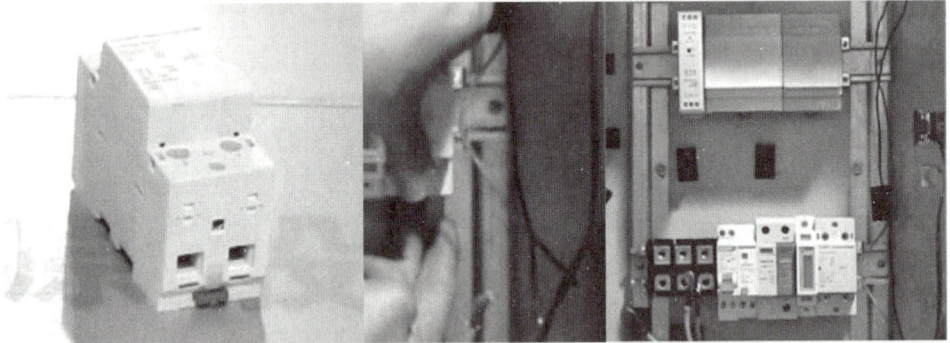

图 5-4-18 安装交流接触器模块

2. 充电桩接线

第一步:线排接线,如图 5-4-19 所示。

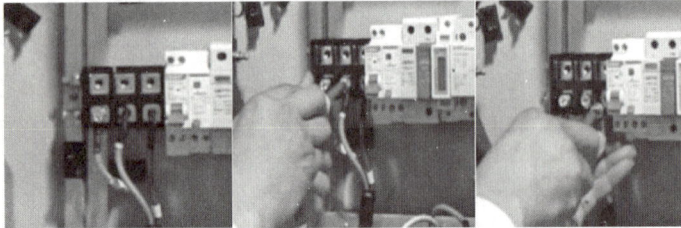

安装PE线　　　　　　安装N线　　　　　　安装L线

图 5-4-19 安装交流 220 V 输入电缆线

第二步:安装机箱 PE,如图 5-4-20、图 5-4-21 所示。

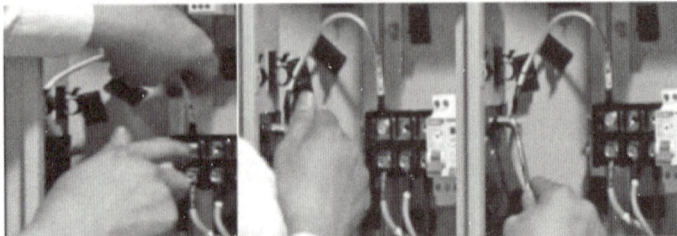

安装线排端　　　　　安装箱体端　　　　安装箱体端螺丝

图 5-4-20 安装线排 PE

PE线束和充电枪PE同时固定在螺柱上　　　PE线束从底部穿出，主线接防雷器，2根备用线接主控盒

图5‑4‑21　安装箱体PE

第三步:安装单相断路器输入线,如图5‑4‑22所示。

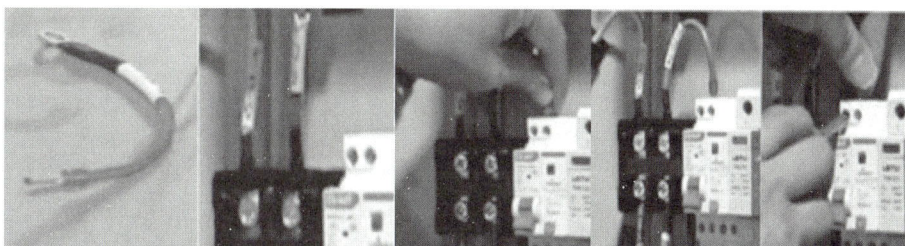

将线材安装在线排上　　　　　　连接断路器外侧N端子　　　　紧固并锁紧

选择圆头L线　　　安装到线排上　　　连接断路器L端子　　　紧固端子

图5‑4‑22　安装单相断路器输入线

第四步:安装高压线束,如图5‑4‑23所示。

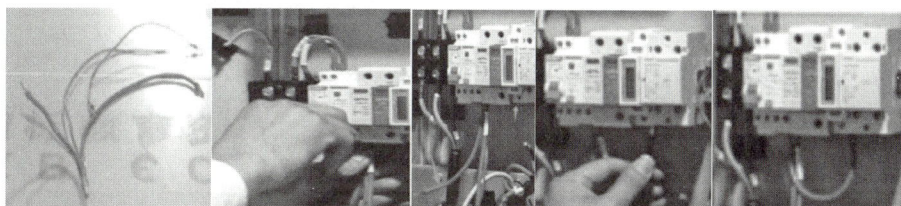

将断路器L线输出线束公共端接入断路器　　　　　将短线接入智能电表

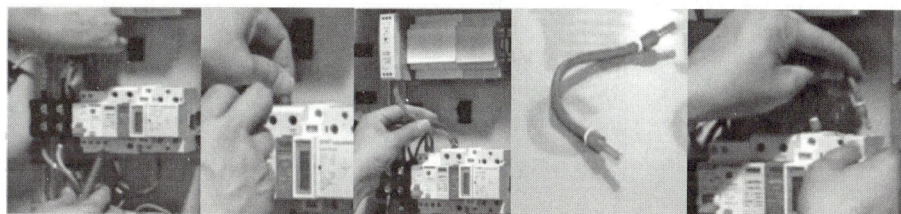

线束从背面穿出　　接浪涌保护器L端子和辅助电源L端子　　将电表2号接口和交流接触器1号接口跨接

图5‑4‑23　安装高压线束

第五步：安装 N 线线束，如图 5-4-24 所示。

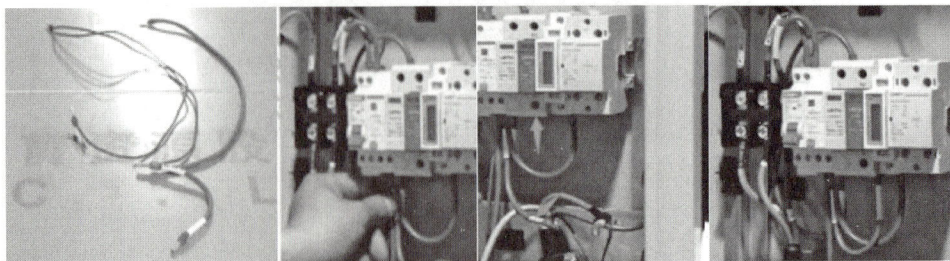

将N线线束公共端接入N线　　　　　　短线接浪涌防护器N端子

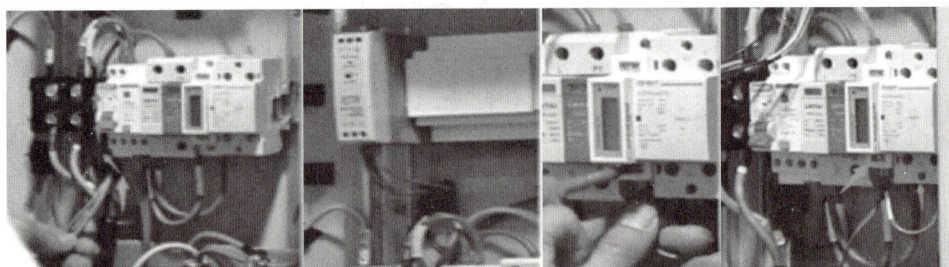

将N线从底部向上穿出接入交流接触器、辅助电源　　底部N线接入电表4号端子和交流接触器A2端子

图 5-4-24　安装 N 线线束

第六步：低压控制线束的选配与安装，如图 5-4-25～图 5-4-31 所示。

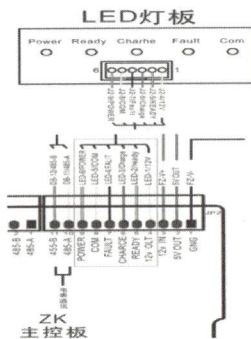

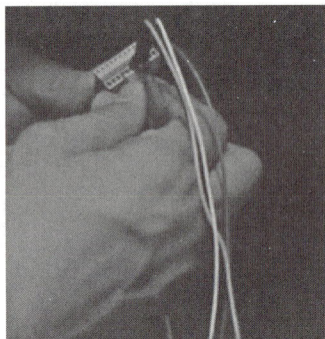

按连线图将灯板线连接到主控模块JP2端子相对应的孔位

图 5-4-25　安装 LED 灯板线束

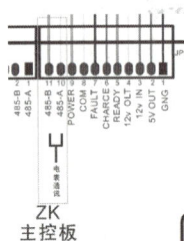

编号	线径	颜色	数量	长度	标签	备注
1	0.5mm2	黄色	1	670	JP2-10	DB-11	主控JP2-10-电表11
2	0.5mm2	白色	1	670	JP2-11	DB-12	主控JP2-11-电表12

将双绞线黄色插入主控模块JP2-10孔位，白色插入主控模块JP2-11孔位

图 5-4-26　安装电表通信线

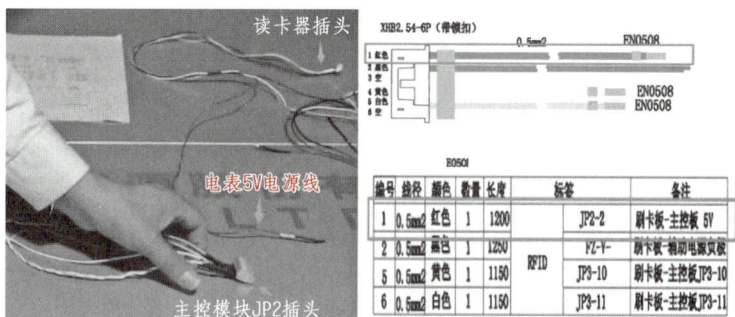

编号	线径	颜色	数量	长度	标签	备注
1	0.5mm2	红色	1	1200	JP2-2	刷卡板-主控板 5V
2	0.5mm2	黑色	1	1250	FZ-V-	刷卡板-辅助电源实接
5	0.5mm2	黄色	1	1150	JP3-10	刷卡板-主控板JP3-10
6	0.5mm2	白色	1	1150	JP3-11	刷卡板-主控板JP3-11

读卡器1号端子线插入主控模块JP2-2孔位

图 5 - 4 - 27　安装读卡器电源线

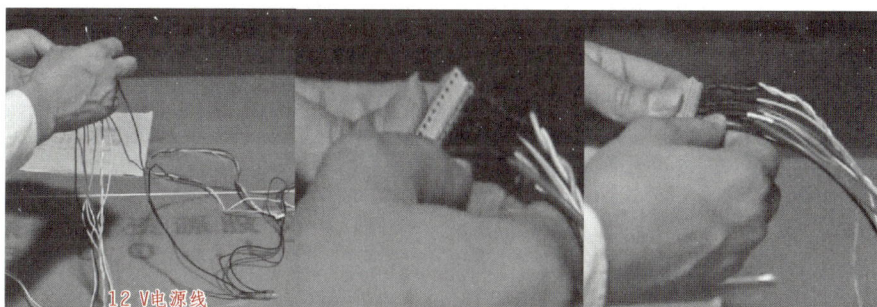

将12 V电源线插入JP2-3脚　　　接地线插入JP2-1脚

图 5 - 4 - 28　安装主控模块 12 V 电源、接地线

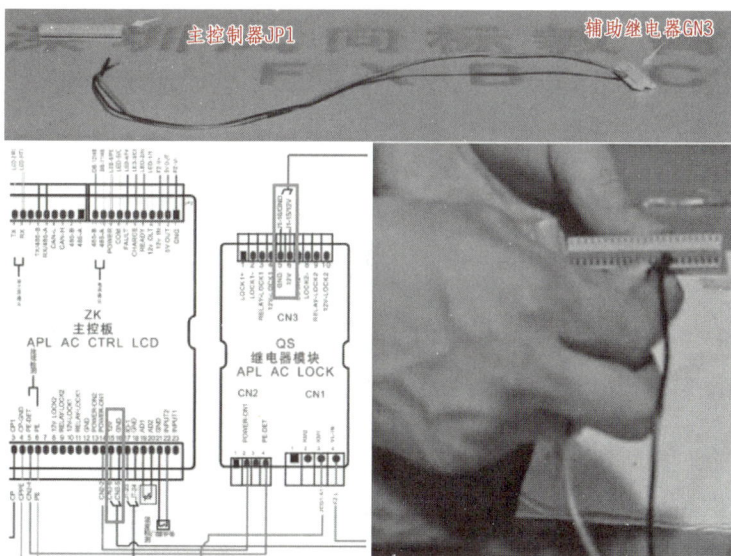

将辅助继电器模块CN3-5接主控模块JP1-16（黑色）
将辅助继电器模块CN3-6接主控模块JP1-15（红色）

图 5 - 4 - 29　安装辅助继电器模块电源线

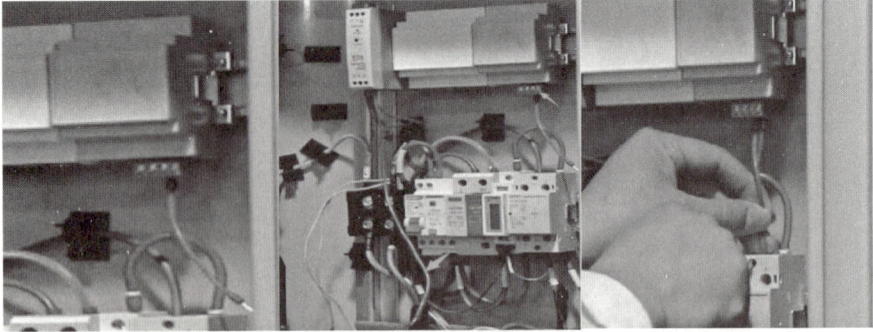

辅助继电器插入CN2插头　　　　辅助电源L线插入辅助继电器　　　将CN1-3另一端接入交流接
　　　　　　　　　　　　　　　　　　　CN1-4脚　　　　　　　　触器A1端

图5-4-30　安装辅助继电器模块交流输入、输出线

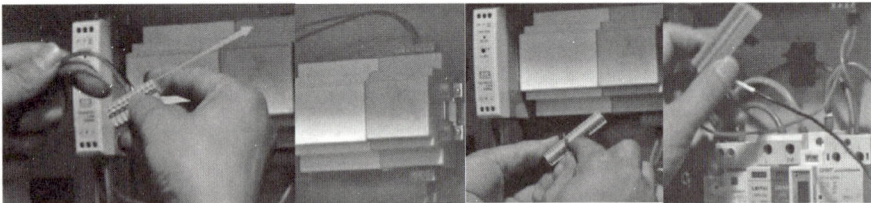

安装辅助继电器CN3插头　　　　　　　将CP线插入主控模块JP1-3脚

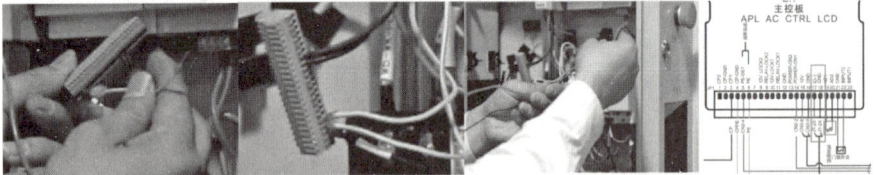

2条PE线分别插入JP1-3和JP1-4脚　　急停开关黑线插入主控模块JP1-18脚，红线插入JP1-17脚

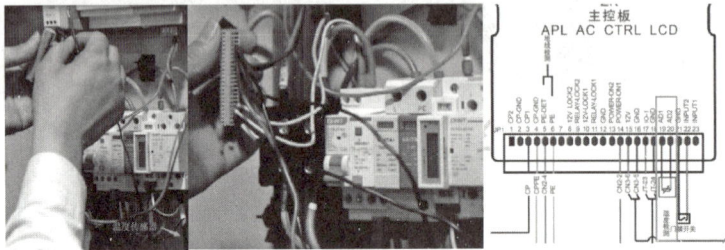

将温度传感器导线插入主控模块JP1-19脚和20脚

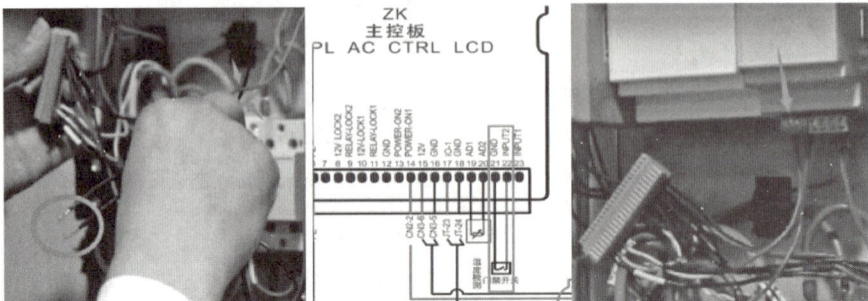

将门禁开关线插入主控模块JP1-21脚和22脚　　　安装辅助继电器模块CN2插头

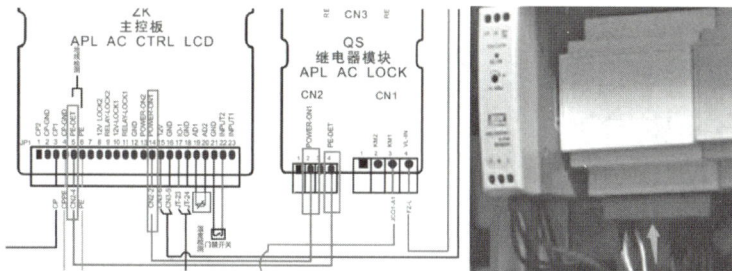

辅助继电器插头CN2-2插入主控模块JP1-14脚，CN2-4插入主控模块JP1-5脚

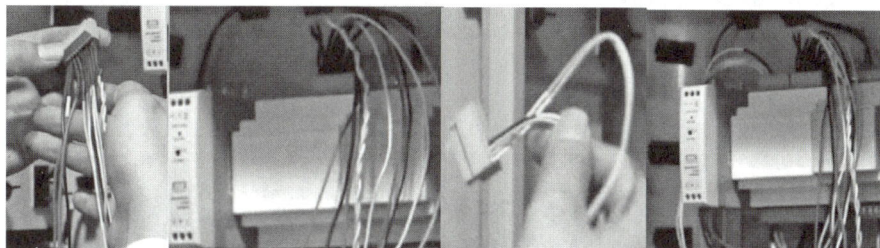

安装主控模块JP2线束插头　　　　　　　安装主控模块JP3线束插头

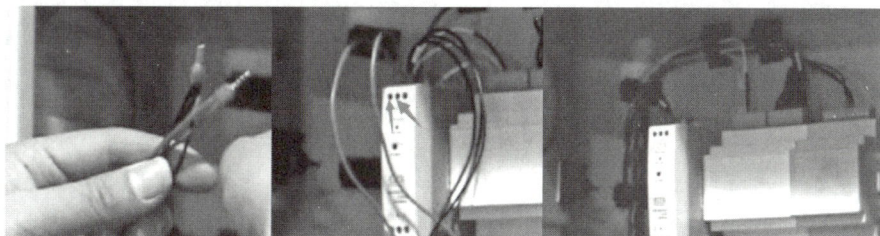

辅助电源线的黑线接辅助电源12 V，——红线接12 V+　　　　　线束放入线卡内

图 5 - 4 - 31　安装辅助继电器 CN3 和主控模块 JP1 插头及线束

第七步：安装面板线束，如图 5 - 4 - 32 所示。

将灯板线束插入灯板　　　　　　安装显示器线束插头　　安装读卡器插头

图 5 - 4 - 32　安装面板线束

第八步：安装电表线束，如图 5 - 4 - 33 所示。

3. 线路连接检查

第一步：检查 PE 输入端与机柜门和柜体的导通性，如图 5 - 4 - 34 所示。

第二步：检查 PE 与 L/N 线之间是否存在短路，如图 5 - 4 - 35 所示。

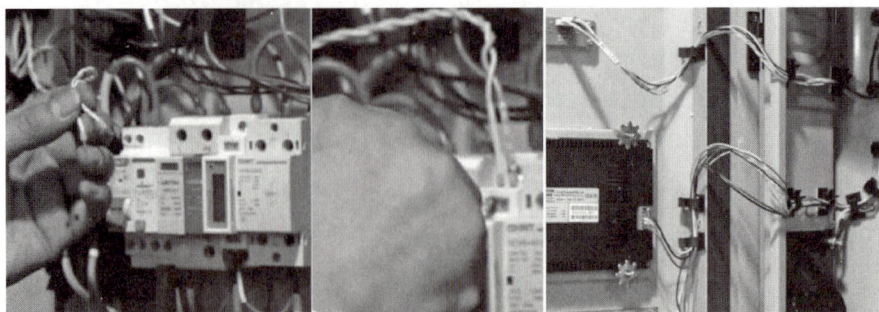

将电表通信线白色插入电表12脚，黄色插入11脚　　　　　　　　整理所有线束

图 5 - 4 - 33　安装电表线束

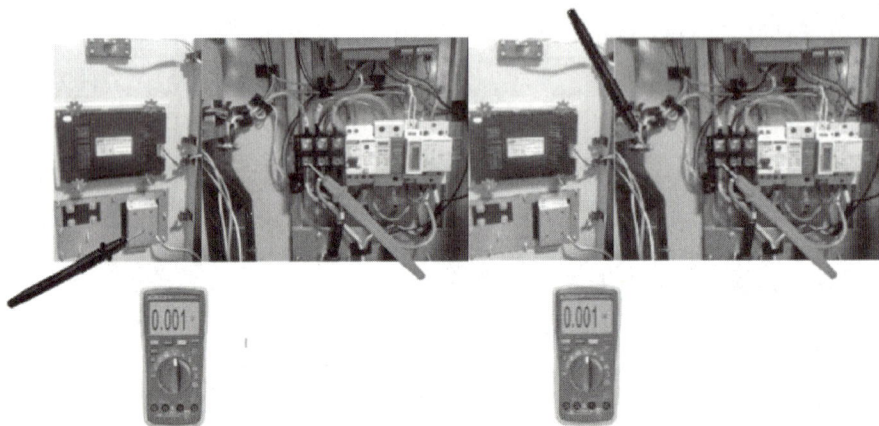

机柜门PE检测　　　　　　　　　　　　　　机体PE检测

图 5 - 4 - 34　检查 PE 输入端与机柜门和柜体的导通性

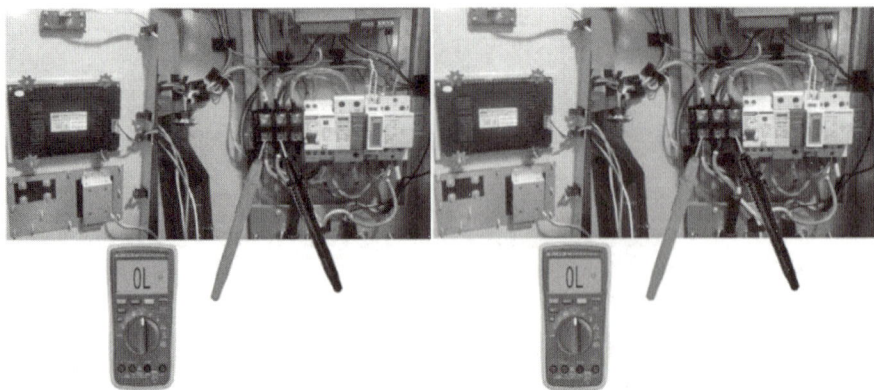

图 5 - 4 - 35　检查 PE 与 L/N 线之间是否存在短路

第三步：检查 L 线和 N 线之间是否存在短路，如图 5 - 4 - 36 所示。

第四步，检查 N 线输入端（红表笔）与①—⑥（黑表笔）之间的导通性，即 N 线连接正确性如图 5 - 4 - 37 所示；

第五步：检查 L 线输入端（红表笔）与①—⑥（黑表笔）之间的导通性，即 L 线连接正确性，如图 5 - 4 - 38 所示。

图 5 - 4 - 36　检查 L 线和 N 线之间是否存在短路

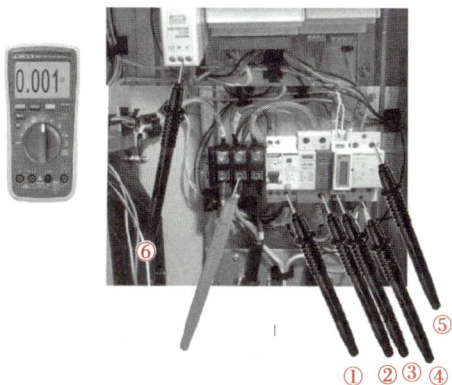

图 5 - 4 - 37　检查 N 线连接正确性

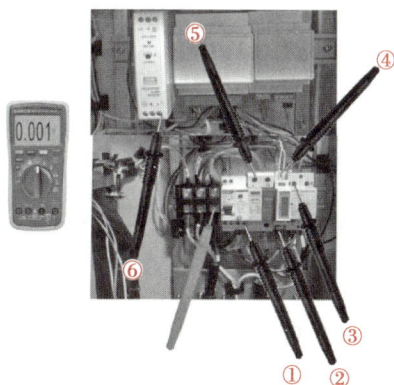

图 5 - 4 - 38　检查 L 线连接正确性

第六步：检查低压电源连接正确性，检查 12 V－线输出端（红表笔）与①JP2 - 1②显示屏 G 管脚（黑表笔）之间的导通性，如图 5 - 4 - 39 所示。检查 12 V＋线输出端（红表笔）与①JP2 - 3②显示屏 V 管脚（黑表笔）之间的导通性，如图 5 - 4 - 40 所示。

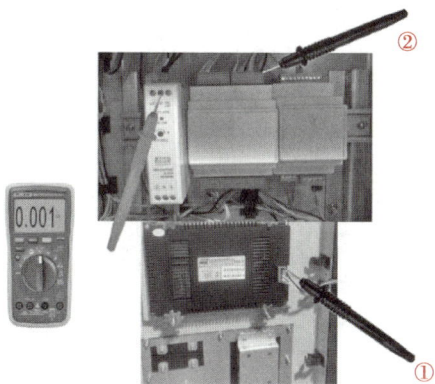

图 5 - 4 - 39　检查 12 V－线

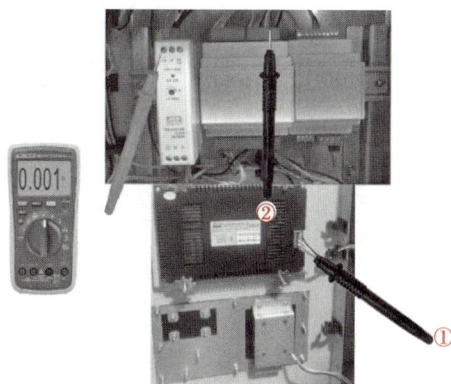

图 5 - 4 - 40　检查 12 V＋线

第七步：通电测试，如图 5 - 4 - 41 所示。

图5-4-41 通电测试面板

4. 系统初始化设置(以单枪为例,双枪充电流程类似单枪)

第一步:进入默认欢迎界面,如图5-4-42所示。电动汽车与充电桩正确上电连接,充电桩检测到充电枪,进入充电启动方式选择界面。点击"刷卡启动"图标,进入充电模式选择界面,如图5-4-43所示。

图5-4-42 欢迎使用界面

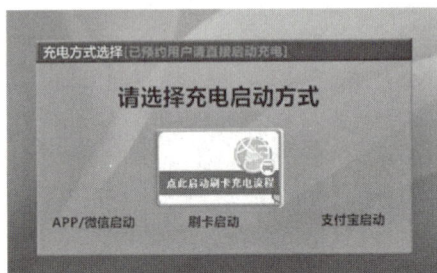

图5-4-43 充电启动选择界面

第二步:选择所需要的充电模式、电量模式、时间模式、金额模式,如图5-4-44～图5-4-47所示。

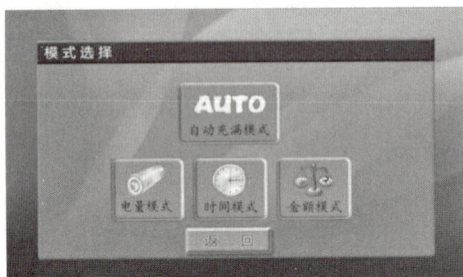

图5-4-44 充电模式界面

图5-4-45 电量模式界面

图5-4-46 时间模式界面

图5-4-47 金额模式界面

第三步：选定充电模式，进入刷卡界面，如图5-4-48、图5-4-49所示。

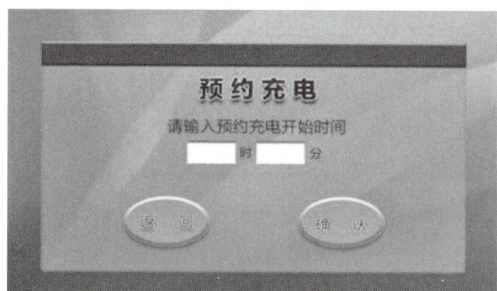

图5-4-48　启动模式界面

图5-4-49　刷卡界面

第四步：将有效的充电卡靠近刷卡区，"嘀"一声后，表示刷卡成功，系统启动充电，页面跳转到充电信息显示界面，如图5-4-50所示。

第五步：点击【结束充电】按钮，则进入刷卡结束充电界面。将有效的充电卡靠近刷卡区，"嘀"一声后，表示刷卡成功，系统停止并结算，如图5-4-51所示。页面跳转到结账确认界面，实时显示此次充电的结算信息，如图5-4-52所示。

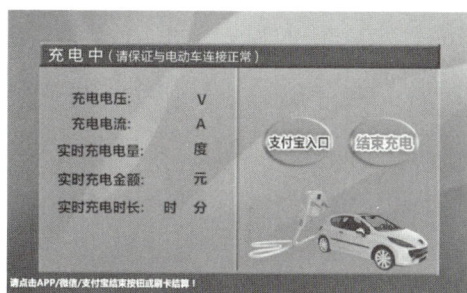

图5-4-50　充电界面

图5-4-51　充电结束界面

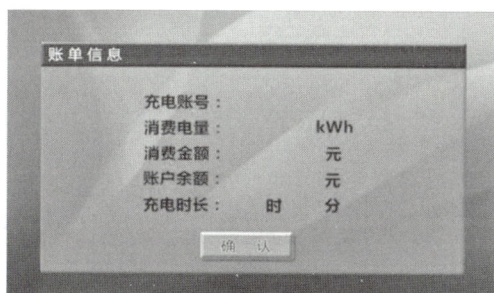

图5-4-52　结算界面

5. 负载测试

第一步：插入充电枪，如图5-4-53所示。

第二步：打开负载箱电源开关，如图5-4-54所示。

第三步：打开负载开关，如图5-4-55所示。

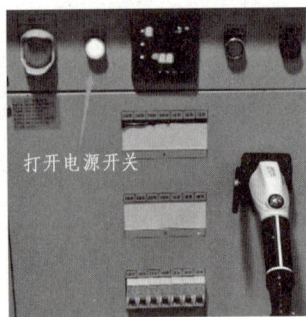

图 5 - 4 - 53　插枪　　　图 5 - 4 - 54　打开电源开关　　　图 5 - 4 - 55　打开负载开关

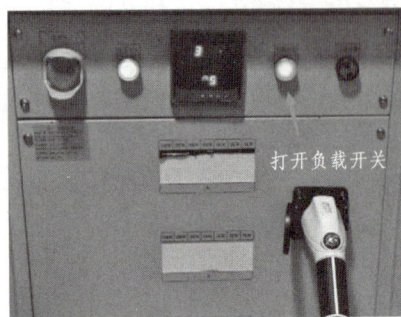

第四步:刷卡启动充电桩。

第五步:调节负载测试箱负载挡位 1 - 32 A。

第六步:以最大电流持续运行 5～10 min。

第七步:刷卡结束充电,断开充电桩电源和负载箱电源。

任务评价

1. 在任务实施前填写任务工单。

任务工单

班级		组号		指导教师	
组长		学号			
组员	姓名	学号		姓名	学号

任务分工

任务准备

工作步骤

总分：　　　　　分

2. 质量检验：

（1）充电桩的类型按（　　　）可分为落地式充电桩、挂壁式充电桩。

A. 安装地点　　　　B. 安装方式　　　　C. 充电接口　　　　D. 充电方式

（2）单枪充电桩充电，刷卡后进入充电状态，会有简单的充电信息在界面上显示，显示的基本参数有（　　　）。

A. 电压　　　　　B. 电流　　　　　C. 功率　　　　　D. 电阻

（3）充电桩的作用类似于加油站的加油机。（　　　）。

（4）汽车充电桩一般提供常规充电和快速充电两种。（　　　）

(5) 常见的充电桩的充电模式有时间模式、金额模式、电量模式、功率模式,点击输入框可设置。(　　)

(6) 直流充电桩具备通过 CAN 网络与 BMS 通信的功能,用于判断电池类型,获得动力电池系统参数、充电前和充电过程中动力电池的状态参数。(　　)

(7) 交流充电桩只提供电力输出,没有充电功能,需连接车载充电机为电动汽车充电。(　　)

(8) 双枪充电桩比单枪充电桩的结构简单。(　　)

3. 新能源汽车充电桩的调试和使用作业评价:

项目	评价内容	学生自评(30%)	小组互评(30%)	教师评价(40%)
素质评价(30%)	遵守纪律,遵守学习场所管理规定,服从安排(5分)			
	具有安全意识、责任意识、5S管理意识,注重节约、节能与环保(5分)			
	学习态度积极主动,积极参加实习活动(5分)			
	具有团队合作意识,注重沟通,能自主学习及相互协作(10分)			
	仪容仪表符合活动要求(5分)			
技能评价(70%)	能按时按要求独立完成任务工单(40分)			
	工具、设备选择得当,使用符合技术要求(10分)			
	操作规范,符合要求(5分)			
	学习准备充分、齐全(10分)			
	注重工作效率与工作质量(5分)			
本次得分				
最终得分				
教师反馈		教师签名: 年　　　月　　　日		

○ 知识补充

新能源汽车充电桩法律法规与国家标准解析

2021～2025 年间,我国围绕充电桩的兼容性、安全性、消防规范及市场准入等方面密集出台多项政策,逐步构建起覆盖全生命周期的标准化框架。

一、法律法规:充电桩安装与管理的权利保障

1. **业主安装充电桩的法定权利**

依据《民法典》第 272 条,业主对专有车位享有使用权,可自主安装充电桩,物业阻挠行为构成侵权,业主可主张物权请求权或要求赔偿。在公共区域安装充电桩,需经专有部分面积及人数 3/4 以上业主同意,并纳入小区管理规约。

2. **充电桩车位的使用规范**

为防止燃油车占位,可通过车牌识别与智能地锁联动技术,限制非新能源车进入,或制定管理规约明确使用优先级,违规占位车辆可被强制移离。部分地方实践(如杭州)要求充电桩车位设置实时监控系统,提升资源利用效率。

3. **消防与安全管理要求**

国家虽未禁止地下车库安装充电桩,但需满足《汽车库、修车库、停车场设计防火规范》要求:充电区宜设于地下一层或二层,禁止布置在地下四层及以下;需配置独立防火分区、喷淋系统及紧急断电装置;充电设施需具备过载、短路及漏电保护功能。许多城市还有地方规定,如深圳《新能源汽车地下停放场所消防安全管理规范》明确充电功率上限,江苏则要求充电区与锅炉房等危险区域保持安全距离。

二、国家标准:兼容性与安全性的技术框架

1. **核心国家标准体系**

我国充电桩标准分为 3 类:国家标准(GB/T)、能源局行业标准(NB/T)及国家电网企业标准(Q/GDW),覆盖接口、通信、安全等维度:

(1) 接口规范　GB/T 20234.1 - 2015 定义交流与直流充电接口的物理尺寸与电气参数;GB/T 20234.3 - 2015 规定直流充电接口的额定电压(750V/1000V)与电流(80～250A)。

(2) 通信协议　GB/T 27930 - 2015 统一非车载充电机与电池管理系统(BMS)的通信协议,解决早期车桩不兼容问题。

(3) 安全要求　GB 39752 - 2024(2025 年 8 月实施)作为强制性标准,要求充电桩具备绝缘检测、急停功能,并通过电压波动与温度变化测试,淘汰未达标产品。

2. **国际接轨与技术创新**

GB 39752 - 2024 参考 IEC 61851 等国际标准,同时结合中国需求优化:

(1) 互操作性　强制统一通信协议与功率匹配逻辑,减少"充不上电"问题。

(2) 测试方法　新增动态工况测试(如脉冲负载模拟),验证设备在复杂环境下的可靠性。

三、政策支持:补贴与市场准入机制

1. **国家与地方补贴政策**

(1) 建设补贴　直流桩最高补贴 800 元/千瓦,交流桩 350～500 元/桩,社区场景额外补助 20%。高速公路服务区、农村地区补贴力度更大(如湖南高速公路桩补贴 400 元/千瓦)。

(2)运营补贴　浙江按充电量补贴 0.1 元/度,海南对运营 5 年内设施按电量给予补贴。

2. 市场准入与监管

(1)3C 认证　自 2025 年 3 月起,充电桩纳入强制性产品认证,2026 年 8 月后未认证产品禁止销售,重点考核电磁兼容性与环境适应性。

(2)价格监管　政府指导价与市场调节价并行,打击"收费套路",保障消费者权益。

四、安装规范与流程

1. 安装条件与流程

(1)固定车位　需持有产权或长期租赁合同,临时车位不可安装。

(2)电表申请　通过"网上国网"App 提交材料(身份证、车位证明、物业许可),供电部门现场勘察后安装专用电表。

(3)施工要求　电缆长度 30 m 内免费,超距按市场价收费;充电桩功率需符合消防规定(如地下车库限 7kW 以下)。

2. 物业协作与纠纷解决

物业需配合出具安装许可,若拒绝出具,业主可向住建部门投诉。部分城市(如广州)通过地方立法明确物业责任,违规者面临行政处罚。

新能源汽车充电桩的法律法规与国家标准体系已从单一设备规范转向全场景、全链条覆盖。通过《民法典》赋权、GB 39752－2024 强化安全、3C 认证提升质量,行业正迈向规范化与智能化。

项目六

废旧电池的处理

项目情境

　　与传统燃油车一样，新能源汽车也有自己的使用寿命。燃油车的报废处理相当简单，报废之后并不会带来多少后遗症。新能源汽车报废需要考虑废旧动力电池处理不当带来的环境污染。2020年10月29日，国际环保组织绿色和平与中华环保联合会发布最新报告《为资源续航——2030年新能源汽车电池循环经济潜力研究报告》，以5～8年的服役期折损20%电量为退役条件来计算，2021～2030年，全球乘用电动汽车动力电池退役总量将会达到1285万吨，相当于1285个埃菲尔铁塔重量。同期，中国新能源汽车动力电池退役总量将会达到705万吨，相当于168个鸟巢体育场钢结构的重量。党的二十大报告指出，要实施全面节约战略，推进各类资源节约集约利用，加快构建废弃物循环利用体系。动力电池能否有效回收利用，将直接影响新能源汽车产业的可持续发展和国家节能减排战略的实施。

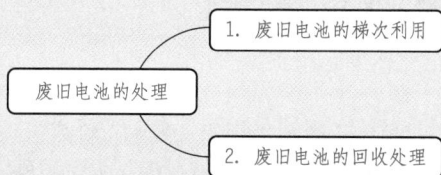

```
                    ┌─────────────────────┐
                  ┌─│ 1. 废旧电池的梯次利用 │
┌──────────────┐  │  └─────────────────────┘
│ 废旧电池的处理 │──┤
└──────────────┘  │  ┌─────────────────────┐
                  └─│ 2. 废旧电池的回收处理 │
                    └─────────────────────┘
```

任务 1　废旧电池的梯次利用

知识目标

1. 掌握废旧电池梯次利用的定义、流程及注意事项。
2. 理解动力电池漏电检测的原理及方法。
3. 熟悉不同电池类型的环境危害及处理差异。

能力目标

1. 能够实施动力电池组漏电检测及绝缘电阻计算。
2. 能够筛选可梯次利用的电池单体,并完成电池重组。
3. 能规范执行高压系统中止操作,确保维修安全。
4. 能根据检测结果判断电池状态并提出处理方案。

素质目标

1. 培养严谨的操作习惯和安全意识。
2. 增强环保责任感,理解资源循环利用的重要性。
3. 提升团队协作能力,适应复杂技术任务的分工需求。

思政目标

1. 践行绿色发展理念,强化"双碳"目标下的职业使命感。
2. 树立工程伦理意识,强调技术应用中的环境与社会责任。
3. 弘扬工匠精神,倡导精益求精的技术态度。

任务描述

动力电池在使用 5 年后,可用容量和续驶里程明显缩短,用户和经销商通常会整体更换。但并不是一个电池组内的所有电池都需要更换。如何通过检测找出电池组中的一块或几块容量严重衰减、影响整个电池组的电池,然后将其剔除。同时学会如何重新梯次利用其他电池。

任务分析

完成此任务需要掌握电池梯次利用的注意事项和动力电池组漏电分析及检测方法。

知识储备

问题 1　废旧动力电池如何处理?

废旧动力电池处理流程如图 6-1-1 所示。有两个途径,一是梯次利用,二是拆解回收。

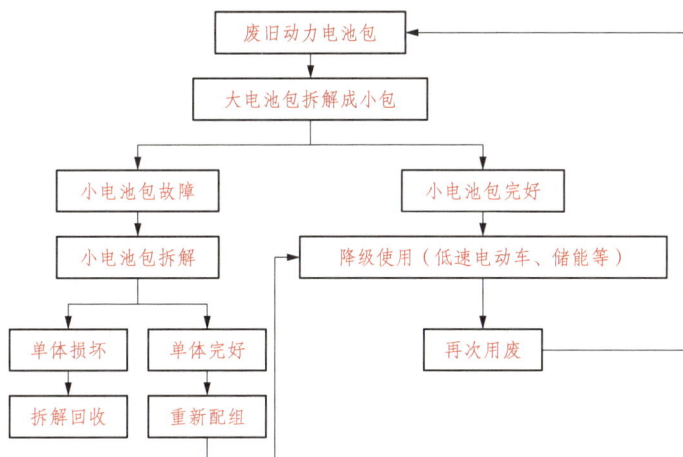

图 6-1-1　废旧动力电池包处理流程

[问题2]　废旧动力电池有何危害?

目前主流的电动汽车动力电池基本可以分为两大阵营,一种是磷酸铁锂电池,另一种是三元锂电池。磷酸铁锂电池除了内部的电解液之外,其他成分对环境基本无害,并不会产生铅、汞、镉等有毒有害物质,因此这种电池对环境的影响相对较小;三元锂电池中的电极材料、电解质以及溶剂中则含有镍、钴、锰、氟等物质。在回收之后如果处置不当,会对环境造成严重污染。更为严重的是,动力电池报废之后,内部仍然会有 30～100 V 不等的高电压,如果在回收过程中操作不当,还有可能引发起火、爆炸、重金属污染以及有机废气排放等多种问题。

[问题3]　什么是废旧电池的梯次利用?

梯次利用是指废旧电池经必要的检验检测、分类、拆分、电池修复或重组为梯次产品,应用于其他领域的过程。梯次电池是指已经使用过并且达到原生设计寿命,通过其他方法使其容量全部或部分恢复,继续使用的电池。一般使用 5 年后的电池,有效容量在 80% 左右。电池的自然衰减进入平稳期,完全可以作为小容量电池使用。通过一定数量电池的并联,其容量可获得数倍的提高,完全满足储能和动力需要。这与电动汽车为了增加续驶里程,采用大量并联电池增加电池容量的道理是相同的。

[问题4]　如何利用梯次电池?

1. 可梯次利用的电池种类

尽可能采用基本单元电池,如 2 V 单体铅酸电池、各种锂离子电池,包括磷酸铁锂电池、钛酸锂电池、三元锂电池、钴酸锂电池、锰酸锂电池等。但是,以多个单元串联后封装成一体的电池,如 6 V 铅酸电池(3 个 2 V 单元)和 12 V 铅酸电池(6 个 2 V 单元),不适合梯次利用,主要是因为这些电池的内部为多串电池,自身就存在不均衡的问题,无法通过外部解决。

2. 遵循同类型电池成组原则

成组电池必须是相同类型的电池,即电池的工作电压区间必须相同。工作电压区间不同的电池不能出现在同一电池组中,即使容量相同也不能混用。

3．成组电池组装

在有条件的情况下，成组电池组装前要测量容量、电压和内阻，尽可能选择容量和内阻接近的电池，减少复用期间的一致性差异。梯次电池的容量普遍低于标称容量，需要使用数量更多的电池，通过串并联来达到设计容量，因此需要根据技术条件来装配，见表6-1-1。

表6-1-1　不同装配方式的优缺点比较

装配方式	优点	缺点
先并后串	只需增加一组电池均衡器	单元电池连接线和母线的选择严格；容易造成电池充放电的差异；个别电池漏电（或故障）会影响一个并联单元；对容量的影响比较大，直接影响续驶时间
先串后并	连接、检修方便；能够快速检测和处理故障电池，易于维护；每一串联的单元电池容量均可以不同；电池利用率高，容量（功率）可以任意扩充，增加后备时间，提高可靠性	需要增加多组电池均衡器

4．不可梯次利用的电池

一是漏电流大（或自放电率高）的电池；二是外观发生变形，如外壳膨胀的电池；三是发生漏液的电池。

问题5　退役动力电池梯次利用的流程是什么？
（1）回收退役的动力电池。
（2）拆解动力电池组，获得电池单体。
（3）根据电池的特性，筛选出可使用的电池单体。
（4）根据需求对电池单体进行配对，然后重组成电池组。
（5）后期的系统集成与运行维护。

任务实施

1．动力电池组漏电分析

使用高压漏电检测电路监测车辆高压绝缘材料是否受损并检测绝缘故障。高压漏电可能发生在以下位置。
（1）高压直流电路正极一侧和底盘接地之间。
（2）高压直流电路负极一侧和底盘接地之间。
（3）高压电路与底盘接地之间。

当高压电路和底盘接地之间的电阻低于预定的下限时，即出现了漏电故障，生成故障诊断代码（高压绝缘异常），且通过组合仪表将异常告知驾驶人。如果在上电运行时发生故障，多数车辆只是生成故障诊断代码，而不会下电让车辆停止运行。如果出现与漏电故障有关的故障诊断代码，车辆在断电之后可能不会重新起动。

高压漏电的可能故障原因包括：
（1）高压电池电解液泄漏到底盘接地。

（2）电机绕组与定子铁心或变速壳体接触。

（3）在裸露的高压元件连接线附近有与车身连接的金属物。

（4）高压绝缘材料受损或衰减。

2．动力电池组漏电检测

（1）检测设备　检测用电压表精度不低于 0.5 级（小数点后面 4 位），要求具有直流电压测量档位，量程范围大于等于 500 V。绝缘电阻测试小线由电工鳄鱼夹、高压电阻（100±10 kΩ）、高压导线组成。电工鳄鱼夹要求耐压为 3 kV；高压电阻耐压为 3 kV；高压导线耐压为 3 kV，过电流能力大于 5 A。检测万用表和绝缘电阻测试小线，应在鉴定合格的有效期内。

（2）检测方法

第一步：测量动力电池组系统负极与托盘之间的开路电压 U_1，如图 6-1-2 所示。

第二步：测量动力电池组系统正极与托盘之间的开路电压 U_1'，如图 6-1-3 所示。

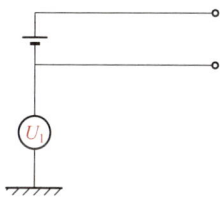

图 6-1-2　测量电池组负极与托盘之间的开路电压　　**图 6-1-3**　测量电池组正极与托盘之间的开路电压

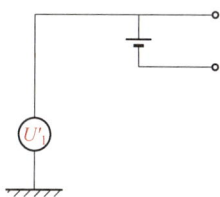

第三步：比较 U_1 和 U_1'。

第四步：如果 $U_1' > U_1$，则在动力电池组正极与托盘之间并联高压电阻（100±10 kΩ），同时，用电压表测量高压电阻两端的电压 U_2 及 U_2'，如图 6-1-4 所示。

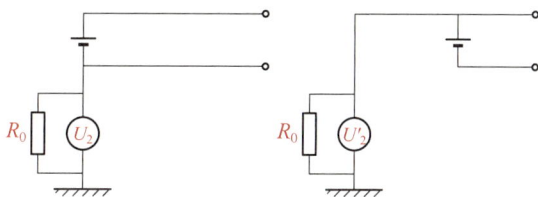

图 6-1-4　测量高压电阻两端的电压 U_2 及 U_2'

第五步：计算动力电池组系统的绝缘电阻。如果 $U_1 < U_1'$，绝缘电阻 R_i 的值由下式计算：

$$\frac{U_1 - U_2}{\dfrac{U_2}{动力电池电压}} \times R_0。$$

如果 $U_1 > U_1'$，绝缘电阻 R_i 的值由下式计算：

$$\frac{U_1' - U_2'}{\dfrac{U_2'}{动力电池电压}} \times R_0。$$

所得值要大于 500 Ω/V 为不漏电，反之则漏电。

任务评价

1. 请完成任务前填写任务工单。

任务工单

班级		组号		指导教师	
组长		学号			
组员	姓名	学号		姓名	学号

任务分工

任务准备

工作步骤

总分：　　　　　分

2. 质量检验：

(1) 一般使用 5 年后的电池,有效容量在(　　)左右。

A. 60% 　　　　B. 80% 　　　　C. 50% 　　　　C. 75%

(2) (　　)电池对环境的影响相对较小。

A. 磷酸铁锂电池　　B. 三元锂电池　　C. 以上都是

(3) 成组电池组装前要测量容量、电压和内阻,尽可能选择(　　)接近的电池,减少复用期间的一致性差异。

A. 容量 　　　　B. 电压 　　　　C. 内阻 　　　　D. 以上都是

(4) 不可梯次利用的电池有(　　　)。

A. 漏电流大(或自放电率高)的电池　　　B. 外观发生变形

C. 发生漏液的电池　　　　　　　　　D. 以上都是

(5) 高压漏电可能发生在(　　　)。

A. 高压直流电路(正极一侧)和底盘接地之间

B. 高压直流电路(负极一侧)和底盘接地之间

C. 高压电路与底盘接地之间

D. 以上都是

(6) 梯次利用是指废旧蓄电池经必要的检验检测、分类、拆分、电池修复或重组为梯次产品,应用于其他领域的过程。(　　　)

(7) 梯次电池是指已经使用过并且达到原生设计寿命,通过其他方法使其容量全部或部分恢复继续使用的蓄电池。(　　　)

(8) 梯次电池必须遵循同类型电池成组原则。(　　　)

(9) 电动汽车用电池组采用先串后并的方式进行成组电池组装。(　　　)

(10) 以先并后串的方式完成成组电池组装时只需要增加一组电池均衡器。(　　　)

3. 动力电池组漏电检测作业评估。

项目	评价内容	学生自评(30%)	小组互评(30%)	教师评价(40%)
素质评价(30%)	遵守纪律,遵守学习场所管理规定,服从安排(5分)			
	具有安全意识、责任意识、5S管理意识,注重节约、节能与环保(5分)			
	学习态度积极主动,积极参加实习活动(5分)			
	具有团队合作意识,注重沟通,能自主学习及相互协作(10分)			
	仪容仪表符合活动要求(5分)			
技能评价(70%)	能按时按要求独立完成任务工单(40分)			
	工具、设备选择得当,使用符合技术要求(10分)			
	操作规范,符合要求(5分)			
	学习准备充分、齐全(10分)			
	注重工作效率与工作质量(5分)			
本次得分				
最终得分				
教师反馈		教师签名:　　　　　　　　　　　　　　　年　　　月　　　日		

知识补充

新能源汽车动力电池梯次利用典型案例

随着新能源汽车产业的快速发展,动力电池的退役问题日益凸显。据预测,到 2030 年,我国动力电池累计退役量将超过 100 万吨。在此背景下,动力电池梯次利用成为解决资源浪费和环境污染的关键路径之一。

动力电池梯次利用是指将容量衰减至 80% 以下但仍有剩余价值的退役电池,通过检测、重组等技术手段,降级应用于对电池性能要求较低的领域,如低速电动车、储能基站、智能路灯等。这一模式不仅能延长电池生命周期,还可减少对原生矿产资源的依赖,降低碳排放。同时,我国自 2017 年起陆续出台《新能源汽车动力蓄电池梯次利用管理办法》等 30 余项政策,鼓励企业与产业链上下游合作,推动标准化回收体系建设。2023 年,工信部公布四批"白名单"企业(共 88 家),规范行业准入,打击小作坊式回收。

1. 杭州锣卜科技:低成本驱动的物流车应用

杭州锣卜科技是国内最早将梯次利用电池应用于低速电动车的企业之一。其开发的低速快递物流车采用退役动力电池包,成本约为 700 元/kWh,显著低于铅酸电池的市价。通过优化运营模式,该公司计划将成本进一步降至 300 元/kWh,从而在价格上实现对铅酸电池的全面替代。这一案例表明,经济性是梯次电池在低速车领域推广的核心竞争力。

2. 安徽涵夏储能:覆盖全国的回收网络与产能布局

安徽涵夏储能资源科技有限公司专注于退役电池的梯次利用,其庐江基地年产能达 500 t,产品主要用于低速电动车、储能等领域。企业通过覆盖全国 19 个省市的回收网络,实现退役电池的高效收集与分选。2022 年,合肥市动力电池综合利用率达 80.6%,其中涵夏等企业的贡献显著。该公司采用自动化拆解线,对"状态良好"的电池部件重组后直接应用于低速车,体现了规模化生产与场景适配的优势。

3. 杰成新能源:区块链技术赋能精准管理

杰成新能源集团通过区块链技术,实现退役电池全生命周期的数据追溯。每块电池的健康状态(如剩余容量、充放电次数)实时上传至区块链平台,回收企业无需拆解即可评估电池价值。例如,健康度达 80% 以上的电池包回收价达 300 元,是传统拆解模式的 3 倍。这一技术不仅降低了检测成本,还为低速电动车厂商提供了高性价比的电池来源。

4. 宝马集团:产业链协同的闭环模式

宝马集团与华友循环合作,将退役电池应用于沈阳生产基地的叉车、托盘车等低速载具,成为中国首家实现动力电池梯次利用的汽车制造商。通过电池溯源管理系统,宝马实现了从生产到回收的全生命周期追踪,确保核心材料 100% 返回供应链。这一模式不仅降低碳排放,还为低速工业车辆提供了可持续的能源解决方案。

动力电池梯次利用的关键技术涉及两方面:智能检测与重组技术,如欧力特的虚拟仿真技术、杰成的区块链健康监测系统,大幅提升电池分选效率;绿色冶金工艺,例如,华友循环通过先进技术实现镍、钴、锂等高比例提取(全组分回收率达 92%),支撑材料闭环利用。

动力电池梯次利用行业痛点有 3 方面,一是标准缺失,梯次利用产品缺乏统一的安全与性能标准,市场溯源体系不完善;二是成本压力,自建回收网点运营成本高,中小企业竞争力弱；三是环保风险，非正规企业处理不当可能导致重金属污染，需加强监管。

动力电池梯次利用的成功案例表明，通过技术创新、政策引导与产业链协同，退役电池完全可实现"二次生命"。未来，随着标准体系完善与市场机制成熟，这一模式有望成为新能源汽车产业可持续发展的重要支柱，助力我国"双碳"目标实现。

任务2　废旧电池的回收处理

知识目标

1. 掌握废旧锂离子电池的回收流程、技术及其优缺点。
2. 理解不同商业模式的特点及适用场景。
3. 熟悉废旧电池中可回收的有价金属及其经济价值与环境危害。
4. 了解动力电池评估分类标准及对应的处理措施。

能力目标

1. 能够实施动力电池组的外观检查、功能检测及安全评估。
2. 能根据电池状态选择合规的存储或处置方式。
3. 能操作专业工具完成电池组的包装、运输及废弃处理。
4. 能结合回收技术特点,提出针对不同电池类型的资源化利用方案。

素质目标

1. 强化环保意识,理解电池回收对资源循环和生态保护的重要性。
2. 培养规范操作习惯,严格遵守安全规程。
3. 提升跨部门协作能力,适应回收链条中多方的协同需求。

思政目标

1. 践行生态文明理念,推动"双碳"目标下绿色技术的应用与推广。
2. 强化社会责任意识,倡导企业在电池全生命周期中的环境担当。
3. 弘扬创新精神,鼓励探索高效、低污染的回收技术以服务可持续发展。

任务描述

某4S店有一些更换下来的废旧动力电池,你能否对这些废旧动力电池进行评估和处理?

任务分析

完成此任务需了解废旧电池中可回收的材料,掌握动力电池的处理技术。

知识储备

当前市场上回收的动力电池主要分为磷酸铁锂和三元锂电池两种。其中,磷酸铁锂使用寿命长,所以梯次利用的价值较高,但没有太多的再生价值;三元锂电池因为含有镍、钴、锂、锰,所以再生价值很高。

问题 1 废旧锂离子电池中有哪些可利用资源?

锂离子电池的正极、负极、隔膜、电解质等材料中含有大量的有价金属。不同动力电池正极材料中所含的有价金属成分不同,价值高的金属包括钴、锂、镍等。例如,三元锂电池中锂的平均含量为 1.9%、镍 12.1%、钴 2.3%;此外,铜、铝等占比也达到了 13.3% 和 12.7%。如果能合理回收利用,将成为创造收入和降低成本的一个主要来源。

问题 2 废旧锂离子电池对环境的危害性有哪些?

废旧电池处理方式主要有固化深埋、存放于废矿井和资源化回收。目前我国资源化回收的能力有限,大部分废旧电池没有得到有效处置,给自然环境和人类健康带来潜在的威胁。

电极材料一旦进入环境中,金属离子、碳粉尘、电解质中的强碱和重金属离子,可能造成严重环境污染,如提升土壤的 pH 值,产生有毒气体。动力电池含有的金属和电解液会危害人体健康,例如钴元素可能引起肠道功能紊乱、耳聋、心肌缺血等。

动力电池回收问题关系到社会经济的可持续发展。电动汽车有应对环境污染和能源短缺的优势,如果动力电池在其报废之后不能有效回收,会造成环境污染和资源浪费,有违发展电动汽车的初衷。

问题 3 动力锂离子电池回收的商业模式有哪些?

动力锂离子电池的回收有 3 种模式:以动力电池(材料)生产商为主、行业联盟、第三方企业回收模式。

1. 电池生产商为主

一般由动力电池生产商和电动汽车生产商的销售服务构建,电动汽车生产、销售商和消费者配合电池回收。回收企业熟悉自己产品,回收技术难度小,成本低。

动力电池生产商承担电池回收的主要责任,消费者拥有动力电池的所有权,也有义务交回报废的动力电池。

回收网络由动力电池生产商利用电动汽车生产商的销售服务网络改建,电动汽车生产商配合,以逆向物流的方式回收废旧电池。若消费者将报废的电池交回附近的电动汽车销售服务网点。依据电池生产商和电动汽车生产商的合作协议,电动汽车生产商以协议价格转运给电池生产商,由其进行专业化的回收处理。另外,报废汽车拆解企业回收废弃电动汽车后,也将拆解的废旧动力电池直接销售给动力电池生产商。

实施"以旧换新"制度,促使更多的消费者交回废旧电池,保证动力电池的回收量,旧电池可以抵扣新电池的部分价格。报废汽车拆解企业在回收电动汽车时,亦会给予消费者一定的现金补偿。

2. 行业联盟为主

由行业内的动力电池生产商、电动汽车生产商或电池租赁公司,共同出资设立专门的回收组织。在行业内成立统一回收组织,影响力强,覆盖广泛,独立运营,且回收网络庞大,易于消费者交回电池。回收利用所得的收益用于回收网络的建设和运营。但对企业的协同合作要求高,目前尚未完善。

3. 第三方回收企业为主

部分电池生产商把回收业务委托给第三方企业,或者部分小作坊式企业回收废旧电池。

这种模式需要独自构建回收网络和相关物流体系,回收之后运回处理中心。需要投入大量的资金进行回收设备、回收网络及人力资源的建设,成本较高。

比较而言,行业联盟回收成本经济性最佳,但因为需要行业中各企业协同合作,目前在法律法规还没有很完善的情况下,可操作性较小。综合成本考虑,动力电池生产商直接回收的模式成本较低,而第三方回收模式成本较高。

问题 4 动力锂离子电池的回收技术有哪些?

1. 干法回收技术

干法回收工艺流程较短,回收的针对性不强,是金属分离回收的初步阶段。不通过溶液等媒介,直接实现材料或有价金属的回收;通过物理分选法和高温热解法,将电池破碎、粗筛分类,或采用高温分解除去有机物以便进一步的元素回收,其分解流程如图 6-2-1 所示。

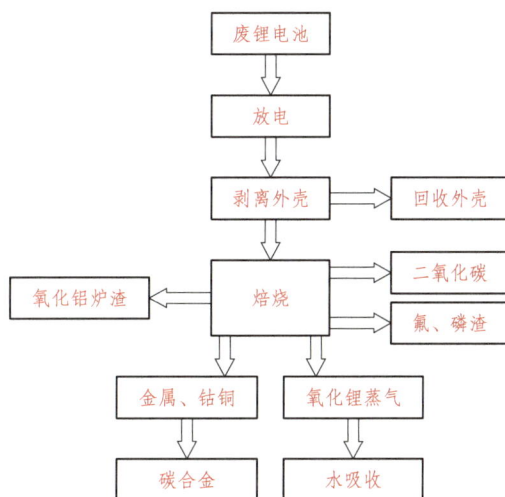

图 6-2-1　干法回收技术分解流程

2. 湿法回收技术

湿法回收技术工艺比较复杂,但各有价金属的回收率较高,是目前处理废旧镍氢蓄电池和锂离子电池的主要技术。以各种酸碱性溶液为转移媒介,将金属离子从电机材料中转移到浸出液中,再通过离子交换、沉淀、吸附等手段,将金属离子以盐、氧化物等形式从溶液中提取出来,其分解流程如图 6-2-2 所示。

3. 生物回收技术

生物回收技术具有成本低、污染小、可重复利用的特点,是未来锂离子电池回收技术发展的理想技术。利用微生物浸出,将有用组分转化为可溶化合物并选择性地溶解,得到含有价金属的溶液,实现目标组分与杂质组分的分离,最终回收锂等有价金属。目前,研究刚刚起步,需解决高效菌种的培养、缩短周期以及控制浸出条件等问题。

问题 5 动力锂离子电池的回收工艺流程是什么?

废旧锂离子电池的资源化技术,是将有价值的成分,依据其各自的物理、化学性质,分离出来。一般而言,整个回收工艺分为 3 个部分:预处理、材料分离和化学纯化。

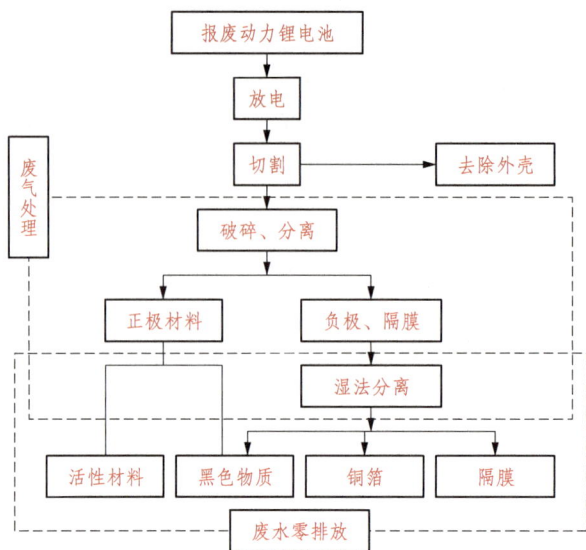

图 6-2-2 湿法回收技术分解流程

（1）预处理　初步分离电池中的有价部分,选择性地富集电极材料等高附加值部分,以便于后续回收。预处理过程一般结合了破碎、研磨、筛选和物理分离法。

（2）材料分离　预处理阶段富集得到了正极和负极的混合电极材料,为了从中分离回收钴、锂等有价金属,需要对混合电极材料进行选择性提取。

（3）化学纯化　将浸出溶液中的各种高附加值金属进行分离和提纯并回收。浸出液中含有 Ni、Co、Mn、Fe、Li、Al 和 Cu 等多种元素,其中 Ni、Co、Mn、Li 为主要回收的金属元素。

任务实施

1. 动力电池评估

动力电池组的故障必须由高压技师、高压专家确定和正确的评估,评估的结果将作为后续步骤的依据。针对动力电池组的评估程序包含下列几个部分。

第一步:外观检查。表观状况是体现其状态的重要信息,包括电池壳体状况、溢出的液体、散发的烟雾。

（1）电池壳体状况　表面是否有机械损坏、磨损或腐蚀痕迹。

（2）溢出的液体　是否有电解液从高压电池中溢出或冷却液泄漏。

（3）烟雾　是否有烟雾或刺激性气味。

第二步:功能检查。如果动力电池组仍安装在车辆上,可使用专用检测仪读取 BMS 信息。若动力电池组已拆下,可使用专用的诊断适配器执行此项操作,确定下列信息。

（1）能否读取控制单元信息。

（2）是否存在故障记忆条目。

（3）通过显示的实际值计算结果。

第三步:热量检查。在评估动力电池组时,电池的温度是一个非常重要的指标,必须通过专用检测仪读取电池模组的温度值。如果因故障(如 BMS 发生故障)而无法执行此操作,则须使用合适的红外线温度计,检查动力电池组壳体的表面温度。

如果温度值升高,必须采取相应的安全措施,保证安全。如果温度值仅仅略有升高,可能有3种情况:①稍后温度不变,为安全电池;②稍后温度上升,由严重状态转变为危险状态;③稍后温度值下降,由严重状态转变为安全状态。

第四步:评估结果确定。检查结果分为不严重、严重、危险3个等级,见表6-2-1。

表6-2-1　动力电池组评估分类

评估范围			分类	处理
电池表观	功能	热量		
无机械损坏 无液体溢出	可对诊断,故障记忆中无严重故障	温度在规定范围内	不严重	存放无限制,可作为危险物品运送到弃置场所
机械损坏 液体溢出 气体泄漏	无法诊断,故障记忆中存在严重故障	有可能发生气体泄漏,温度短暂上升后仍在规定范围	严重	可借助专用的车间及设备存放,运输受限制,回收、弃置
烟雾 起火			危险	向消防队报警,在灭火后作为特殊类别的废弃物弃置

根据迹象,可采取下列措施。

(1) 即使处于严重状态,也可以维修,通常适用于简单故障。

(2) 处于严重状态,必须从车辆上拆下,放入户外的临时存储装置内并置于隔离箱(专为存放蓄电池而提供的隔离箱)中。必须对高压蓄电池进行标识并布设警戒线。

(3) 出于安全原因,应立即停止工作,并将车辆停放在户外预先设定的合适位置(距离建筑物至少5 m并布设警戒线),车辆上必须粘贴警告标识。

2. 动力电池组处理

用于替换的动力电池组通常放在特殊的装运箱中运送到汽车维修点。将替换电池组从装运箱中取出后,再把故障电池组安全牢固地装入该装运箱内并寄回发货处。装运箱内带有包装说明和安全防护须知。

第一步:存放电池组和电池模组

(1) 存放完好无损的动力电池组和电池模组　只允许将动力电池组及其组件如电池模组,存放在带有自动灭火装置的空间内,必须装有火灾探测器,确保非工作时间内也能识别失火情况。原则上不允许将动力电池组放在地面上,需要放在架子上。必须将各电池模组存放在可上锁的安全柜内。动力电池组有故障但未损坏时,可像起动蓄电池一样,存放在运输容器内,如图6-2-3所示。

注意　汽车生产商或电池生产商收到更换下来的故障电池组后,须确认是否妥善包装于装运箱中,而且物理状况良好,如图6-2-4所示。动力电池组的退货程序,尤其是锂离子电池组的退货程序,会随时间改变。技术人员应经常查看汽车生产商的维修信息,包括技术服务公告(TSB)、技术技巧和维修手册,了解动力电池组退货手续的变更情况。

(2) 存放损坏的动力电池组　出现以下情况视为动力电池组损坏:可见烧焦痕迹、可见高温形成迹象、冒烟、外部面板变形或破裂。

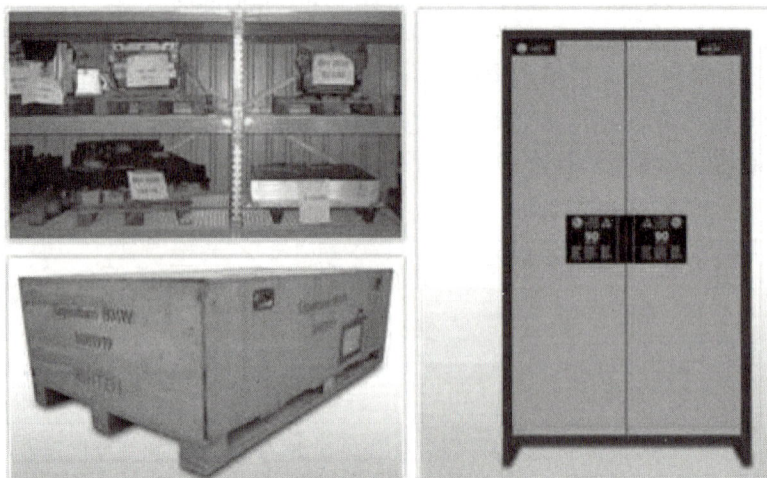

图 6 - 2 - 3　存放完好无损的动力电池组和电池模组

必须将损坏的动力电池组临时存放在户外带有特殊标记的容器内至少 48 h，之后才允许执行废弃处理，如图 6 - 2 - 5 所示。

图 6 - 2 - 4　退回的故障电池组　　图 6 - 2 - 5　存放损坏的动力电池组

存放位置必须与建筑物、车辆或其他易燃材料如垃圾容器距离 5 m 以上。必须将外部损坏的动力电池组放在耐酸且防漏凹槽内，以免溢出的电解液浸入土壤。

在某些情况下，汽车生产商或者动力电池生产商要求退还给厂家之前，必须放电处理。即使锂离子电池组只有部分剩余电能，其电能也是很大的，故障电池的放电有危险，需要格外谨慎。消耗锂离子电池组剩余电能需要使用专用设备，并遵守专门的操作程序。技术人员不应该尝试用手动方式为锂离子电池组放电，除非受过正规培训并使用汽车厂家认可的高压电池放电工具和作业程序。

第二步：动力电池组废弃处理。由维修负责人联系专业废弃处理机构。如果不了解该废弃处理机构，或遇到有关废弃处理的所有问题，可向所在市场相应环境管理专家求助。维修负责人负责包装物品并确保物品安全。动力电池组未损坏时可使用配件的运输包装；动力电池组已损坏且有液体溢出时，必须使用专用容器并将其作为危险物品运送。维修负责人应确保进行废弃处理前将损坏的动力电池组临时存放 48 h 并确定运输能力。

任务评价

1. 请完成本任务之前,填写任务工单。

任务工单

班级		组号		指导教师	
组长		学号			
组员	姓名	学号		姓名	学号

任务分工

任务准备

工作步骤

总分:　　　　　分

2. 质量检验:

(1) 动力锂离子电池的回收有(　　　)模式。

A. 生产商回收　　　　B. 行业联盟　　　　　C. 第三方企业回收

(2) 锂离子电池的回收技术有(　　　)。

A. 干法回收技术　　B. 湿法回收技术　　C. 生物回收技术　　D. 以上都是

(3) 损坏的动力电池组临时存放在户外带有特殊标记的容器内至少(　　　)h,之后才允许废弃处理。

A. 48　　　　　　　B. 60　　　　　　　C. 24　　　　　　　D. 12

（4）当前市场上回收的动力电池主要是磷酸铁锂和三元锂电池两种。(　　)

（5）湿法回收技术更适用于三元材料的回收。(　　)

（6）生物回收技术主要是利用微生物浸出,将有用组分转化为可溶化合物并选择性地溶解,得到含有效金属的溶液,实现目标组分与杂质组分的分离,最终回收锂等有价金属。(　　)

（7）动力锂离子电池回收预处理的目的是初步分离回收旧锂离子电池中的有价部分,选择性地富集电极材料等高附加值部分,以便于后续回收过程顺利进行。(　　)

（8）评估动力电池组时,电池的温度是一个非常重要的因素。(　　)

（9）化学纯化的目的在于对浸出过程得到溶液中的各种高附加值金属进行分离和提纯并回收。(　　)

（10）处于严重状态的动力电池组必须从车辆上拆下,然后放入户外的临时存储装置内并置于隔离箱中。(　　)

3. 动力电池组的评估与处理作业评价。

项目	评价内容	学生自评(30%)	小组互评(30%)	教师评价(40%)
素质评价(30%)	遵守纪律,遵守学习场所管理规定,服从安排(5分)			
	具有安全意识、责任意识、5S管理意识,注重节约、节能与环保(5分)			
	学习态度积极主动,积极参加实习活动(5分)			
	具有团队合作意识,注重沟通,能自主学习及相互协作(10分)			
	仪容仪表符合活动要求(5分)			
技能评价(70%)	能按时按要求独立完成任务工单(40分)			
	工具、设备选择得当,使用符合技术要求(10分)			
	操作规范,符合要求(5分)			
	学习准备充分、齐全(10分)			
	注重工作效率与工作质量(5分)			
本次得分				
最终得分				
教师反馈		教师签名： 　　　年　　　月　　　日		

知识补充

电池直接再生技术

传统的火法冶金和湿法冶金回收技术因高能耗、高污染等问题逐渐显露出局限性。作为一种绿色、高效的电池回收方式,直接再生(Direct Recycling)技术正成为学术界和产业界共同关注的焦点。

直接再生技术是指在不破坏电极材料晶体结构的前提下,通过物理或化学手段修复因循环使用导致的成分缺失、结构缺陷等问题,使失效电池材料恢复到接近原始性能水平的过程。

1. 核心优势

(1)低能耗 避免高温熔炼或强酸浸出等高耗能环节,碳排放减少50%以上。

(2)高价值保留 直接修复正极材料而非提取金属,保留材料功能特性,再生成本降低30%~50%。

(3)闭环循环 实现"电池生产—使用—再生—再生产"的闭环,符合循环经济要求。

三元材料(NCM)失效主要源于锂损失、过渡金属溶解、晶格畸变等,而直接再生通过补锂、元素掺杂和表面包覆等手段,可恢复其电化学活性。

2. 典型流程

(1)预处理 对退役电池进行放电、拆解,分离正极、负极和隔膜。

(2)材料修复 通过固相烧结、溶剂热再生等技术修复正极材料缺陷。

(3)性能优化 引入掺杂剂或表面涂层提升材料稳定性。

(4)重组利用 将再生材料重新组装为电池或应用于其他领域。

例如,中科院合肥研究院采用"一石三鸟"固相烧结策略,以碳酸锂和硫脲为原料,同步实现钴酸锂(LCO)的补锂、表面硫酸锂包覆及锰元素掺杂,使再生材料在4.5V高压下的循环性能提升至未受损材料的1.3倍。

3. 关键技术

(1)固相烧结再生 通过高温热处理补充锂源并修复晶格结构,适用于钴酸锂和三元材料。宝马集团开发的直接回收工艺通过粉碎电极、分离活性材料与箔材,实现金属材料的闭环利用。

(2)有机锂盐再生 清华大学团队创新性地使用3,4-二羟基苯腈二锂(Li_2DHBN),在低温下分解为无定形碳和碳酸锂,同步解决磷酸铁锂(LFP)的锂损失、三价铁还原及导电层修复问题,再生后电池5C倍率下400次循环容量保持率达88%。

(3)共晶盐辅助再生 利用低熔点盐体系(如$LiNO_3 - LiOH$)在低温下实现锂离子高效补充,降低能耗的同时避免材料结构破坏。

4. 多重挑战

(1)材料适配性限制 不同厂商的电池材料成分差异大,需开发通用性修复工艺。例如,三元材料与磷酸铁锂的再生路径差异显著。

(2)检测与分选成本 退役电池的健康状态评估需依赖高精度检测设备,目前分选成本占再生总成本的30%以上。

(3)标准化缺失 国内外尚未建立统一的再生材料性能标准,影响市场接受度。

参 考 文 献

[1] 许云,赵良红. 新能源汽车动力电池及充电系统检修[M]. 北京:机械工业出版社,2018.

[2] 蒋鸣雷. 新能源汽车动力电池结构与检修[M]. 北京:机械工业出版社,2018.

[3] 王震坡,孙逢春,刘鹏. 电动车辆动力电池系统及应用技术[M]. 北京:机械工业出版社,2017.

[4] 左小勇,袁斌斌. 动力电池管理及维护技术[M]. 天津:天津科学技术出版社,2018.

[5] 敖东光,宫英伟,陈荣梅. 电动汽车结构原理与检修[M]. 北京:机械工业出版社,2017.

[6] 谭婷,李健平. 新能源汽车电池及管理系统检修[M]. 北京:机械工业出版社,2018.

[7] 麻友良. 新能源汽车动力电池技术[M]. 北京:北京大学出版社,2016.

[8] 猴庆伟,李卓. 新能源汽车原理与检修[M]. 北京:机械工业出版社,2018.

附录

课程标准

一、适用专业及面向岗位

适用于新能源汽车技术专业,面向新能源整车制造及新能源汽车维修行业的各个岗位。

二、课程性质

《新能源汽车动力电池及管理系统检修》是一门与新能源汽车制造、维修等岗位紧密对接的课程,突出技能标准,属于新能源汽车技术专业学生的专业必修课。内容主要包括电动汽车维修安全操作、动力电池组的拆装与检测、动力电池管理系统的更换与检测、动力电池热管理系统检修、新能源汽车充电系统安装与调试、废旧电池的处理等。通过本课程的学习,掌握动力电池相关知识及操作技能,执行岗位标准,为未来的与新能源汽车相关职业生涯奠定扎实的基础。

三、课程设计

课程的设计从学习者健康成长和职业生涯发展的需要出发,因地制宜地营造有利于学习者职业品质和行为习惯养成的情境,采用学生乐于接受的教学形式,帮助他们逐渐习得新能源汽车维修服务中必须遵循的职业规范,使教学成为学生体验生活、素质成长的有效过程。

在教学模式、方法的设计上,突出学习者学习的主体地位和岗位能力的培养,采用任务驱动式教学,通过教、学、练等方式实现职业能力和素质的培养。

在教学内容的组织上,根据新能源汽车制造、维修岗位工作中所需的知识、能力和素质培养的需要,结合学习者认知规律和身心健康发展需要,与行业企业专家共同讨论、选取本课程的教学内容,将课程内容分为 6 个项目,让学习者在任务实施中学会相关知识与技能,发展综合职业素养。

四、课程教学目标

(一)知识目标

1. 熟悉并掌握电气事故产生的原因、触电形式、极限电压、急救方法。

2. 熟悉并掌握安全防护装备、绝缘工具、检测仪表及仪器的功能；

3. 熟悉并掌握新能源汽车高压部件电压的存在形式；

4. 熟悉并掌握动力电池的类型、结构和基本参数；

5. 熟悉并掌握拆装和分解动力电池组的条件和操作过程的注意事项；

6. 熟悉并掌握动力电池性能指标及荷电状态、动力电池内阻、动力电池寿命、动力电池一致性的检测方法；

7. 熟悉并掌握动力电池运输、存储要求，掌握动力电池维护程序；

8. 熟悉并掌握动力电池系统组成、功能及工作原理；

9. 熟悉并掌握单体电压、电池温度、电池工作电流、烟雾采集方法；

10. 熟悉并掌握动力电池电量管理、动力电池均衡管理、动力电池安全管理、动力电池通信管理的含义；

11. 熟悉并掌握动力电池管理系统工作模式、控制参数和系统故障级别分类；

12. 熟悉并掌握动力电池热管理系统功能及类型；

13. 熟悉并掌握动力电池组空调循环式冷却系统、动力电池组液冷式冷却系统、动力电池组风冷式冷却系统工作原理；

14. 熟悉并掌握新能源汽车充电系统组成、充电方法、充电方式、注意事项；

15. 熟悉并掌握快、慢充系统的组成、作用及工作原理；

16. 熟悉并掌握充电桩的作用和类型；

17. 熟悉并掌握废旧电池梯次利用的概念及流程；

18. 熟悉并掌握废旧动力锂离子电池的回收技术和回收工艺流程。

（二）能力目标

1. 能具备描述车间触电事故形式，能根据人体触电后的情况采取适当的急救措施；

2. 正确使用安全防护装备、绝缘拆装工具、检测仪表及诊断仪器；

3. 独立完成新能源汽车的高电压中止与检验操作；

4. 描述动力电池的主要技术参数，根据维修手册查找动力电池线束插接件端子；

5. 能执行动力电池总成、动力电池模块的拆卸与安装，以及更换最小电池单体；

6. 能检测动力电池电压及单个电池电压；

7. 具备实施动力电池维护保养的能力；

8. 具备实施动力电池管理系统的拆装与更换的能力；

9. 能读取和分析动力电池系统数据；

10. 具备实施对动力电池的均衡处理的能力；

11. 具备实施电池管理系统检测的能力；

12. 具备规范进行电动汽车冷却系统的常规检查及冷却液加注的能力；

13. 具备独立完成冷却系统的故障诊断与排除的能力；

14. 具备给新能源汽车充电操作及更换车载充电机的能力；

15. 具备实施快充系统、慢充系统故障的诊断及排除的能力；

16. 具备实施新能源汽车充电桩的调试和使用的能力；

17. 具备独立完成动力电池组漏电分析及检测作业的能力；

18. 具备废旧动力电池回收处理的能力。

（三）素质目标

1. 具有良好的职业道德和职业素养；
2. 具有团队合作、质量、效率意识；
3. 具有自学能力和创新意识；
4. 具有科技进步、节能减排和安全生产意识。

五、参考学时与学分

参考学时：60学时，参考学分：4学分。

六、课程结构

学习任务（单元、任务）	教学目标	教学内容	主要教学方法、手段	教学环境	课时
项目一　任务1 电气危害与救助	1. 知识目标：熟悉并掌握电气事故产生的原因、触电形式及极限电压、急救方法 2. 技能目标：具备描述车间触电事故形态的能力，能根据人体触电后的情况采取适当的急救方法进行急救的能力	1. 电气事故产生原因 2. 触电伤害形式及触电方式 3. 触电急救程序	讲授，多媒体展示 模拟训练 学生点评 指导评价 提问与解答	理实一体化教室	2
项目一　任务2 安全防护装备、绝缘工具及检测设备的使用	1. 知识目标：熟悉并掌握安全防护装备、绝缘工具、检测仪表及仪器的功能 2. 技能目标：具备正确使用安全防护装备、绝缘拆装工具、检测仪表及诊断仪器的能力	1. 预防电击安全措施 2. 高压电维修安全防护装备项目 3. 绝缘工具及检测仪表仪器功能	讲授，多媒体展示 图片、视频展示 模拟训练 指导评价 提问与解答	理实一体化教室	2
项目一　任务3 高电压中止与检验	1. 知识目标：熟悉并掌握新能源汽车高压部件电压的存在形式 2. 技能目标：具备独立完成执行新能源汽车的高电压中止与检验操作能力	1. 新能源汽车高电压存在形式 2. ECU控制接触器的接通与关闭条件 3. 高电压系统的中止与检验方法	讲授，多媒体展示 案例分析 模拟训练 指导评价 提问与解答	理实一体化教室	2

（续表）

学习任务(单元、任务)	教学目标	教学内容	主要教学方法、手段	教学环境	课时
项目二　任务 1 动力电池结构认知	1. 知识目标:熟悉并掌握动力电池的类型、结构和基本参数 2. 技能目标:具备描述动力电池的主要技术参数的能力和根据维修手册查找动力电池线束插接件端子定义的能力	1. 动力电池类型 2. 动力电池作用 3. 电动汽车对动力电池的性能要求 4. 动力电池结构 5. 动力电池基本参数	讲授,多媒体展示 案例分析 模拟训练 指导评价 提问与解答 能力拓展	理实一体化教室	2
项目二　任务 2 动力电池组的拆装与分解	1. 知识目标:熟悉并掌握拆装和分解动力电池组的条件和操作过程的注意事项 2. 技能目标:具备动力电池总成、动力电池模块的拆卸与安装和更换最小电池单体的能力	1. 拆装和分解动力电池组的条件 2. 操作过程的注意事项	讲授,多媒体展示 教学案例 模拟训练 指导评价 提问与解答 能力拓展	理实一体化教室	4
项目二　任务 3 动力电池性能检测	1. 知识目标:熟悉并掌握动力电池性能指标及荷电状态、动力电池内阻、动力电池寿命、动力电池一致性的检测方法 2. 技能目标:具备动力电池电压及单个电池电压检测的能力	1. 动力电池性能指标 2. 荷电状态的检测方法 3. 动力电池内阻的检测方法 4. 动力电池寿命检测方法 5. 动力电池一致性检测方法	讲授,多媒体展示 模拟训练 指导评价 提问与解答 能力拓展	理实一体化教室	4
项目二　任务 4 动力电池的日常保养与维护	1. 知识目标:熟悉并掌握动力电池运输、存储要求,掌握动力电池维护程序 2. 技能目标:具备实施动力电池维护保养的能力	1. 动力电池运输要求 2. 动力电池存储要求 3. 动力电池维护安全事项 4. 动力电池维护程序	讲授,多媒体展示 教学案例 模拟训练 指导评价 提问与解答 能力拓展	理实一体化教室	4
项目三　任务 1 动力电池管理系统认知与更换	1. 知识目标:熟悉并掌握动力电池系统组成、功能及工作原理 2. 技能目标:具备实施动力电池管理系统的拆装与更换的能力	1. 动力电池系统组成 2. 动力电池管理系统的功能 3. 动力电池管理系统的工作原理	讲授,多媒体展示 模拟训练 指导评价 提问与解答 能力拓展	理实一体化教室	2

学习任务(单元、任务)	教学目标	教学内容	主要教学方法、手段	教学环境	课时
项目三 任务2 动力电池系统数据采集与分析	1. 知识目标:熟悉并掌握单体电压、电池温度、电池工作电流、烟雾采集方法 2. 技能目标:具备实施对动力电池系统数据读取和分析的能力	1. 单体电压检测方法 2. 电池温度采集方法 3. 电池工作电流检测方式 4. 烟雾采集方法	讲授,多媒体展示 模拟训练 指导评价 提问与解答 能力拓展	理实一体化教室	4
项目三 任务3 动力电池管理核心技术分析	1. 知识目标:熟悉并掌握动力电池电量管理、动力电池均衡管理、动力电池安全管理、动力电池通信管理的含义 2. 技能目标:具备实施对动力电池的均衡处理的能力	1. 动力电池电量管理 2. 动力电池均衡管理 3. 动力电池安全管理 4. 动力电池通信管理	讲授,多媒体展示 模拟训练 指导评价 提问与解答 能力拓展	理实一体化教室	4
项目三 任务4 动力电池管理系统检测	1. 知识目标:熟悉并掌握动力电池管理系统工作模式、控制参数和系统故障级别分类 2. 技能目标:具备实施电池管理系统检测的能力	1. 动力电池管理系统工作模式 2. 动力电池管理系统控制参数 3. 动力电池管理系统故障级别分类	讲授,多媒体展示 模拟训练 指导评价 提问与解答 能力拓展	理实一体化教室	4
项目四 任务1 冷却系统的检查与冷却液加注	1. 知识目标:熟悉并掌握动力电池热管理系统的功能及类型 2. 技能目标:具备规范进行电动汽车冷却系统的常规检查及冷却液加注的能力	1. 电动汽车冷却系统与传统汽车冷却系统的区别 2. 动力电池发热原因 3. 动力电池热管理系统的功能 4. 电池组内热传递方式 5. 动力电池组热管理系统的类型	讲授,多媒体展示 模拟训练 指导评价 提问与解答 能力拓展	理实一体化教室	4

学习任务（单元、任务）	教学目标	教学内容	主要教学方法、手段	教学环境	课时
项目四　任务2 冷却系统常见故障排除	1. 知识目标：熟悉并掌握动力电池组空调循环式冷却系统、动力电池组液冷式冷却系统、动力电池组风冷式冷却系统工作原理 2. 技能目标：具备独立完成冷却系统的故障诊断与排除的能力	1. 动力电池组空调循环式冷却系统工作原理 2. 动力电池组液冷式冷却系统工作原理 3. 动力电池组风冷式冷却系统工作原理	讲授，多媒体展示 模拟训练 指导评价 提问与解答 能力拓展	理实一体化教室	4
项目五　任务1 车载充电机的拆装	1. 知识目标：熟悉并掌握新能源汽车充电系统组成、充电模法、充电模式、注意事项 2. 技能目标：具备给新能源汽车充电操作及更换车载充电机的能力	1. 新能源汽车充电技术现状 2. 新能源汽车充电系统组成 3. 电动汽车动力电池充电方法 4. 电动汽车动力电池充电模式 5. 电动汽车动力电池充电注意事项	讲授，多媒体展示 模拟训练 指导评价 提问与解答 能力拓展	理实一体化教室	2
项目五　任务2 快充系统常见故障排除	1. 知识目标：熟悉并掌握快充系统的组成、作用及工作原理 2. 技能目标：具备实施快充系统故障的诊断及排除的能力	1. 快速充电定义 2. 直流充电关键技术 3. 快充系统的结构组成 4. 快充系统的工作原理 5. 快充系统的充电条件	讲授，多媒体展示 案例导入与分析 模拟训练 指导评价 提问与解答 能力拓展	理实一体化教室	4
项目五　任务3 慢充系统常见故障排除	1. 知识目标：熟悉并掌握慢充系统的组成、作用及工作原理 2. 技能目标：具备实施慢充系统的故障诊断及排除的能力	1. 常规充电适用情况 2. 慢充系统的构成 3. 慢充系统工作过程 4. 慢充系统的充电条件	讲授，多媒体展示 模拟训练 指导评价 提问与解答 能力拓展	理实一体化教室	4

(续表)

学习任务(单元、任务)	教学目标	教学内容	主要教学方法、手段	教学环境	课时
项目五 任务4 充电桩的安装与调试	1. 知识目标:熟悉并掌握充电桩的作用和类型 2. 技能目标:具备实施新能源汽车充电桩的调试和使用的能力	1. 新能源汽车充电桩的作用 2. 新能源汽车充电桩类型 3. 中国充电桩行业发展趋势	讲授,多媒体展示 案例导入与分析 模拟训练 指导评价 提问与解答 能力拓展	理实一体化教室	4
项目六 任务1 废旧电池的梯次利用	1. 知识目标:熟悉并掌握废旧电池梯次利用的概念及流程 2. 技能目标:具备独立完成动力电池组漏电分析及检测作业的能力	1. 废旧动力电池处理程序 2. 废旧动力电池的危害 3. 旧电池的梯次利用定义 4. 梯次电池利用的注意事项 5. 退役动力电池梯次利用的流程	讲授,多媒体展示 教学案例 模拟训练 指导评价 提问与解答 能力拓展	理实一体化教室	2
项目六 任务2 废旧电池的回收处理	1. 知识目标:熟悉并掌握动力锂离子电池的回收技术和回收工艺流程 2. 技能目标:具备废旧动力电池回收处理的能力	1. 废旧锂离子电池中可利用的资源 2. 废旧锂离子电池对环境的危害性 3. 动力锂离子电池回收的商业模式 4. 动力锂离子电池的回收技术 5. 动力锂离子电池的回收工艺流程	讲授,多媒体展示 案例分析 模拟训练 指导评价 提问与解答 能力拓展	理实一体化教室	2

七、资源开发与利用

(一)教材编写与使用

本着理论知识够用与适用、能力训练为核心的原则,紧密对接新能源汽车维修岗位职业能力、素质要求,以新能源汽车市场服务的典型工作中的案例、图片和视频等真实素材为资源,按照学习任务进行归类整理,编写成教材。教材体例突出现代学徒制人才培养模式的理念和要求,以学习目标、任务描述、任务分析、知识储备、任务实施、任务评价等形式呈现,使教学课程与岗位工作过程有效对接,满足岗位实用型、技能型人才培养的需要。

（二）数字化资源的开发与利用

运用现代自媒体技术,将新能源汽车维修岗位工作中的维修素材(图片和视频)以二维码扫描链接的形式再现,实现学习者手机移动端的在线学习,帮助学生掌握新能源汽车动力电池及管理系统的知识与技能,提升人才培养质量。

（三）企业岗位培养资源的开发与利用

将新能源汽车维修企业的典型案例、图片及视频用于课程教学与任务实施,能有效使任务的课堂学习过程再现岗位工作任务的实施过程,既能增加教学的趣味性、营造生动的学习氛围、提高教学效果,又能使教学过程紧密联系生产过程,提升人才的岗位胜任能力。

八、教学建议

本课程教学手段主要采用案例导入与分析、任务实施、模拟训练等形式,突出学生岗位能力和职业素质的培养。任务实施与岗位工作过程紧密对接,任务评价重点突出、有的放矢,模拟训练以实际情景为基础,能力拓展进一步强化岗位能力、素质的提升。因此,整个教学设计紧紧围绕新能源汽车动力电池及管理系统维修能力的培养。

九、课程实施条件

在课程教学中,双导师的专业能力是课程实施的必要条件。学校导师必须熟悉新能源汽车维修岗位典型工作任务及职业素养要求,并具备丰富的新能源汽车知识与扎实的教学能力;企业导师应具备熟练的新能源汽车维修岗位实践工作经验,以及新能源汽车维修培训知识与能力。

十、教学评价

建议采用过程性与终结性评价、理论知识评价与实践技能评价相结合的综合评价。过程性与终结性评价均涵盖理论知识评价与技能考核评价。过程性评价应结合学习态度、理论与实训成绩等,注重评价方式的多样性与客观性,着重考核学习者在完成学习任务过程中的学习态度、新能源汽车动力电池及管理系统知识与技能学习情况,以及在学习过程中体现出来的团队协作精神、交流沟通与解决问题能力等综合素质的养成;终结性评价主要在于考核学习者新能源汽车动力电池及管理系统知识与技能的运用情况,强调学习者的能力提升。

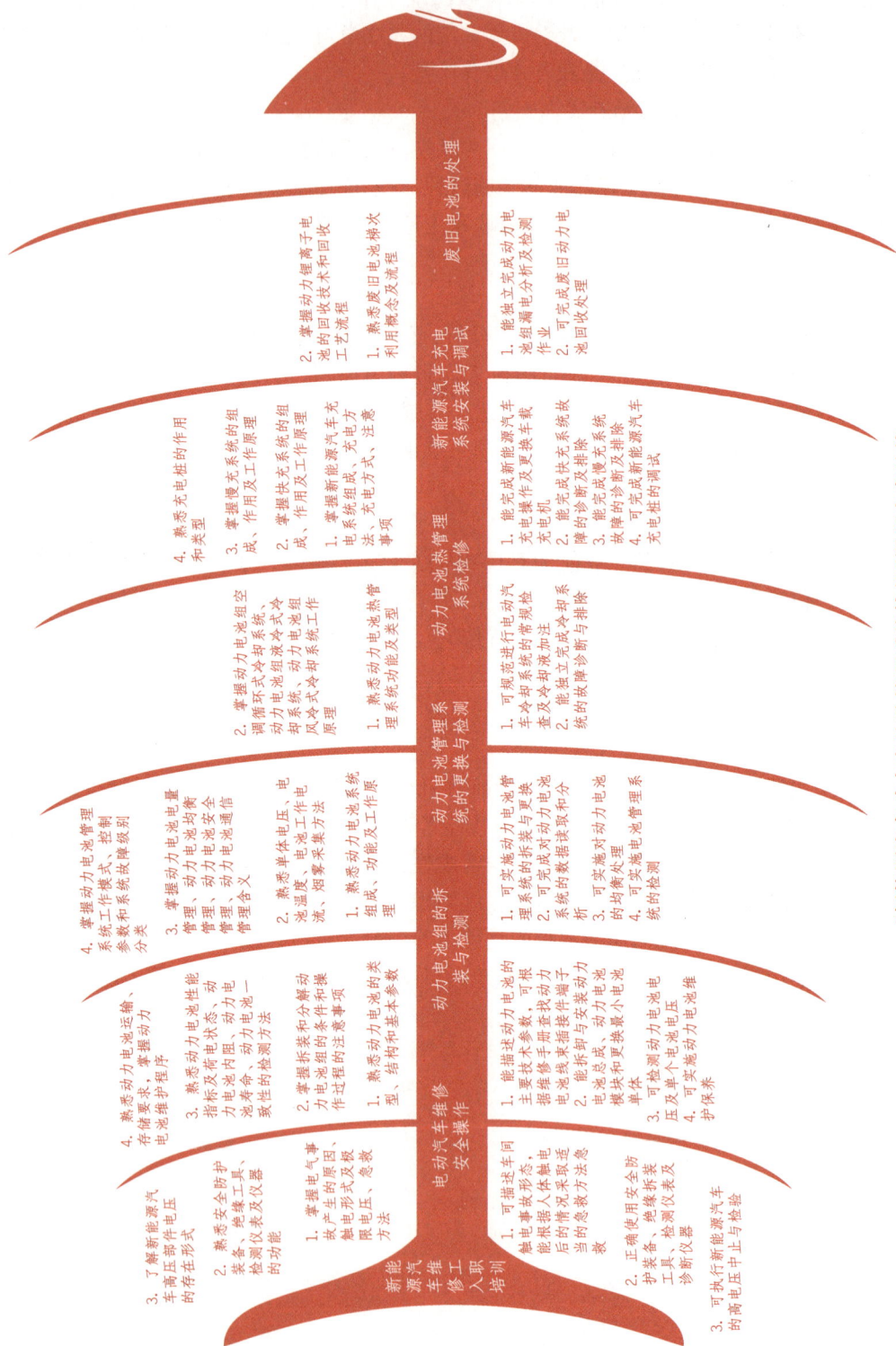

"新能源汽车动力电池及管理系统检修"课程内容结构

废旧电池的处理
- 2. 掌握动力锂离子电池的回收技术和回收工艺及流程
- 1. 熟悉废旧电池梯次利用概念及处理
- 1. 能独立完成动力电池组漏电分析及检测作业
- 3. 可完成动力电池回收处理

新能源汽车充电系统安装与调试
- 4. 熟悉充电桩的作用和类型
- 3. 掌握慢充无充电系统的组成、作用及工作原理
- 1. 掌握新能源汽车充电系统的组成、充电方式、注意事项
- 1. 能完成新能源汽车充电桩及交流充电机
- 2. 能完成慢充系统故障诊断及排除
- 3. 能完成快充系统故障诊断及排除
- 4. 可完成新能源汽车充电桩的调试

动力电池热管理系统检修
- 2. 掌握动力电池空调循环系统、动力电池液冷方式、动力电池风冷、动力电池系统工作原理
- 1. 熟悉动力电池热管理系统功能及类型
- 1. 可规范进行电动汽车冷却系统的管理更换、检查及冷却液加注
- 2. 可独立完成冷却系统的故障诊断与维修

动力电池管理系统的更换与检测
- 4. 掌握动力电池管理系统工作模式、控制参数和系统级别分类
- 3. 掌握动力电池均衡管理、动力电池安全管理、动力电池通信
- 2. 熟悉单体电压、电流、温度、荷电量采集方法
- 1. 熟悉动力电池系统组成、功能及工作原理
- 1. 可实施动力电池管理系统的更换
- 2. 可完成对动力电池系统的数据读取和分析
- 3. 可实施对动力电池的均衡处理
- 4. 可实施动力电池管理系统的检测

动力电池组的拆装与检测
- 4. 熟悉动力电池运输、存储要求、掌握动力电池维护程序
- 3. 熟悉及掌握电池性能指标及动力电池状态、动力电池内阻、动力电池一致性的检测方法
- 2. 掌握拆解和组装动力电池的条件和操作过程的注意事项
- 1. 熟悉动力电池类型、结构及基本参数
- 1. 能描述动力电池主要技术参数，可根据维修手册查找电池线束接件后应安装和分析方法
- 2. 能拆卸安装动力电池总成，更换动力电池模块最小电池单体
- 3. 可检测动力电池电压及更换单个电池
- 4. 可实施动力电池维护保养要求

电动汽车安全操作 / 新能源汽车维修工入职培训
- 3. 了解新能源汽车高电压的存在形式
- 2. 熟悉安全防护装备、绝缘工具、检测仪表及仪器的功能
- 1. 掌握电气事故产生的原理、触电的电压限制及急救方法
- 1. 可描述事故形态，能根据触电事故接入人体的急救教育方法
- 2. 正确使用安全防护工具、绝缘工具、检测仪器诊断仪器
- 3. 可执行新能源汽车的高电压中止与检查